황각필한

일러두기

- 이 책은 경희대학교 중앙박물관의 2020년 특별전 '옛사람의 글에서 삶을 엿보다' (2020.09.21.~11.30)의 자료집을 겸한다.
- 이 책에 수록된 유물은 본 박물관의 소장품인 『황각필한』에 대한 탈초 · 번역과정을 통하여 순차적으로 배치한 것이다.
- 유물의 설명은 명칭, 원문, 번역, 제발 및 제발자, 서신 작성 인물소개 순으로 배열하였다.
- 발신자 및 제발자 인물정보는 한국학중앙연구원 『한국민족문화대백과사전』 (http://encykorea.aks.ac.kr), 한국역대인물 종합정보시스템(people.aks.ac.kr), 한국학자료센터 인물관계정보(https://kostma.aks.ac.kr)를 참조하였다.
- 이 책에 실린 사진을 포함한 저작권은 경희대학교 중앙박물관에 있다.
- 『황각필한』 도판 배치 설명
  하단은 편지원문과 제발(題跋)이 포함된 전체 이미지이며, 상단은 편지 부분만을 확대한 것임.

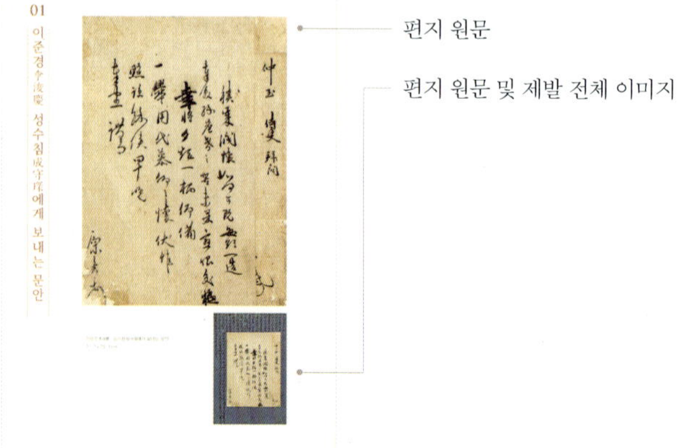

황각필한

정승들의 편지 속에 드러난
인간적 면모와 일상

경희대학교 출판문화원

축사

『황각필한(黃閣筆翰)』 발간을 축하합니다

우리 대학 중앙박물관은 1955년 개관 이래 다양한 분야의 유물을 수집해 이를 전시하고 연구와 교육 자료로도 적극 활용해 왔습니다. 하지만 그 중 고문서는 초서로 쓰여 있어 탈초, 즉 읽기 쉬운 서체로 바꿔쓰고 번역하는 작업이 수월하지 않아 오랫동안 일반에 공개되지 못했습니다.

그러던 중 2020년 문화관광부 '대학박물관 진흥 지원 사업'의 일환으로 『려선합벽(麗鮮合璧)』을 출간한 데 이어, 2022년 올해 『황각필한(黃閣筆翰)-정승들의 편지 속에 드러난 인간적 면모와 일상』이 책으로 묶이게 되었습니다. 코로나19의 어려움 속에서도 옛 지식인들의 친필 서찰을 탈초, 번역해 출간한 것을 진심으로 축하합니다.

특히 『황각필한(黃閣筆翰)』은 조선 시대 의정부 삼(三)정승의 편지글을 모아 놓은 서책으로, 이번 번역 출간을 통해 학계와 일반에 처음으로 공개되는 귀중한 자료입니다. 우리 박물관이 펴낸 『황각필한(黃閣筆翰)-정승들의 편지 속에 드러난 인간적 면모와 일상』은 삼정승의 인간적 면모와 구체적 일상을 소개함으로써 관련 학계의 연구 수준을 심화, 확장하는 것은 물론 조선 정치사에 관심 있는 일반 독자들에게도 적지 않은 관심을 불러일으킬 것으로 기대됩니다.

우리 대학은 개교 75주년을 앞두고 도약을 거듭하고 있습니다. 대학다운 미래대학의 위상을 확고히 하는 데 있어 박물관의 역할은 결코 작지 않습니다. 대학 박물관은 연구와 교육의 산실일 뿐 아니라, 대학의 지적 자산을 사회화하는 핵심 거점 가운데 하나입니다. 우리 박물관의 탁월한 전시 기획 역량과 다양한 학술 및 교육 프

로그램이 지역과 국가를 넘어 전 세계 박물관과 연대함으로써 '학문과 평화'의 경희 정신을 드높이는 데 크게 기여할 수 있으리라 생각합니다.

『황각필한(黃閣筆翰)-정승들의 편지 속에 드러난 인간적 면모와 일상』의 발간을 거듭 축하드립니다. 이 뜻깊은 성과물이 나오기까지 열과 성을 다해주신 김희찬 관장님을 비롯한 학예연구원들과 직원 여러분의 노고에 다시 한번 존경과 감사의 말씀을 전하면서 중앙박물관의 무궁한 발전을 기원합니다. 여러분 덕분에 경희 역사의 한 페이지가 더 늘어나고 경희의 자부심 또한 한층 더 높아졌습니다. 감사합니다.

2022. 9.

경희대학교 총장 한균태

발간사

경희대학교 중앙박물관에서는 1950년대부터 수집되어 수장고에 보관하고 있던 자료들을 정리하여 일반에 공개하는 작업을 진행하고 있습니다. 그중 고문서 자료들은 한문으로 쓰여 있는 관계로 다른 유물에 비해 접근하기가 어려웠던 것도 사실이었습니다. 이러한 상황 속에서 비록 적은 예산이기는 하지만 이를 확보하여 고문서 자료들에 대한 탈초 및 번역 작업을 조금씩 진행하고 있습니다. 그 결과, 오랫동안 박물관 수장고에 갇혀 그 가치가 퇴색되어 있던 고문서 자료들의 학술적 가치가 점차 드러나고 있습니다. 현재 소장하고 있는 대표적인 고문서 자료들로는 『려선합벽(麗鮮合璧)』 2책(乾 · 巛), 『황각필한(黃閣筆翰)』 2책(乾 · 巛), 『명묵첩(名墨帖)』 8책(一~八), 『열성어필첩(列聖御筆帖)』 1책, 『서간집(書簡集)』 1책 등이 있습니다.

고문서 자료들을 탈초 번역하여 책자로 출간한 첫 번째 결과물은 2020년에 발간된 『려선합벽(麗鮮合璧)』이었습니다. 즉, 『려선합벽(麗鮮合璧)』 2책(乾 · 巛)을 하나로 묶어서 『려선합벽(麗鮮合璧)-옛사람의 글에서 삶을 엿보다』(경희대학교 출판문화원)라는 책자를 출간했었습니다. 그리고 그 뒤를 이어 2022년에 두 번째로 『황각필한(黃閣筆翰)』 2책(乾 · 巛)을 묶어서 『황각필한(黃閣筆翰)-정승들의 편지 속에 드러난 인간적 면모와 일상』이라는 제목으로 책자를 출간하게 되었습니다.

『황각필한(黃閣筆翰)』은 조선시대 최고의 행정관부인 의정부 정승들의 글을 모아 놓은 서책입니다. 즉, 『황각필한(黃閣筆翰)』은 송질(宋瓆, 1676~1741)이 명종, 선조, 광해, 인조 4대에 걸친 정승 43인의 간찰을 직접 수집하여 편집한 것입니다. 특히 간찰의 수집과 편집을 담당했던 송질(宋瓆, 1676~1741)은 1741년에 사망한 것으로 나타나고 있어 『황각필한(黃閣筆翰)』의 편집 시기가 대체로 18세기 초엽에서 중엽에 이르는 것으로 판단됩니다. 이 『황각필한(黃閣筆翰)-정승들의 편지 속에 드러난 인간적 면모와 일상』을 통해서 당시 정승들의 인간적인 면모와 일상들을 조금이나마 이해할 수 있는 계기가 되었으면 합니다.

마지막으로 어려운 중앙박물관 상황 속에서도 마치 자기 일인 것처럼 『황각필한(黃閣筆翰)』의 편집과 교정 그리고 출간을 준비해 주신 김용은 학예실장, 김동건 차장, 그리고 중앙박물관 직원 및 조교 선생님들께도 진심으로 감사드립니다.

2022. 9.

경희대학교 중앙박물관장 김희찬

목차

황각필한 · 건

황각필한 · 곤

정승들의 편지 속에 드러난
인간적 면모와 일상

황각필한黃閣筆翰
건乾

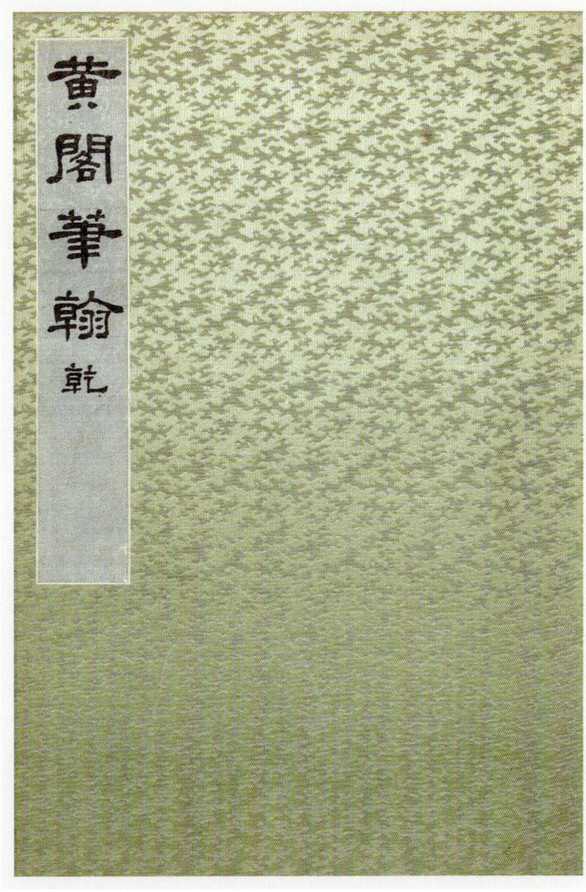

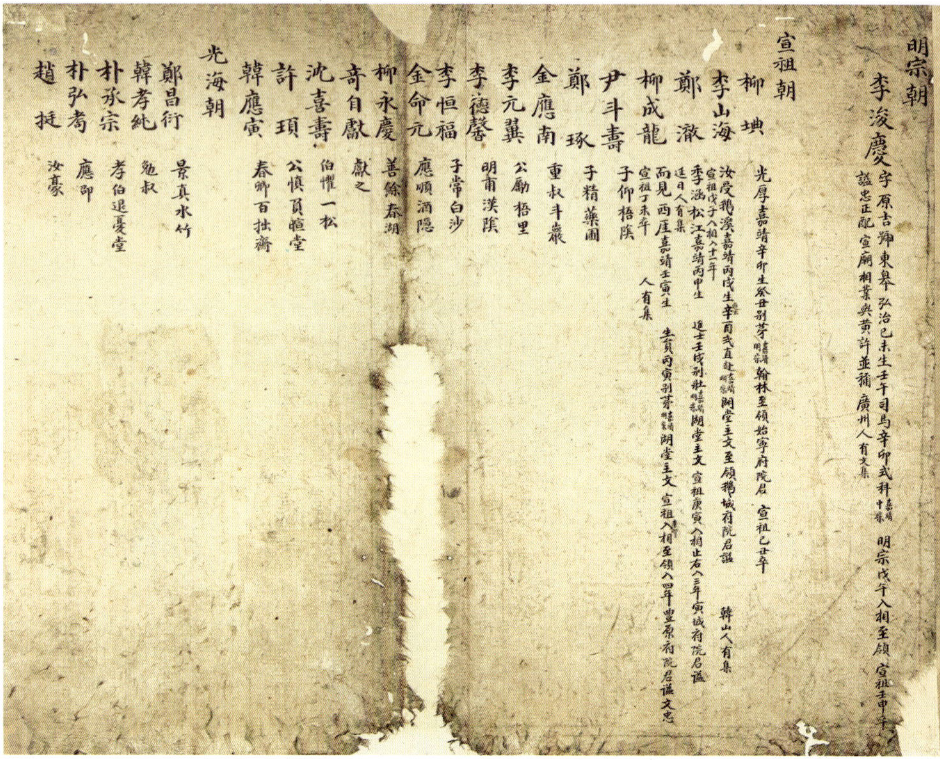

明宗朝

李浚慶 字原吉號東皐 弘治己未生壬午司馬辛卯式科 明宗戊午入相至領 宣祖壬申卒 諡忠正配宣廟 相業與黄許並稱 廣州人有文集

宣祖朝

柳坱 光厚 嘉靖辛卯生癸丑別茅 翰林至領 始寧府院君 宣祖乙丑卒 韓山人有集

李山海 汝受 鵝溪 嘉靖丙戌生辛酉式直赴 湖堂主文至領 鵝城府院君諡 宣祖戊子入相

鄭澈 季涵 松江 嘉靖丙申生 進士壬戌別試 湖堂主文 宣祖庚寅入相止右 寅城府院君諡 延日人有集

柳成龍 而見 西厓 嘉靖壬寅生 生員丙寅別茅 湖堂主文 宣祖入相至領 豊原府院君諡文忠 宣祖丁未卒 人有集

尹斗壽 子仰 梧陰

鄭琢 子精 藥圃

金應南 重叔 斗巖

李元翼 公勵 梧里

李德馨 明甫 漢陰

李恒福 子常 白沙

金命元 應順 酒隱

柳永慶 善餘 春湖

奇自獻 獻之

沈喜壽 伯懼 一松

許頊 公慎 負暄堂

韓應寅 春卿 百拙齋

光海朝

鄭昌衍 景真 水竹

韓孝純 勉叔

朴承宗 孝伯 退憂堂

朴弘耈 應卯

趙挺 汝豪

황각필환 黃閣筆翰 건乾 목차

58.0x44.5cm

明宗朝

李浚慶	字原吉 號東皐 弘治己未生 壬午司馬 辛卯式科中宗嘉靖 明宗戊午入相至領 宣祖壬申卒 謚忠正配宣廟 相業與黃許並稱 廣州人 有文集

宣祖朝

柳 堪	光厚嘉靖辛卯生 癸丑別第 明宗嘉靖 翰林至領始寧府院君 宣祖己丑卒
李山海	汝受鵝溪嘉靖丙戌生 進士辛酉式科直赴 明宗嘉靖湖堂主文 至領鵝城府院君謚 韓山人有集
鄭 澈	季涵松江嘉靖丙申生 進士壬戌別壯 明宗嘉靖 湖堂主文 宣祖庚寅入相止右入三年 寅城府院君謚 延日人有集
柳成龍	而見西厓嘉靖壬寅生 生員丙寅別第 明宗嘉靖湖堂主文 宣祖辛卯入相至領入四年 豐原府院君 謚文忠 宣祖丁未卒　人 有集
尹斗壽	子仰梧陰
鄭 琢	子精藥圃
金應南	重叔斗巖
李元翼	公勵梧里
李德馨	明甫漢陰
李恒福	子常白沙
金命元	應順酒隱
柳永慶	善餘春湖
奇自獻	獻之
沈喜壽	伯懼一松
許 頊	公愼負暄堂
韓應寅	春卿百拙齋

光海朝

鄭昌衍	景眞水竹
韓孝純	勉叔
朴承宗	孝伯退憂堂
朴弘耉	應邵
趙 挺	汝豪

명종조

이준경

자는 원길, 호는 동고로 홍치 기미년(1499)에 태어나 임오년(1522) 사마시급제하고, 중종 가정 신묘년(1531)년 문과급제하여, 명종 무오년(1558)에 정승이 되어 영의정에 이르렀고 선조 임신년((1572)에 세상을 떠났다. 시호는 충정이며 선조 묘정에 배향되었다. 정승으로서 공은 황 · 허[1]처럼 이름 높다. 본관은 광주이며 문집이 있다.

선조조

유전

자는 광후[2]로 가정 신묘년(1531) 태어나 계축년(1553)년 별시에 급제하여 명종 가정에 한림을 지내고 영의정에 이르렀고, 시령부원군에 봉해졌다. 선조 기축년(1589)에 세상을 떠났다.

이산해

자는 여수, 호는 아계로 가정 병술년[3]에 태어나 진사로 신유년(1561) 식년시에 직부하고, 명종 가정 호당에 들고 대제학이 되고 영상에 이르러 아성부원군에 봉해지고 시호를 받았다. 문집이 있다.

정철

자는 계함, 호는 송강으로 가정 병신년(1536) 태어나 진사로 임술년(1562) 별과에 장원급제하고 명종 가정 호당에 들고 대제학이 되었고, 선조 경인년(1590)에 정승이 되어 우의정으로 3년간 있었으며, 인성부원군에 봉해지고 시호를 받았다. 본관은 연일이며 문집이 있다.

유성룡

자는 이현, 호는 서해로 가정 임인년(1542) 태어나 생원으로 병인년(1566) 별시에 급제하고 명종 가정 호당에 들고 대제학이 되었고, 선조 신묘년(1591)에 정승이 되고 영의정에 이르러 4년간 있었고, 풍원부원군에 봉해지고 시호는 문충이다. 선조 정미년(1607)에 세상을 떠났으며, 본관은 ○○이다. 문집이 있다.

---

1 조선 전기 명재상으로 이름 높았던 황희(黃喜, 1363~1452)와 동시대 허조(許稠, 1369~1439)를 지칭한 듯하다.

2 유전의 자는 극후(克厚)로 오기.

3 이산해는 기해년(1539)에 태어났다. 병술년은 오류.

윤두수	자는 자앙, 호는 오음.
정탁	자는 자정, 호는 약포.
김응남	자는 중숙, 호는 두암.
이원익	자는 공려, 호는 오리.
이덕형	자는 명보, 호는 한음.
이항복	자는 자상, 호는 백사.
김명원	자는 응순, 호는 주은.
유영경	자는 선여, 호는 춘호.
기자헌	자는 헌지.
심희수	자는 백구, 호는 일송.
허욱	자는 공신, 호는 부훤당.
한응인	자는 춘경, 호는 백졸재.

광해조

정창연	자는 경진, 호는 수죽.
한효순	자는 면숙.
박승종	자는 효백, 호는 퇴우당.
박홍구	자는 응소.
조정	자는 여호.

01 이준경李浚慶 성수침成守琛에게 보내는 문안

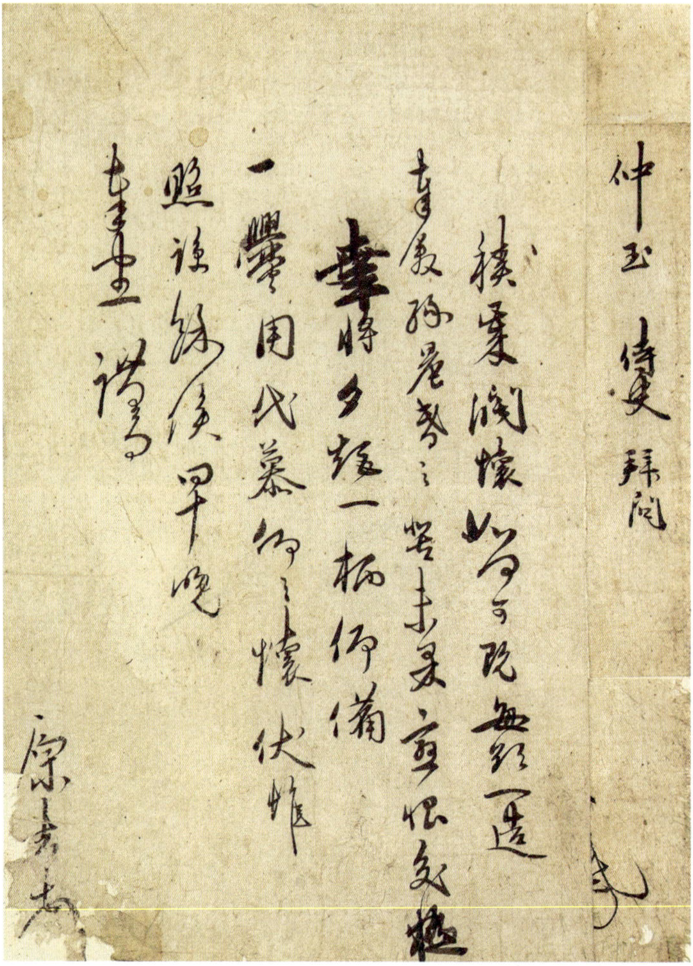

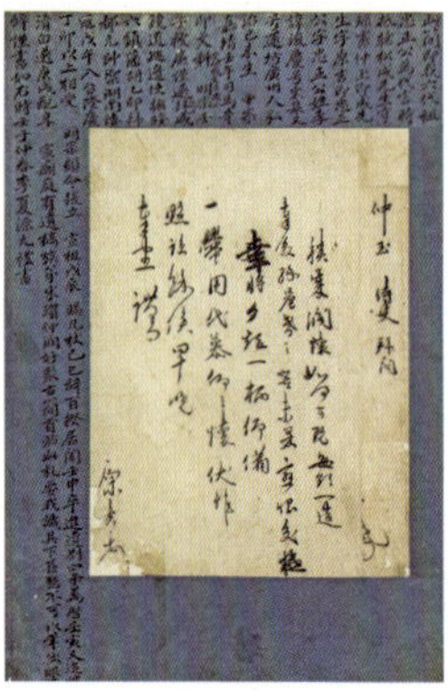

이준경李浚慶: 성수침成守琛에게 보내는 문안
21.7x29.3cm

원문

仲玉 侍史 拜問　手決

積歲潤懷 如何可旣
每欲一造奉敍 緣晨昏之苦 未果 戀恨交極
幸將夕炬一柄 仰備一爨 用代慕仰之懷
伏惟照諒 餘俟早晩奉盡
謹問
　原吉 頓

중옥(仲玉)[1] 시사(侍史)[2]에 드리는 문안편지　수결(手決)

여러 해 동안 뵙지 못한 마음을 어찌 말로 다 하겠습니까.
늘 한번 찾아뵙고 회포를 풀고 싶었으나 부모님을 봉양하는[3] 어려움이 있어 그러지 못하였습니다. 그리움과 아쉬움이 끝이 없습니다.

1 중옥(仲玉)은 성수침(成守琛, 1493~1564)의 자로 본관은 창녕(昌寧)이고, 호는 청송(聽松)·죽우당(竹宇堂)·파산청은(破山淸隱)·우계한민(牛溪閑民)이다. 1519년(중종 14)에 현량과(賢良科)에 천거되었으니 기묘사화로 조광조와 그 추종자들이 처형 또는 유배당하자 벼슬을 단념하고 청송이라는 편액을 내걸고 두문불출하였다.

2 시사(侍史)는 본래 옆에서 모시면서 문서를 작성하거나 처리하던 사람을 뜻하는 말이나, 편지 겉봉에 공경하는 뜻으로 받는 사람의 이름 뒤에 관용적으로 쓰인다.

3 원문의 신혼(晨昏)은 혼정신성(昏定晨省)의 줄임말로, 어버이를 제대로 봉양하는 것을 말한다. 『예기』「곡례(曲禮)」에 "자식이 된 자는 어버이에 대해서, 겨울에는 따뜻하게 해 드리고 여름에는 시원하게 해 드려야 하며, 저녁에는 잠자리를 보살펴 드리고 아침에는 문안 인사를 올려야 한다(凡爲人子之禮 冬溫而夏淸 昏定而晨省)."라는 말이 나온다.

날이 저물 때 횃불 1자루를 가져가 밥을 지어[4] 우러러 사모하는 마음을 대신하고 싶습니다.

살펴주시기 바라며 나머지는 조만간 뵙고 말씀드리겠습니다.

삼가 문안인사에 대합니다.

원길(原吉) 올림

제발

此簡 卽我六代祖 忠正公 爲代言時 抵聽松成先生守琛書
仲玉 卽成先生字 原吉 卽忠正公字

忠正公 姓李 諱浚慶 號東皐 又號蓮坊 廣州人 弘治 己未生
中宗 嘉靖 壬午 司馬 辛卯 文科 癸卯 魁文臣 廷試
明宗 壬子 被廉謹選 癸丑 拜咸鏡道巡邊使 撫綏六鎭藩胡
乙卯 拜都元帥 禦湖南倭寇 戊午 入臺
隆慶 丁卯 以上相 受明宗顧命 援立宣祖
戊辰 賜几杖 己巳 辭百揆 居閒 壬申 卒 進遺箚四条
萬曆 壬寅 又追被淸白選 庚戌 配享 宣廟庭 有遺稿

族弟 宋瓆 仲潤 好聚古簡首貼 此札 要我識其下 甚懇
不可以筆拙眼暗辭 謹書如右

時壬子 仲春 李夏源元禮書

이 편지는 나의 6대조이신 충정공(忠正公)께서 대언(代言 승지(承旨))으로 계실 때 청송(聽松) 성수침(成守琛) 선생께 보내신 글이다.

중옥(仲玉)은 바로 성 선생의 자(字)이며 원길(原吉)은 곧 충정공의 자이다.

4 원문의 찬(爨)은 부뚜막이나 아궁이를 뜻하며, 아울러 불 때고 밥을 짓는 일을 의미한다. 비찬(備爨)은 불을 때고 밥 짓는 일을 말한다.

충정공의 성은 이(李), 이름은 준경(浚慶)이다.

호는 동고(東皐), 또한 연방(蓮坊)으로, 본관은 광주(廣州), 홍치(弘治) 기미(1499)년에 태어났다.

중종(中宗) 가정(嘉靖) 임오(1522)년 사마시에 급제하고, 신묘(1531)년 문과에 급제하였으며, 계묘(1543)년 문신 정시(文臣庭試)에서 장원급제하였다.

명종(明宗) 임자(1552)년에는 염근(廉謹 청렴하고 근신한 벼슬아치)으로 뽑혔고, 계축(1553)년 함경도순변사(咸鏡道巡邊使)로 제수되어 육진(六鎭)의 변경지역 오랑캐를 무유(撫綏)[5]하였다.

을묘(1555)년 도원수(都元帥)에 임명되어 호남지방의 왜구를 방어하였으며, 무오(1558)년 대각(臺閣)에 들어갔다.[6]

융경(隆慶) 정묘(1567)년에는 상상(上相 영의정)으로서 명종의 유명(遺命)을 받들어 선조(宣祖)의 옹립을 보필하였다.

무진(1568)년 궤장을 하사받았고, 기사(1569)년 정승의 자리에서 물러나 한가롭게 살다가 임신(1572)년에 세상을 떠났으며, 유차(遺箚) 4조를 올렸다.[7]

만력(萬曆) 임인(1602)년 청백리에 추선(追選)되었으며, 경술(1610)년 선조 묘정에 배향되고, 유고(遺稿)[8]를 남겼다.

족제(族弟) 송질(宋瓆)[9] 중윤(仲潤)은 옛 간찰 모으기를 좋아하였는데, 내게 이 편지의 발문을 써달라고 매우 간절히 요구하므로, 보잘것없는 필체와 어두운 눈으로 사양하지 못하고 삼가 이렇게 쓴다.

임자(1732)년 2월 이하원(李夏源) 원례(元禮)가 쓰다.

---

5 무유(撫綏)는 들고 일어난 민심을 진정(鎭靜)시키고 어루만져 달래는 일을 말한다.

6 이준경은 1558년 우의정, 1560년 좌의정, 1565년 영의정에 올랐다.

7 이준경은 임종에 즈음하여 '붕당이 있을 것이니 이를 타파해야 한다'는 유차(遺箚: 유훈으로 남기는 차자)를 올렸다.

8 『동고유고(東皐遺稿)』가 전한다.

9 송질(宋瓆), 1676년(숙종 2)~1741년(영조 17). 본관은 여산(礪山). 자는 중윤(仲潤), 호는 치암(恥菴)이다. 1728년(영조 4) 별시 문과에 병과로 급제하여, 사헌부의 장령(掌令)·집의(執義)를 역임하였으며, 사간원에서 정언(正言)·헌납(獻納)을 지냈다.

이하원 李夏源

1664년(현종 5)~1747년(영조 23)

조선후기 한성부판윤, 대사헌, 공조판서 등을 역임한 문신이다. 본관은 광주(廣州). 자는 원례(元禮), 호는 예남(蘂南)·정졸재(貞拙齋). 충정공 이준경(忠正公 李浚慶)의 6대손이며, '소북7학사'인 이필형(李必亨)의 동생인 예조정랑 이필행(李必行)의 증손으로, 할아버지는 이후징(李厚徵)이고, 아버지는 도승지 이시만(李蓍晩)이며, 어머니는 이시함(李時馠)의 딸이다.
이하원은 송질과 관계를 "족제(族弟)" 표기. 이하원의 부친 이시만과 숙부 이의만(李宜晩)은 송질과 함께 '소북오군자'인 엄경수(嚴慶遂, 1672~1718), 엄경하(嚴慶遐, 1678~1740)의 형인 엄경우(嚴慶遇)와 교분을 쌓고 있던 이이만(李頤晩)의 형이다.

생애 및 활동사항

1691년(숙종 17)에 생원시에 합격하고, 1696년 통덕랑으로 정시문과에 병과로 급제하여 권지부정자를 시작으로 하여 정자·봉상시직장·평안도도사 등을 역임하고, 1700년에 병조좌랑을 거쳐 지평·장령 등을 지내고 1704년에는 서장관으로 청나라에 다녀왔다.
1706년에 집의·사간·경연관 등을 거쳐 성천부사·순흥부사 등으로 나가 학문과 정치 및 근검에 힘썼고, 1712년 다시 사간·남학교수(南學敎授) 등을 역임하고 1716년에 사직하였다. 그 뒤 1721년(경종 1) 다시 순천부사에 제수되었고, 이듬해 수찬·응교를 거쳐 의주부윤을 지내고 이듬해 대사간·경상도관찰사·호조참의·강릉부사에 이어 사은부사(謝恩副使)로 청나라에 다녀왔다. 그 뒤 판결사·공조참판 겸 도총부도총관을 거쳐, 1727년(영조 3) 예조참판·형조참판·대사헌 겸 비변사당상을 지냈다.
1728년 이인좌(李麟佐)의 난에 공을 세워 다시 형조참판 겸 승문원제조를 역임, 1743년 지중추부사에 이르러 기로소에 들어갔고, 한성부판윤·대사헌 겸 선공감제조·공조판서를 거쳐, 1747년 숭록대부(崇祿大夫)로 승계하여 서추(西樞)에 배속되었다. 영조 때 청백리에 녹선(錄選)되었다.
저서로는 『경전차의(經傳箚疑)』·『송현제서증해(宋賢諸書證解)』가 있다.

발신자

이준경 李浚慶

1499년(연산군 5)~1572년(선조 6)

조선 전기 대사헌, 우의정, 영의정 등을 역임한 문신이다. 본관은 광주(廣州). 자는 원길(原吉), 호는 동고(東皐)·남당(南堂)·홍련거사(紅蓮居士)·연방노인(蓮坊老人). 서울 출신. 이극감(李克堪)의 증손으로, 할아버지는 판중추부사 이세좌(李世佐)이고, 아버지는 홍문관수찬 이수정(李守貞)이며, 어머니는 상서원판관 신승연(申承演)의 딸이다.

생애 및 활동 사항

1522년(중종 17) 사마시에 합격해 생원이 되고, 1531년(중종 26) 식년 문과에 급제해 한림을 거쳐 1533년 홍문관부수찬이 되었다. 그해 말 경연에 나가 중종에게 기묘사화 때 화를 입은 사류들의 무죄를 역설하다가 오히려 권신 김안로(金安老) 일파의 모함을 받아 파직되었다.

1537년 김안로 일파가 제거된 뒤 다시 등용되어 사헌부장령·홍문관교리 등을 거쳐 1541년 홍문관직제학·부제학으로 승진되고 승정원승지를 지냈다. 중종이 죽자 고부부사(告訃副使)로 명나라에 다녀온 뒤 형조참판이 되었으며, 1545년(인종 1) 을사사화 당시 평안도 관찰사로 지방에 나가 있어 화를 면하였다. 1548년(명종 3) 병조판서·한성부판윤·대사헌을 역임했으나 1550년 정적이던 영의정 이기(李芑)의 모함으로 유배되었다가 이듬해 석방되어 지중추부사가 되었다. 이후 대사헌과 병조판서, 형조판서로 있다가 1555년 을묘왜란에는 전라도 도순찰사로 이를 격퇴한 공으로 우찬성에 오르고 병조판서를 겸임했고, 1558년 우의정, 1560년 좌의정, 1565년 영의정에 올랐다. 1567년 하성군(河城君) 이균(李鈞)을 왕으로 세우고 원상(院相)으로서 국정을 보좌하였다. 1571년(선조 4) 영의정을 사임하고 영중추부사가 되었다.

저서로는 『동고유고』·『조선풍속(朝鮮風俗)』 등이 있다.

시호는 충정(忠正)이다.

02

유전柳坱 김참봉 댁에 보내는 감사

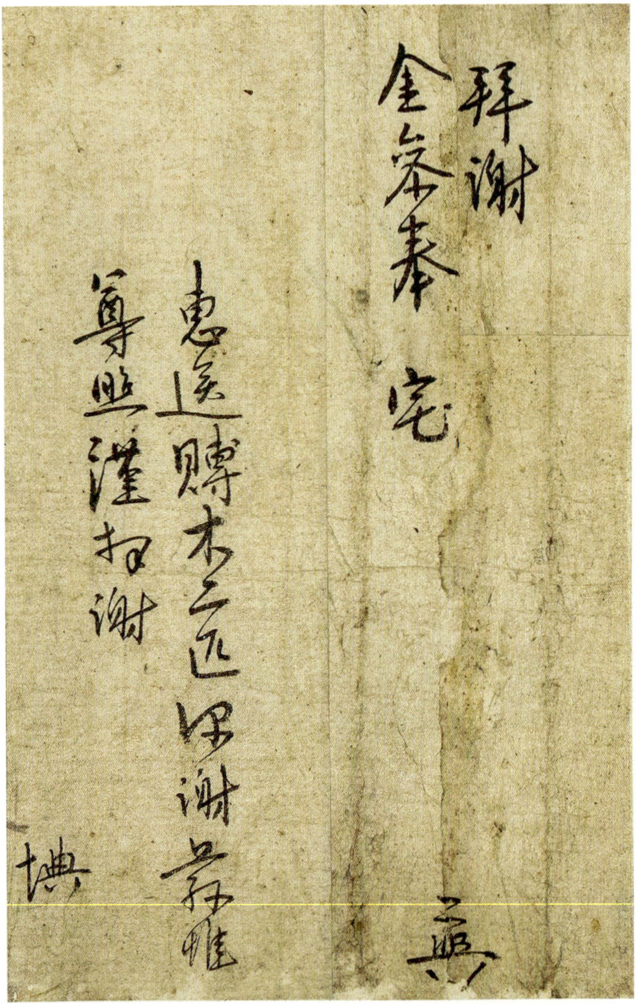

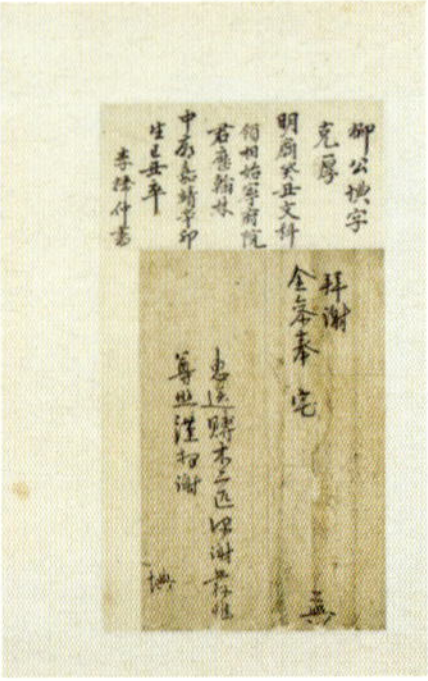

유전柳坱: 김참봉 댁에 보내는 감사
16.0x24.8cm

원문

拜謝
金 參奉 宅　　手決

惠送 賻木 二匹 深謝
玆惟尊照 謹拜謝
　堧

배사(拜謝)[1]
김 참봉 댁　　수결(手決)

보내주신 부목(賻木)[2] 두 필은 무척 고맙게 받았습니다.
이에 살펴주시기 바라며, 삼가 감사 인사를 올립니다.
　전(堧)

1 배사(拜謝)는 답장으로 쓰는 편지라는 뜻이다.
2 부목(賻木)은 상을 당한 집안에 부조로 보내는 무명베를 뜻한다.

제발

柳公 堧 字 克厚 明廟 癸丑 文科 領相 始寧府院君 歷翰林
中廟 嘉靖 辛卯 生 己丑 卒
李擇仲 書

유공(柳公) 전(堧)의 자는 극후(克厚)이다.
명종(明宗) 조 계축(1553)년 문과에 급제하여 영의정을 역임하였으며, 시령부원군(始寧府院君)에 봉해졌다. 한림(翰林)을 지냈으며, 중종(中宗) 조 가정(嘉靖) 신묘(1531)년에 태어나 기축(1589)년에 세상을 떠났다.
이택중(李擇仲) 쓰다

제발자

이택중 李擇仲
1654년(효종 5)~1735년(영조 11)

이택중은 이만선(李萬選)이며 조선 후기 풍덕부사, 부호군 등을 역임한 문신이다.
본관은 전주(全州)이며, 자는 택중(擇中)이고, 호는 거재(遽齋)이다. 효령대군(孝寧大君) 이보(李補)의 10대손이며, 증조할아버지는 판서 이명(李溟)이고, 할아버지는 이민화(李敏華)이다. 아버지는 이약(李若)이며, 어머니는 최만길(崔晩吉)의 딸이다.
이만선은 '소북오군자'인 엄경수(嚴慶遂), 엄경하(嚴慶遐)의 형이면서 송질의 선배인 엄경우(嚴慶遇, 1655~1731)와 교유하였다.

생애 및 활동사항

1693년(숙종 19) 식년문과에 갑과로 급제하여 벼슬에 올랐다. 삼사와 승정원의 관직을 두루 거치고, 풍덕부사를 거쳐 부호군을 역임하고 판윤에까지 이르렀다.

발신자

유전 柳琠

1531년(중종 26) ~ 1589년(선조 22)

조선 전기 우의정, 좌의정, 영의정 등을 역임한 문신이다. 본관은 문화(文化). 자는 극후(克厚), 호는 우복(愚伏). 유사의(柳思義)의 증손으로, 할아버지는 유연(柳演)이다. 아버지는 현감 유예선(柳禮善)이며, 어머니는 양세보(楊世輔)의 딸이다.

생애 및 활동 사항

1553년(명종 8) 진사가 되었고 이듬해 별시 문과에, 1556년 문과 중시에 급제하였으며, 사가독서(조선시대 젊은 문신들이 임금의 명으로 직무를 쉬면서 글을 읽고 학문을 닦던 제도)하였다. 명종 때 정자 · 저작 · 수찬 · 정언 · 병조좌랑 · 교리와 병조 · 형조의 정랑, 사인 등을 역임하고, 1583년(선조 16) 한성부판윤, 1585년 우의정에 올랐다.

1588년 사은사(謝恩使)로 명나라에 다녀온 뒤 좌의정이 되고, 이듬해 영의정에 올랐다. 선조 때 동서 당파 분열될 때 어느 편당에도 가담하지 않고 일생을 마쳤다. 1589년 정여립(鄭汝立)의 난을 평정한 뒤 평난공신(平難功臣) 2등에 추록, 시령부원군(始寧府院君)에 추봉되었다.
시호는 문정(文貞)이다.

03

이산해李山海 안응수를 원리院吏로 추천

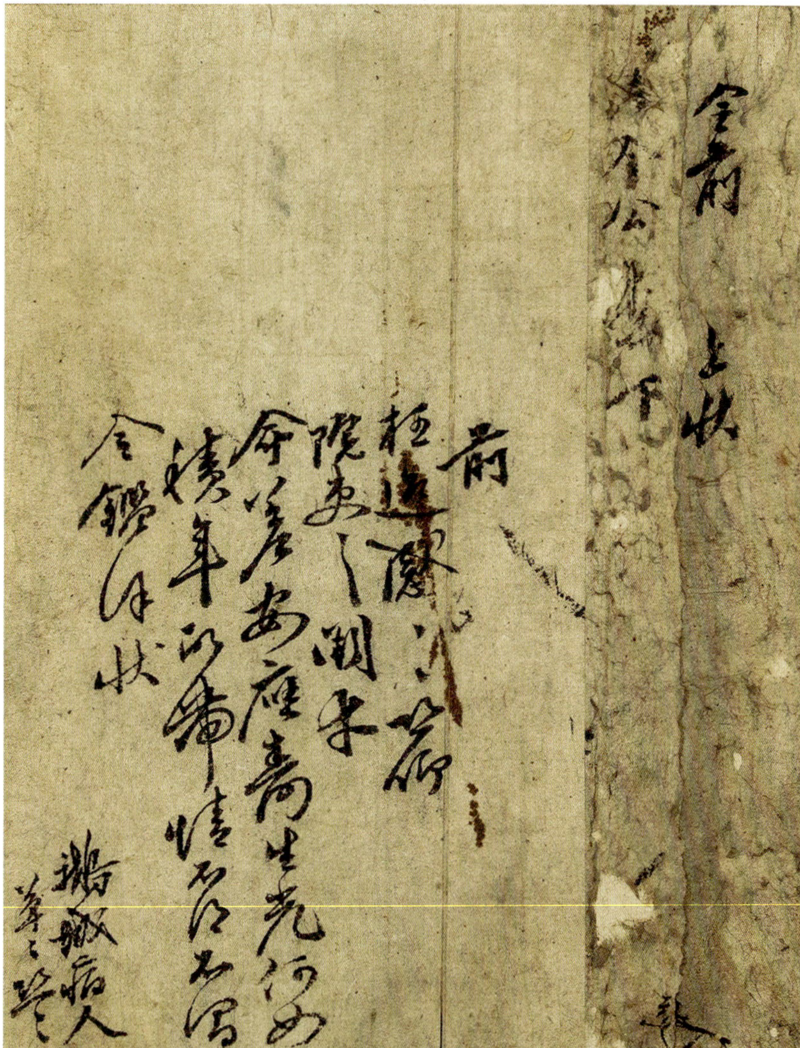

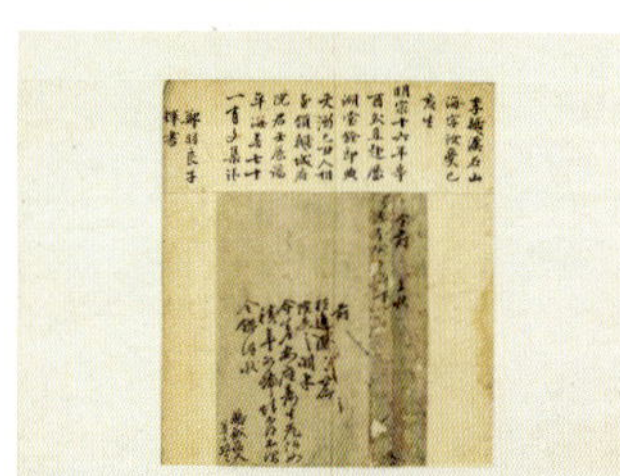

이산해李山海: 안응수를 원리院吏로 추천
19.5x25.0cm

원문

令前 上狀

□令公 案下　　　手決

前枉 追感追感

恐仰 院吏之闕 幸命差 安應壽 生光何如

積年所帶情 不得不冒

令鑑 謹狀

　鵝城病人 草草恐恐

영감께 올리는 글

□영감 안하(案下)에　　　수결(手決)

지난번 방문하여 주신 일은 무척이나 감격스러웠습니다.

아뢸 말씀은, 원리(院吏: 역원(驛院)을 맡은 관리)자리가 비었는데, 안응수(安應壽)를 임명하도록 명하셔서 체면을 살려주심이 어떠하신지요?

여러 해 동안 데리고 있던 정으로 어쩔 수 없이 부탁드립니다.

영감께서 살펴주시기 바라며 삼가 글을 올립니다.

　아성(鵝城) 병든 사람이 두려운 마음으로 대충 썼습니다.

제발

李 鵝溪 名 山海 字 汝受 己亥生
明宗十六年 辛酉 式 直赴 歷湖堂 銓郎 典文衡 己丑 入相 至領 鵝城府院君
壬辰謫平海 壽七十一 有文集 謚
鄭羽良 子揮 書

이 아계(李 鵝溪)의 이름은 산해(山海), 자는 여수(汝受)이다.

기해(1539)년에 태어나 명종(明宗) 16년, 신유(1561)년 식년시에 직부(直赴)하여[1], 호당(湖堂), 전랑(銓郎), 전문형(典文衡)[2]을 역임하였다.

기축(1589)년[3] 정승에 올라 영의정까지 지냈고, 아성부원군(鵝城府院君)에 봉해졌으나, 임진(1592)년에는 평해(平海)에 유배되었다. 71세까지 살았으며, 시호를 받았고, 문집이 있다.

정우량(鄭羽良) 자휘(子揮)가 쓰다.

1 직부(直赴)는 전강(殿講), 절일제(節日製), 응제(應製) 등에 합격한 사람이 중간의 시험을 거치지 아니하고 바로 문과(文科)의 복시(覆試) 혹은 전시(殿試)에 응할 수 있는 자격을 얻던 일을 말한다.

2 전문형(典文衡)은 문권(文權)을 주관한다는 의미로, 홍문관(弘文館)·예문관(藝文館)의 대제학(大提學)과 성균관 대사성(成均館大司成)을 겸임하는 것을 일컫는다.

3 제발 원문에 오류가 있다. 이산해는 1588년 선조(宣祖) 21년에 50세의 나이로 우의정에 올랐고, 뒤를 이어 다음 해에 좌의정과 영의정에 올랐다.

정우량 鄭羽良

1692년(숙종 18) ~ 1754년(영조 30)

조선후기 병조판서, 우의정, 판중추부사 등을 역임한 문신이다. 본관은 연일(延日)이며, 자는 자휘(子翬)이고, 호는 학남(鶴南)이다. 정시성(鄭始成)의 증손으로, 할아버지는 정인빈(鄭寅賓)이고, 아버지는 판서 정수기(鄭壽期)이며, 어머니는 윤희수(尹希壽)의 딸이다. 좌의정 정휘량(鄭翬良)의 형이다.

생애 및 활동사항

1723년(경종 3) 증광문과에 병과로 급제한 뒤 1727년 정언이 되어 당시 백성들을 효유(曉諭)하는 왕의 교서를 한글로 번역하여 각도에 반포하였다. 부수찬으로 시독관(侍讀官)을 겸임할 때 왕에게 이황(李滉)과 이이(李珥)의 문집을 인판(印版)하기를 주청하여 간행하게 하였다.

지평 · 대사성을 역임하고 좌승지 때에는 공종수(孔宗洙)를 선성(先聖)의 후예로 추대하고 반궁(泮宮)에 두어 녹(祿)을 지급할 것을 소청하여 시행하기도 하였다. 이조참판 당시 민통수(閔通洙)와 사이가 좋지 못하여 이천부사로 좌천되었으나, 이어 우참찬이 된 뒤에는 한성부에 있는 서북인을 등용하여 인심을 수습할 것을 주청하였다.

1749년(영조 25) 병조판서를 거쳐 우의정에 올랐으며 그 뒤 판중추부사에 전임되었다.

글씨에 능하여 작품으로 개성계성사비문(開城啓聖祠碑文)을 남겼다. 시호는 문충(文忠)이다.

발신자

이산해 李山海

1539년(중종 34) ~ 1609년(광해군 1)

조선시대 홍문관정자, 사헌부집의, 영의정 등을 역임한 문신이다. 본관은 한산(韓山). 자는 여수(汝受), 호는 아계(鵝溪) · 종남수옹(終南睡翁). 이장윤(李長潤)의 증손으로, 할아버지는 이치(李穉)이다. 아버지는 내자시정(內資寺正) 이지번(李之蕃)이며, 어머니는 남수(南脩)의 딸이다.
이이(李珥) · 정철과 친구였으나 당파가 생긴 뒤로는 멀어졌다.

생애 및 활동 사항

1561년 식년 문과에 병과로 급제해 승문원에 등용되었고, 1564년 병조좌랑 · 수찬, 이듬 해 이조좌랑이 되었다. 1567년(선조 즉위년) 원접사종사관(遠接使從事官)으로 명나라 조사(詔使)를 맞이한 뒤 의정부사인 · 사헌부집의 · 상의원정(尙衣院正) · 부교리를 역임하고, 직제학이 되어 지제교를 겸하였다. 1577년 이조 · 예조 · 형조 · 공조의 참의를 차례로 지내고 대사성 · 도승지가 되었다.

1580년 병조참판에 이어 형조판서로 승진, 이조판서 · 우찬성 · 이조 · 예조 · 병조판서를 역임하면서 제학 · 대제학 · 판의금부사 · 지경연춘추관성균관사(知經筵春秋館成均館事)를 겸하였다. 1588년 우의정에 올랐고, 이 무렵 동인이 남인 · 북인으로 갈라지자 북인의 영수로 정권을 장악하였다.
다음 해 좌의정 · 영의정이 되었으며, 종계변무(宗系辨誣)의 공으로 광국공신(光國功臣) 3등에 책록되고, 아성부원군(鵝城府院君)에 책봉되었다.

1592년 임진왜란 때 나라를 그르치고 왜적을 침입하도록 했다는 사간원 · 사헌부의 탄핵을 받고 파면되었다. 1595년 영돈녕부사로 복직했고, 북인이 다시 분당 때 이이첨(李爾瞻) · 정인홍(鄭仁弘)등과 대북파가 되어 영수로서 1599년 재차 영의정에 올랐다. 이듬 해 파직 후 1601년 부원군(府院君)으로 복직, 선조가 죽자 원상(院相)으로 국정을 맡았다.

어려서부터 총명해 신동으로 불렸으며, 특히 문장에 능해 선조조 문장팔가(文章八家)의 한 사람으로 불렸다. 서화도 잘해 대자(大字)와 산수묵도(山水墨圖)에 뛰어났으며, 용인의 조광조묘비(趙光祖墓碑)와 안강의 이언적묘비(李彦迪墓碑)를 썼다.

저서로 『아계집』이 있다.

시호는 문충(文忠)이다.

04

정철鄭澈 퇴임 후 집터의 제공 허락을 요청

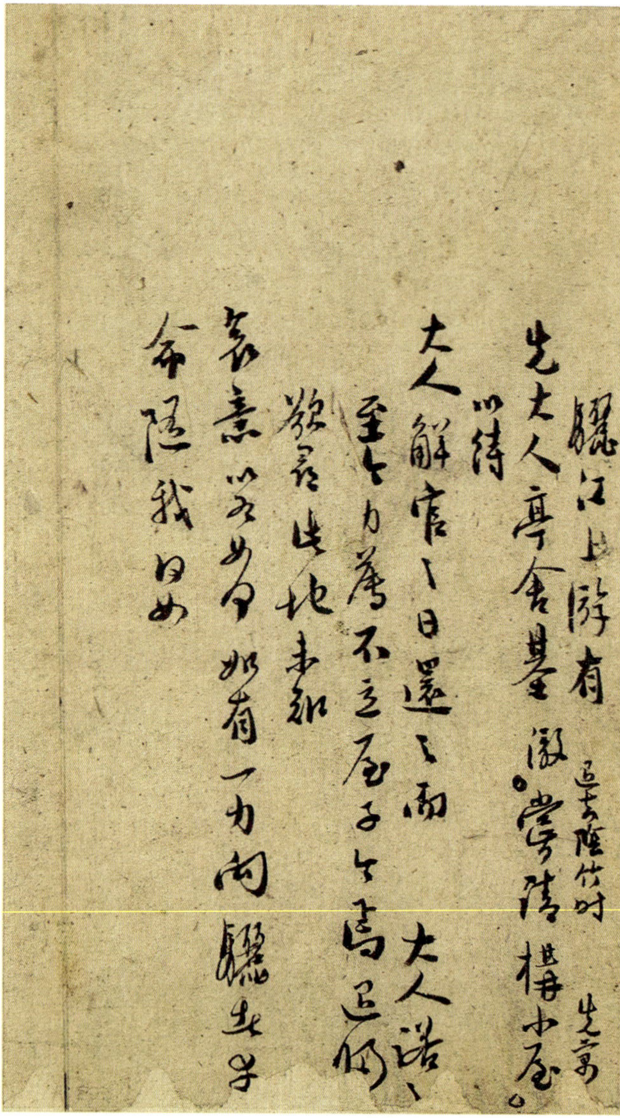

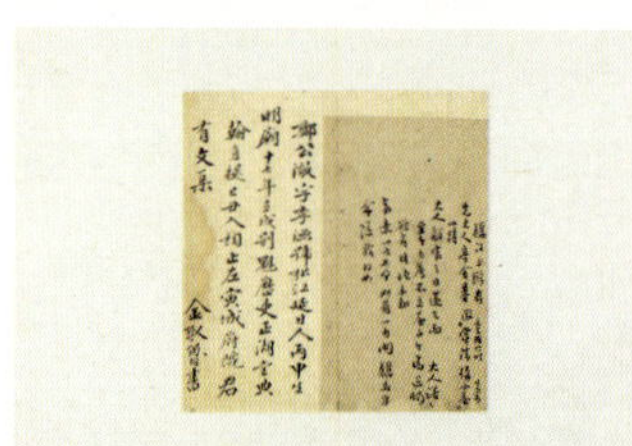

정철鄭澈: 퇴임 후 집터의 제공 허락을 요청
14.4x25.0cm

원문

驪江上游 有先大人亭舍基
澈 退去陰竹時 嘗請構小屋先寓 以待大人解官之日 還之
而大人諾之 至今力薄 不立屋子
今焉退歸 欲尋此地 未知哀意以爲如何
如有一力 向驪者 幸命隨我 何如

여강(驪江) 상류에 있는 선대인(先大人)[1]의 정사(亭舍) 터는 제가 음죽(陰竹: 지금의 경기도 이천)에 물러 나왔을 때, 우선 거처할 작은 집을 짓고 대인(大人)께서 관직에 물러나 그곳에 돌아오시길 기다리겠다고 일찍이 청한 적이 있으며 대인께서 이를 허락하셨습니다.
지금까지 능력이 부족하여 집을 짓지 못하고 있다가, 이제 관직을 떠나 돌아와서 그곳을 찾으려고 합니다.
그대 생각이[2] 어떠신지는 모르겠습니다.
혹시라도 여주(驪州) 쪽으로 가는 사람이[3] 있으면 저를 따르도록 명해 주심이 어떠신지요?

1 선대인(先大人)은 남의 돌아가신 아버지를 일컫는 말이다.
2 원문의 애의(哀意)에서, 애(哀)는 수신인이 상을 당했을 때 쓰는 표현이다.
3 원문의 일력(一力)은 남의 일을 맡은 자를 이르는 말이다. 도잠(陶潛)의 편지에 "여기 일력(一力)을 남겨두어 그대가 나무하고 물 긷는 일을 돕게 하리라(遣此一力 助汝薪水之勞)."라는 구절이 있다.

제발

鄭公 澈 字 季涵 號 松江 延日人 丙申生
明廟 十七年 壬戌 別魁 歷吏正湖堂典翰直提 己丑 入相止左
寅城府院君 有文集
金取魯 書

정(鄭) 공 철(澈)의 자는 계함(季涵), 호는 송강(松江), 본관은 연일(延日)이다.
병신(1536)년에 태어나 명종(明宗) 조 17년 임술(1562)년 별시문과에 장원급제하였다.
이조정랑(吏曹正郎) · 호당(湖堂) · 전한(典翰) · 직제학(直提學)을 역임하고, 기축(1589)년 정승의 반열에 올랐으며, 좌의정에 이르렀다.
인성부원군(寅城府院君)에 책록되었고, 문집이 있다.
김취로(金取魯) 쓰다.

제발자

김취로 金取魯
1682년(숙종 8)～1740년(영조 16)

조선후기 호조판서를 역임한 문신이다. 본관은 청풍(淸風)이며, 자는 취사(取斯)이다. 공조정랑 김극형(金克亨)의 증손으로, 할아버지는 관찰사 김징(金澄)이고, 아버지는 이조참판 김유(金楺)이며, 어머니는 송박(宋搏)의 딸이다. 좌의정 김약로(金若魯)와 영의정 김상로(金尙魯)의 형이다.
송질과 4촌으로 송질의 고모가 김취로, 김약로, 김상로의 아버지인 김유와 혼인하였다.

생애 및 활동사항

1707년(숙종 33) 성균관생으로서 김장생(金長生)을 문묘에 종사(從祀)할 것을 상소하였다. 1710년 증광 문과에 병과로 급제, 1713년 설서(說書)가 되고 이듬해 정언(正言)이 된 뒤, 문학 · 지평(持平) · 부수찬(副修撰) · 수찬 · 부교리(副校理) 등을 역임하였다. 1723년(경종 3) 신임사화로 울산에 유배되었다가 이듬해 영조의 즉위로 풀려나 1725년에 승지에 이어 평안도관찰사 · 대사헌 · 우윤 · 대사간 · 도승지 등을 역임하였다. 이듬해 전라도관찰사에 임명되었으나, 할아버지 김징(金澄)이 전에 관찰사로 재직 중 탄핵받았던 곳임을 들어 사직하였다. 그 뒤 대사성 · 동지의금부사를 거쳐 1729년에 함경도관찰사가 되었으며, 이어서 판윤을 거쳐 다시 평안도관찰사가 되었다. 1731년에 병조판서, 이듬해에 예조판서, 1733년에 이조판서가 된 뒤 동지성균관사 · 지경연사(知經筵事) · 수어사(守禦使) · 좌빈객(左賓客) 등을 거쳐 1737년에 호조판서가 되었으나, 당쟁으로 파직당하고, 무주에 유배되었다. 시호는 충헌(忠獻)이다.

발신자

정철 鄭澈

1536년(중종 31) ~ 1593년(선조 26)

조선시대 우의정, 좌의정, 전라도체찰사 등을 역임한 문신이자 문인이다. 본관은 연일(延日). 자는 계함(季涵), 호는 송강(松江). 서울 장의동(藏義洞) 출생. 아버지는 돈녕부판관 정유침(鄭惟沈)이다.

생애 및 활동 사항

1545년(인종 1, 명종 즉위) 을사사화에 계림군이 관련되어 아버지는 함경도 정평(定平), 맏형 정자(鄭滋)는 광양(光壤)으로 유배당했으나 아버지만 유배가 풀렸다. 1551년(명종 6) 아버지가 귀양살이에서 풀려나 전라도 담양으로 이주하여 10여년을 보냈다. 1552년(명종 7) 17세에 유강항(柳强項)의 딸과 혼인하고 1561년(명종 16) 26세에 진사시 1등, 이듬해 문과 별시에 장원급제하여 성균관전적 겸 지제교를 거쳐 사헌부지평에 임명됐다. 이후 정랑 · 직강 · 헌납 · 지평 · 수찬 · 좌랑 · 종사관 · 교리 · 전라도암행어사, 직제학성균관사성, 사간 등을 역임했다. 1578년(선조 11) 통정대부 승정원동부승지 겸 경연참찬관 춘추관수찬관으로 승진하여 조정에 나아갔다. 그 해 11월 진도군수 뇌물 사건으로 탄핵을 받아 고향으로 돌아갔으나 1580년(선조 13) 강원도관찰사가 되었다. 이때 「관동별곡」과 「훈민가(訓民歌)」 16수를 지었다.

1583년(선조 16) 예조판서로 승진, 이듬 해 대사헌이 됐으나 다음 해에 사직, 고향에서 4년간 은거 생활을 했다. 1589년(선조 22) 정여립(鄭汝立) 사건 때 우의정으로 발탁, 다음 해 좌의정 · 인성부원군(寅城府院君)에 봉해졌다. 1591년(선조 24) 왕세자 책립 문제로 파직되어 명천(明川)에 유배, 또다시 강계(江界)로 이배되어 위리안치(圍籬安置)되었다. 1592년(선조 25) 임진왜란이 일어나자 귀양에서 풀려나 왕을 의주까지 호종, 경기 · 충청 · 전라의 도체찰사를 지내고 다음 해 사은사(謝恩使)로 명나라에 다녀왔다. 이후 사직하고 강화 송정촌(松亭村)에 우거(寓居)하다가 58세로 별세했다.

작품으로는 「관동별곡」 · 「사미인곡」 등 4편의 가사와 시조 107수가 전한다. 창평의 송강서원, 영일의 오천서원(烏川書院) 별사에 제향됐다. 시호는 문청(文淸)이다.

05

유성룡柳成龍 춘송春松댁에 군역의 문제점 개선을 요청

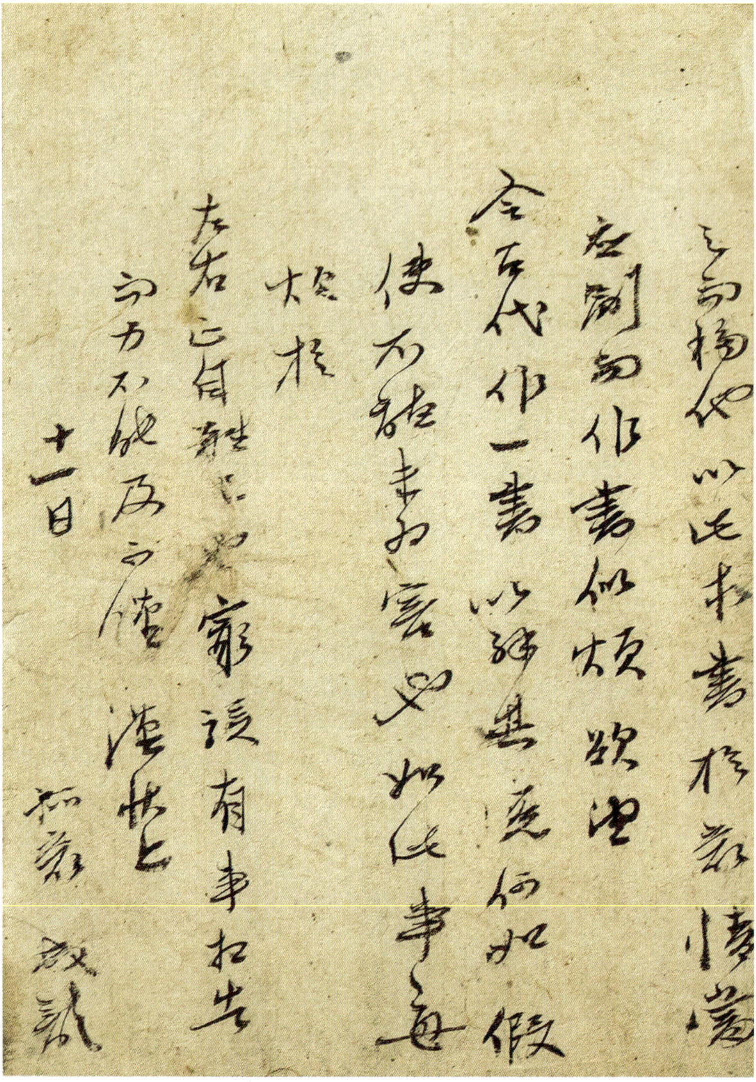

유성룡 柳成龍: 춘송春松 댁에 군역의 문제점 개선을 요청
39.5x22.7cm

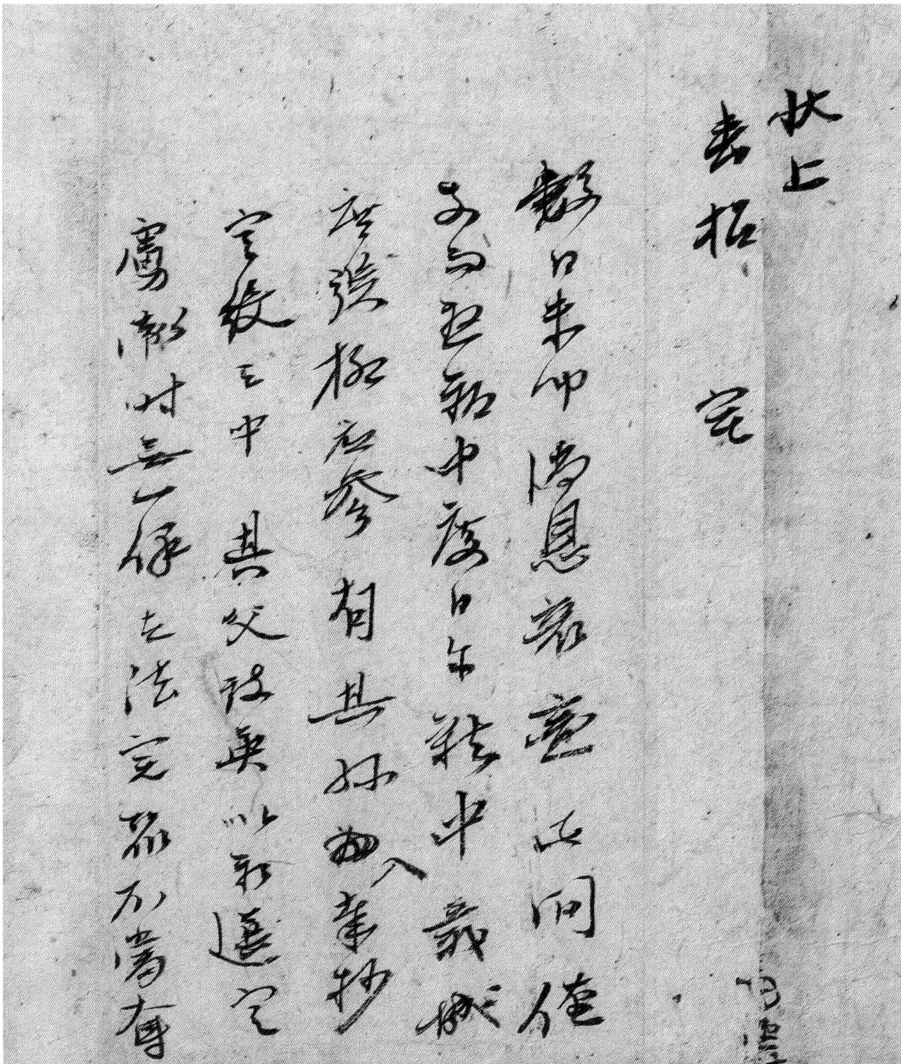

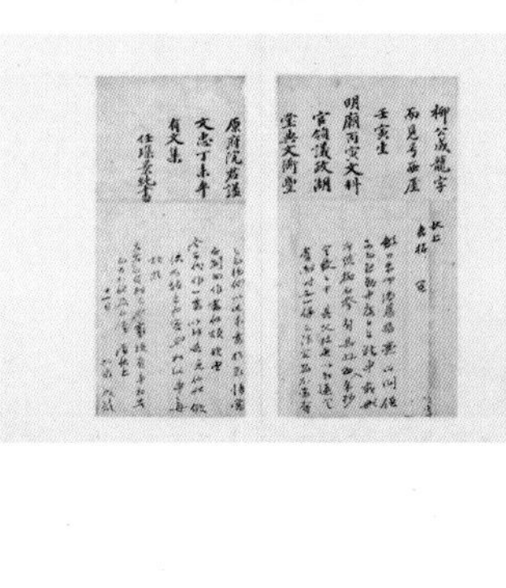

원문

狀上

春松 宅　　　　　手決　謹封

數日未聞 倘息哀戀

此間僅支 而憂病中 度日爾

就中 義城庶役 柳應參 有其孫 入奉抄定役之中 其父致英 以新選定虜衛

時無一保 在法完聚 不當奪之而移他

以此等書 於哀慟 當應副 而作書 似煩

欲望令左 代作一書 以解其寃 何如

假使不聽 未爲害也 如此事 每煩於左右 正自難已也窮說

有事相告 而力不能及 可嘆

謹狀上

　十一日 孤哀 成龍

장상(狀上)

춘송(春松) 댁　　　　　수결(手決)　근봉(謹封)

여러 날 동안 소식을 듣지 못하여 안타까운 마음 그지없습니다.
저는 그럭저럭 지내고 있습니다만, 근심과 병으로 나날을 보내고 있습니다.

드릴 말씀은, 의성(義城)에서 서역(庶役)을[1] 하고 있는 유응삼(柳應參)의 손자가 공역(工役)에 차출되어 복무하고 있는 중에 그의 아비 치영(致英)이 정로위(定虜衛)[2]에 새로 뽑혔습니다.
당시 일보(一保)[3]도 없어서, 완취(完聚)[4]의 법을 부당하게 박탈당하고 다른 지역으로 옮겨가게 된 것입니다.

여러 가지 글을 써서 애통한 사정에 응당 도움을 주어야 하겠지만, 글을 쓰는 일이 번거로울 듯하니, 바라건대 아랫사람에게 대신 글을 작성하게 하여 그 억울함을 풀어주시는 것이 어떠십니까?
들어주지 않는다고 하여도 해(害)될 것은 없습니다.
이 같은 일이 그대에게 항상 성가신 일이 될 것만 같으므로, 참으로 말로 다하기 어렵습니다.
일이 있어 서로 알리기는 하지만, 힘이 미치지 못하여 한탄스럽습니다.
삼가 올립니다.

11일에　고애(孤哀)[5]　성룡(成龍)

---

1 서역(庶役)은 관아의 일을 도우는 서리(庶吏) 등의 역(役)을 일컫는 것으로 보인다.

2 정로위(定虜衛)는 조선조에 북변(北邊) 방비를 위하여 편성한 군대를 말한다.

3 일보(一保)는 군역에 징발된 정군(正軍)을 경제적으로 보조하기 위하여 편성된 것으로, 신역(身役)의 단위를 일컫는 것이다.

4 완취(完聚)는 흩어진 가족이 한 곳에 모여 사는 것을 말한다.

5 아버지를 잃으면 고(孤)라 하고, 어머니를 잃으면 애(哀)라 하고, 부모가 모두 죽으면 고애라 한다.

제발

柳公 成龍 字 而見 號 西厓 壬寅生
明廟 丙寅 文科 官 領議政 湖堂 典文衡 豐原府院君 諡 文忠
丁未 卒 有文集
任㻐 景純 書

유(柳) 공 성룡(成龍)의 자는 이현(而見), 호는 서애(西厓)이다.
임인(1542)년에 태어나 명종(明宗) 조에 문과에 급제하여 관직이 영의정에 이르렀다.
호당(湖堂)에도 오르고 전문형(典文衡)을 역임하였으며, 풍원부원군(豐原府院君)에 봉해졌고, 시호는 문충(文忠)이다.
정미(1607)년에 세상을 떠났으며 문집(文集)을 남겼다.
임집(任㻐) 경순(景純) 쓰다.

제발자

임집 任㻐

1696년(숙종 22)~미상

조선 후기 승지, 대사간, 도승지 등을 역임한 문신이다.
본관은 풍천(豊川)이며, 자는 경순(景純)이다. 임양(任量)의 증손으로, 할아버지는 참판 임윤원(任胤元)이고, 아버지는 승지 임수적(任守迪)이며, 어머니는 유이정(柳以井)의 딸이다.
임집은 임정(任珽)의 아우로 송질의 소북 후배이다.

생애 및 활동사항

1728년(영조 4) 정시문과에 을과로 급제하여 지평 · 정언 등을 지냈다.
1741년 지평으로 국왕 부름을 거부하여 외직에 보임된 오광운(吳光運) 등을 구원하였고, 1743년에는 언로의 개방과 국왕의 수성(修省)을 주장하였으며, 곧 도당록(都堂錄)에 선발되었다. 1746년 교리로 국가에서 금하는 교단(校緞)을 몰래 가져온 재자관(齎咨官) 이명직(李命稷)의 처벌을 가벼이 할 것을 주장하였다가 파직되었다.
1749년 장령으로 비변사 인견(引見: 왕이 신하를 불러서 봄)에 참석하여 중외 초기(草記, 정무상 그렇게 중요하지 않은 업무를 간단히 기록한 것)를 지체시키지 말고 비변사에 즉시 회계할 것, 외방 옥사가 적체되지 않도록 할 것, 송사를 방해하는 수령을 논죄할 것 등을 주장하였으나 하찮은 사안으로 대간의 책임을 면하려 한다는 탄핵을 받았다.
이후 교리 · 겸필선 · 사간 · 응교 · 겸우익선 · 집의 · 응교 등을 지냈고, 1752년 존숭도감(尊崇都監)의 공로로 통훈대부에 올랐다. 곧 승지로 승진하여 혐의를 받고, 처치 규례를 두고 대간과 논란을 벌였다. 대사간 · 도승지를 지냈다.

발신자

유성룡 柳成龍

1542년(중종 37) ~ 1607년(선조 40)

조선시대 이조판서, 좌의정, 영의정 등을 역임한 문신이다. 본관은 풍산(豊山). 자는 이현(而見), 호는 서애(西厓). 의성 출생. 유자온(柳子溫)의 증손으로, 할아버지는 유공작(柳公綽)이다. 아버지는 황해도관찰사 유중영(柳仲郢)이며, 어머니는 진사 김광수(金光粹)의 딸이다. 이황(李滉)의 문인이다. 김성일(金誠一)과 동문수학했으며 서로 친분이 두터웠다.

생애 및 활동 사항

1564년(명종 19) 생원 · 진사가 되고, 1566년 별시 문과에 병과로 급제해 승문원권지부정자가 된 이후 여러 관직을 역임하였다. 1590년(선조 23) 우의정에 승진, 광국공신(光國功臣) 3등에 녹훈되고, 풍원부원군(豊原府院君)에 봉해졌다. 1591년 우의정으로 이조판서를 겸하고, 이어 좌의정으로 승진해 역시 이조판서를 겸하였다.

1592년(선조 25) 임진왜란이 발생하자 병조판서를 겸하고 도체찰사로 군무(軍務)를 총괄하였다. 이어 영의정이 되어 왕을 호종(扈從)해 평양에 이르렀으나 반대파의 탄핵을 받고 면직되었다. 의주에 이르러 평안도도체찰사가 되고, 이듬해 명의 장수 이여송(李如松)과 함께 평양성을 수복하고, 충청 · 경상 · 전라 3도의 도체찰사가 되어 파주까지 진격하였다. 그 해 다시 영의정에 올라 4도의 도체찰사를 겸해 군사를 총지휘하였다. 1598년(선조 31) 명의 정응태(丁應泰)가 조선이 일본과 연합해 명을 공격하려 한다고 무고했을 때 진상을 변명하러 가지 않는다는 북인들의 탄핵으로 관작을 삭탈 당했다. 1600년(선조 33)에 복관되었으나 다시 벼슬을 하지 않고 은거하였다.

1604년(선조 37) 호성공신(扈聖功臣) 2등에 책록되고 다시 풍원부원군에 봉해졌다. 도학(道學) · 문장(文章) · 덕행(德行) · 글씨로 이름을 떨쳤고, 특히 영남 유생들의 추앙을 받았다. 저서로는 임진왜란사 연구에 있어 빼놓을 수 없는 『서애집(西厓集)』 · 『징비록(懲毖錄)』을 포함하여 다양한 저술을 남겼다. 안동의 병산서원(屛山書院) 등에 제향되었다. 시호는 문충(文忠)이다.

06

윤두수尹斗壽 구이상(具二相, 구사맹) 댁에 방문 감사와 시詩 교유 요청

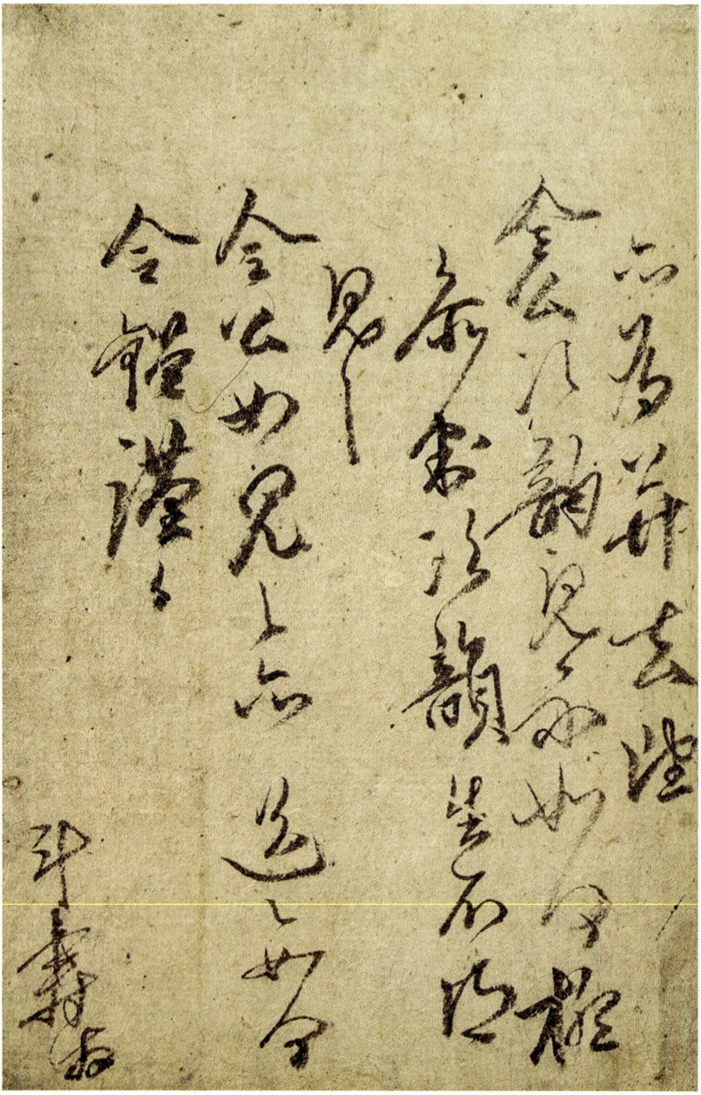

윤두수尹斗壽: 구이상(具二相, 구사맹) 댁에 방문 감사와 시詩 교유 요청
39.7x25.5cm

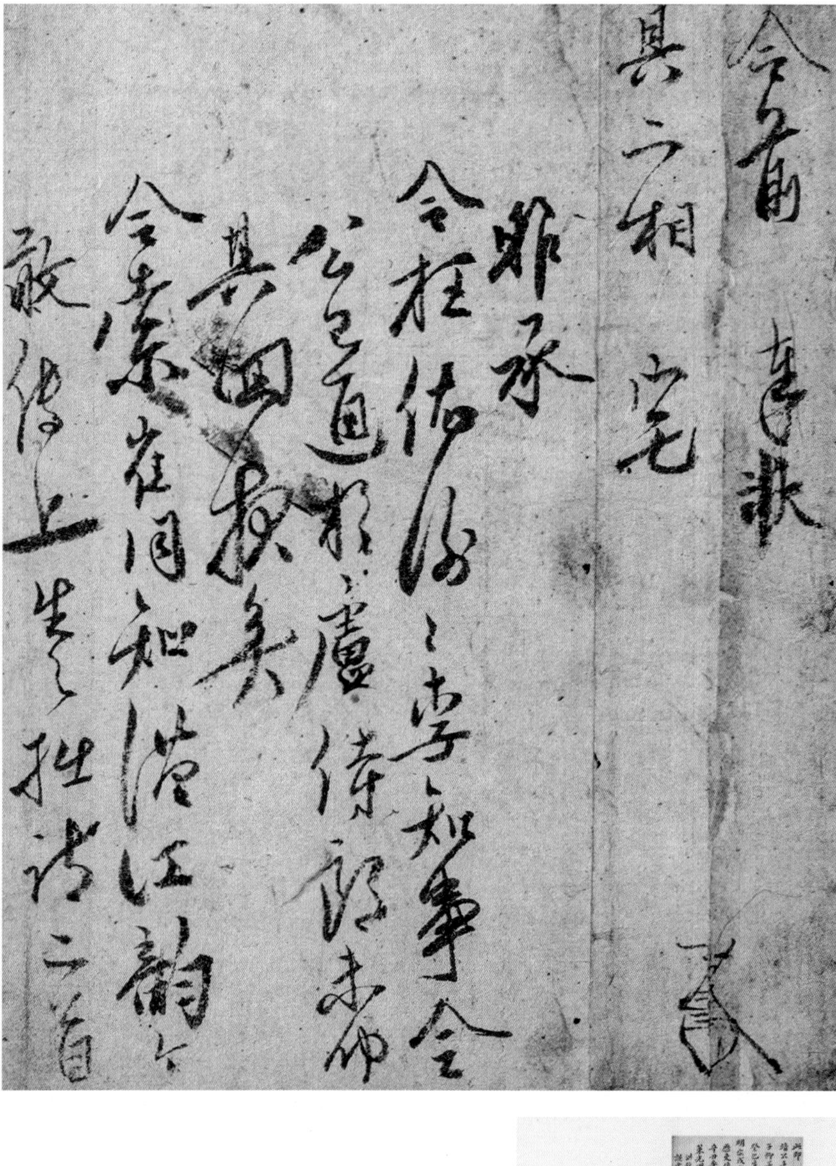

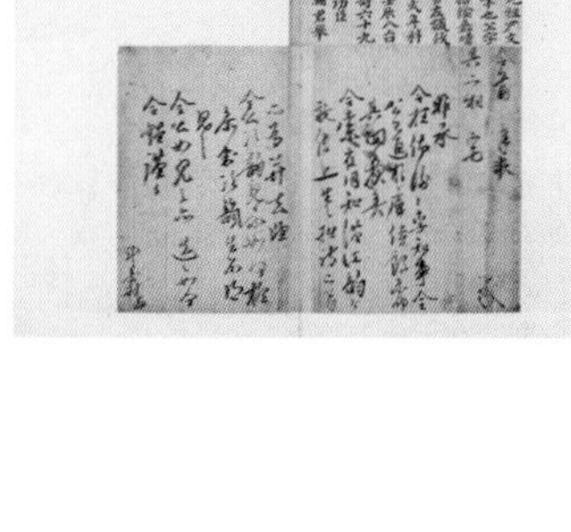

원문

令前 奉狀

具 二相 宅　　　手決

昨承令枉 依謝依謝

李知事令公 已通於盧侍郎 未聞其回報矣

令索崔同知 漢江韻 今敢傳上 生之拙詩 二首 亦爲幷去望令公次韻 見示如何

柳參判 次韻 生不得見之 令公如見之 亦送之如何

令鑑 謹白 斗壽 拜

영감께 올리는 편지

구(具) 이상(二相)[1] 댁　　　수결(手決)

어제 영감께서 방문해주셔서 매우 고마웠습니다.
이 지사(李知事) 영감은 노시랑(盧侍郞)에게 이미 알렸으며, 그 회보(回報)[2]는 아직 듣지 못하였습니다.

영감께서 최 동지(崔同知)[3]의 한강(漢江) 운으로 차운한 시를 찾으셔서,
지금 감히 저의 졸시(拙詩) 두 수(首) 전해 올립니다.
또한 지난 보름 영감의 시에 차운한 시도 아울러 보냅니다. 읽어주십시오.
유 참판(柳參判)이 차운한 시를 저는 보지 못하였습니다.
영감께서 보셨으면, 또한 보내주심이 어떠신지요?
영감께서 살펴주시기 바라며, 삼가 씁니다.
두수(斗壽) 올림

1 구사맹(具思孟, 1531~1604)이다. 구사맹의 본관은 능성(綾城), 자는 경시(景時), 호는 팔곡(八谷)이다. 이상(二相)은 의정부 찬성(議政府贊成)의 별칭으로, 이공(二公)·이상(貳相)이라고도 한다. 구사맹은 좌참찬·이조판서 등을 거쳐 좌찬성을 역임하였다. 윤두수의 아우 윤근수(尹根壽)의 『월정집(月汀集)』에 "구 이상 사맹에 대한 만사(挽具二相 思孟)"가 실려 있는 것으로 보아 두 집안 사이의 교분을 짐작할 수 있다.

2 회보(回報)는 어떤 문제에 관한 물음이나 요구에 대하여 회답하여 보고하는 것을 말한다.

3 최 동지(崔同知)는 최립(崔岦, 1539~1612)이다. 본관은 통천(通川), 자는 입지(立之), 호는 간이(簡易)·동고(東皐)이다. 윤두수의 오음유고(梧陰遺稿)에 "한강에 있는 윤건원의 옛집 시에 차운하다(次漢江尹健元舊居韻)"와 "동지 최입지에게 주다(寄崔同知立之)", "최입지의 화운 (附崔立之和韻)" 등이 이어있는데 이 편지와 관련이 있는 것으로 확인된다.

제발

此卽 先祖 尹文靖公 手筆也
公 字 子仰 號 梧陰 嘉靖 癸巳 生 官 左議政 明宗 戊午 式年科 歷吏佐 壬辰 入台
辛丑 卒 壽 六十九 策光國功臣
洪鉉輔 君擧 謹書

이는 선조 윤 문정공(尹 文靖公)의 글씨이다. 공의 자는 자앙(子仰), 호는 오음(梧陰)이다.
가정(嘉靖) 계사(1533)년에 태어났으며 관직은 좌의정에 이르렀다.
명종(明宗) 조 무오(1558)년 식년시에 급제하여 이조좌랑을 역임하고, 임진(1592)년 재상의 반열에 올랐으며, 신축(1601)년 69세로 세상을 떠났다. 광국공신(光國功臣)에 책록되었다.
홍현보(洪鉉輔) 군거(君擧) 삼가 쓰다.

제발자

홍현보 洪鉉輔
1680년(숙종 6)~1740년(영조 16)

조선후기 이조참판, 우참찬, 예조판서 등을 역임한 문신이다.
본관은 풍산(豊山)이며, 자는 군거(君擧)이고, 호는 수재(守齋)이다. 영안위(永安尉)홍주원(洪柱元)의 증손으로, 할아버지는 지경연사 홍만용(萬容)이고, 아버지는 홍중기(洪重箕)이며, 어머니는 이민서(李敏叙)의 딸이다.

생애 및 활동사항
어려서부터 학문을 좋아하였으며, 1718년(숙종 44) 정시문과에 장원급제하여 저작에 임명되었다. 1725년(영조 1) 수찬으로 있을 때 탕평책을 상소하여 왕으로부터 신임을 받고 교리에 승진하였다.
1729년 형조참판, 이듬해 대사간이 된 뒤 1731년 대사헌 · 호조참판을 역임하고, 1733년 한성부좌윤 · 대사성 · 지의금부사(知義禁府事)를 지냈다.
1738년 이조참판, 이듬해 우참찬을 거쳐, 1740년 예조판서에 이르렀다. 성품이 온화, 검소하였으며, 목민관이 되어서는 휼민에 힘썼다. 시호는 정헌(貞獻)이다.

발신자

윤두수 尹斗壽

1533년(중종 28)~1601년(선조 34)

조선시대 대사헌, 좌의정, 영의정 등을 역임한 문신이다. 본관은 해평(海平). 자는 자앙(子仰), 호는 오음(梧陰). 윤계정(尹繼丁)의 증손으로, 할아버지는 윤희림(尹希琳)이다. 아버지는 군자감정 윤변(尹忭)이며, 어머니는 부사직(副司直) 현윤명(玄允明)의 딸이다. 이황의 문인이다.

생애 및 활동 사항

1555년(명종 10) 생원시에 1등으로 합격하고, 1558년 식년 문과에 을과로 급제해 승문원에 들어간 다음, 검열(檢閱) · 정자(正字) · 저작(著作)을 역임하였다. 관직 경력은 정쟁으로 파직과 유배, 복직을 거듭하였다. 1565년(명종 20) 문정왕후(文定王后)의 천거로 부응교에 임용된 뒤 동부승지 · 우승지를 거쳐 1576년(선조 9) 대사간에 이르렀다.

1589년(선조 22) 평안감사를 지내고 명에 사신으로 가서 종계(宗系: 명의 『태조실록』과 『대명회전』에 이성계의 가계가 고려의 권신 이인임(李仁任)의 후손으로 잘못 기록된 것)를 변무(辨誣)한 공으로 광국공신(光國功臣) 2등이 되어 해원군(海原君)에 봉해졌다.

1592년 임진왜란이 발발하자 다시 기용되어, 어영대장 · 우의정을 거쳐 좌의정으로서 이원익(李元翼), 김명원(金命元) 등과 함께 평양성을 지켰다. 이듬해 삼도체찰사(三道體察使)를 겸하였다. 1595년 판중추부사가 되었고 해원부원군(海原府院君)에 봉해졌다. 1597년 정유재란 때에는 영의정 유성룡(柳成龍)과 함께 난국을 수습하였다. 1598년(선조 31) 좌의정을 거쳐 영의정에 올랐으나, 대간(臺諫)의 계속되는 탄핵으로 사직하고 남파(南坡)에 물러났다. 1605년(선조 38) 호성공신(扈聖功臣) 2등에 봉해졌다.

평소 온화하고 화평했으나, 나라의 큰일 앞에서는 직언을 아끼지 않았다 한다. 또한 임진왜란 · 정유재란의 국가적 위기를 극복하기 위하여 적극적으로 나섰다. 저서로는 『오음유고』 · 『기자지(箕子誌)』 등이 있다. 시호는 문정(文靖)이다.

07

정탁鄭琢 동복同福댁 돈서(惇敍, 김부륜)에게 감사 및 조언

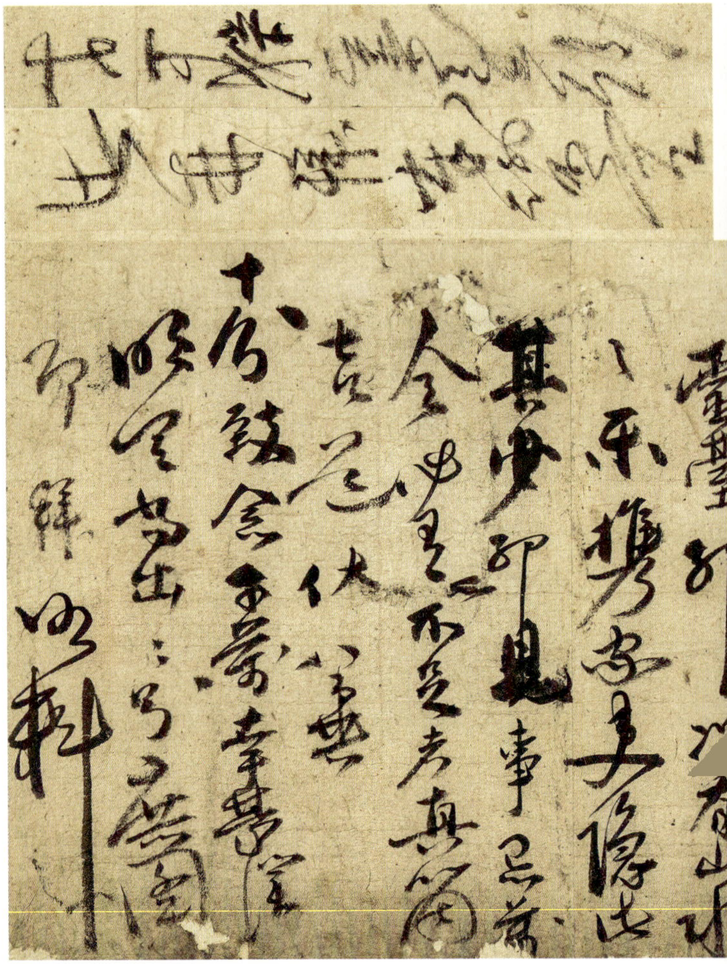

정탁鄭琢: 동복同福댁 돈서(惇敍, 김부륜)에게 감사 및 조언
52.7x30.0cm

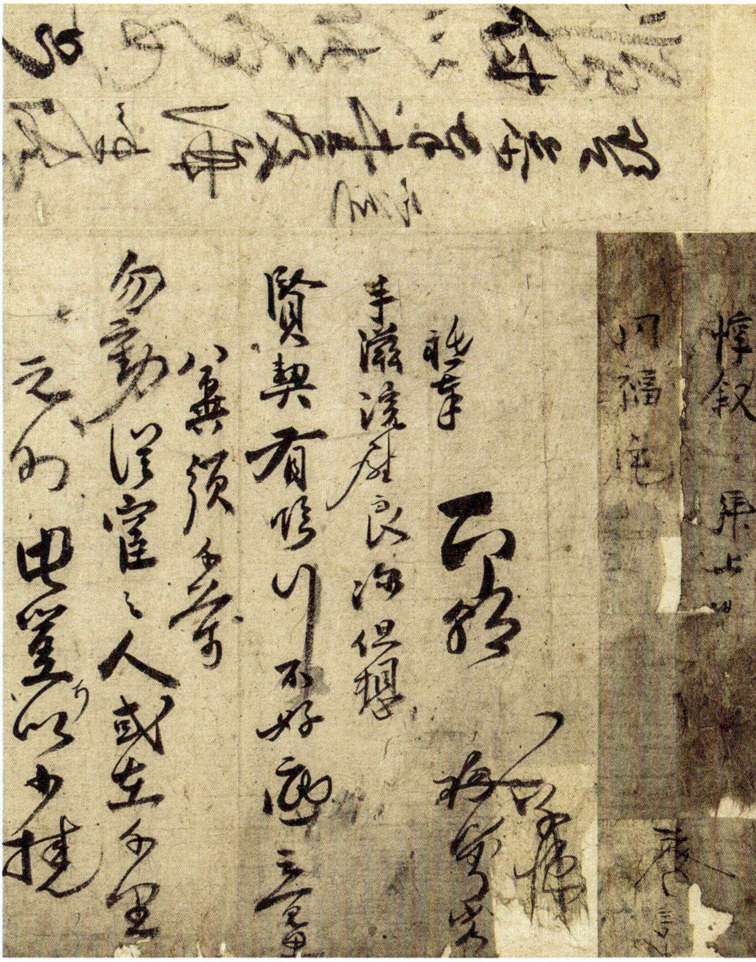

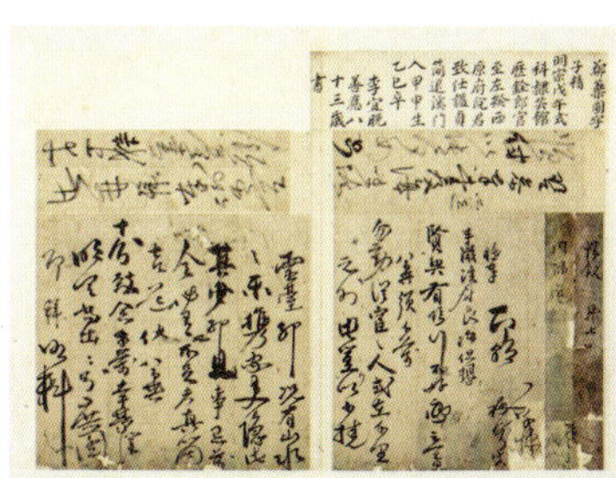

원문

惇叙 拜上
同福 宅　　　　　　　手決

祇奉手滋 浣慰良深
但想賢契有臨行 不好底意思 冀須千萬勿動
從宦之人 或在千里之外 此豈可以小撓靈臺耶
況有山水之樂 携家吏隱 此其必耶
見事忌萬 令必有不足者 眞箇吉道
伏冀十分致念 千萬幸甚

僕明間當出 出則庶圖仰拜爲料

領答書裁上裹參奉 書及海味諸品送 幸順付以傳何如
只此 再拜奉謝 不宣
卽朝
琢 對客 草悚

돈서(惇叙)[1]께 올림
동복(同福)[2] 댁　　　　　　　수결

1 돈서(惇叙)는 김부륜(金富倫, 1531～1598)이다. 본관은 광산(光山), 자는 돈서(惇叙), 호는 설월당(雪月堂)이다. 퇴계 이황(李滉)의 문인으로 1555년(명종10) 사마시에 합격하여 동복현감(同福縣監)을 지냈다. 저서로 『설월당집(雪月堂集)』이 있다. 돈서(惇叙)에 대해 『설월당집』의 행장 및 묘지는 "惇叙", 『퇴계집(退溪集)』은 "惇敘", 『한국민족문화대백과사전』은 "惇敍"로 표기하였다.

2 동복(同福)은 김부륜이 1585년에 전라도 동복 현감을 지냈다. 이 편지는 이때 쯤 보낸 것으로 여겨진다.

조정에서 돌아와 편지를 받고 깊이 위로가 되었습니다.
다만 현계(賢契)[3]가 떠나려고 하는 것은 좋은 생각이 아닌 것 같습니다.
바라건대 어떠한 경우에도 꼭 거동하지 않았으면 합니다.
벼슬살이를 하는 사람은 혹 천리밖에 있다 해도, 이 어찌 마음에 조그만 동요가 있을 수 있겠습니까?
하물며 산수 유람의 즐거움이 있다고 하더라도, 집안의 이은(吏隱)[4]을 데리고 꼭 그렇게 해야 하겠습니까?
보이는 일마다 만 번 꺼리게 된다면, 영감 마음에는 꼭 만족스럽지 않더라도 진실로 아름다운 도리가 될 것입니다.
십분 유념하시길 바라고 또 바랍니다,

저는 내일 출타할 것인데, 출타하게 되면 찾아뵐 생각입니다.

답장을 받고 글을 써서 편지와 함께 해산물을 배참봉에게 보냈습니다.
제대로 전하도록 해주시기 바랍니다.

이만 줄입니다.
두 번 절하고 답장을 올립니다.

편지 받은 날 아침에
탁(琢)

손님을 맞느라 글씨를 어지럽게 적었습니다.
죄송합니다.

3 현계(賢契)는 잘 사귄 정분이라는 뜻으로, 다정한 벗을 이르는 말이다. 자신의 제자나 친구의 아들, 조카 등에 대한 애칭으로 쓰기도 한다. 여기서는 수신인을 가리킨다.

4 이은(吏隱)은 낮은 관직에 몸담고 은자(隱者)처럼 사는 사람을 말하는데, 여기서는 벼슬을 안 한 사람을 일컫는다.

제발

鄭藥圃 字 子精 明宗 戊午 式科 隷芸館 歷銓郎 官至左揆
西原府院君 致仕 諡 貞簡 退溪門人 甲申生 乙巳卒
李宜晩 善應 八十三歲 書

정(鄭) 약포(藥圃)의 자는 자정(子精)이다. 명종(明宗) 조 무오(1558)년 식년시 문과에 급제에 급제하여 운관(芸館 교서관校書館)에 소속되었고, 전랑(銓郎)을 거쳐 관직이 좌의정에 이르렀다. 서원부원군(西原府院君)에 봉해졌고 관직에서 물러났다.
시호는 정간(貞簡)으로 퇴계의 문인이다.
갑신(1524)년1에 태어나 을사(1605)년에 세상을 떠났다.
이의만(李宜晩) 선응(善應) 83세에 쓰다.

제발자

이의만 李宜晩

1650년(효종 1)~1736년(영조 12)

조선후기 승지, 함경도관찰사, 한성판윤 등을 역임한 문신이다.
본관은 광주(廣州)이며, 자는 선응(善應)이고, 호는 농은(農隱)이다. 충정공 이준경(忠正公 李浚慶)의 5대손이며, 이사수(李士修)의 증손으로, 할아버지 이필행(李必行)은 '소북7학사'인 이필형(李必亨)의 아우이다. 아버지는 이후징(李厚徵)이며, 어머니는 송휘길(宋暉吉)의 딸이다. 이의만은 이시만(李蓍晩)의 동생으로 이하원(李夏源)의 숙부다. 이시만 · 이의만 형제는 송질과 함께 '소북오군자'인 엄경수, 엄경하(嚴慶遐, 1678~1740)의 형인 엄경우와 교분을 쌓고 있던 이이만(李頤晩)의 형이다.

생애 및 활동사항

1691년(숙종 17) 증광문과에 을과로 급제하여 관직에 나갔다. 사간원정언으로 있으면서 지방 수령을 탄핵하다가 도리어 체직되어 영해부사 등 지방관을 역임하였다. 1708년 중앙정계로 복귀하여 홍문관에 들어갔으며, 이 때 5개 조항의 잠계(箴戒)를 올려 숙종으로부터 호피(虎皮)가 하사되기도 하였다.
문장이 뛰어나 10여 년간을 홍문관에서 재직하다가 1722년(경종 2)에 승지로 발탁되었고, 이어 충청도관찰사 · 함경도관찰사를 거쳐 한성판윤에 이르렀다. 청렴결백한 것으로 이름이 있었으며, 기로소에 들어갔다가 죽었다. 시호는 정정(靖貞)이다.

발신자

정탁 鄭琢

1526년(중종 21) ~ 1605년(선조 38)

조선시대 우의정, 좌의정, 영중추부사 등을 역임한 문신이다. 본관은 청주(淸州). 자는 자정(子精), 호는 약포(藥圃) · 백곡(栢谷). 예천 출신. 현감 정원로(鄭元老)의 증손으로, 할아버지는 생원 정교(鄭僑)이고, 아버지는 정이충(鄭以忠)이며, 어머니는 한종걸(韓從傑)의 딸이다. 이황(李滉)과 조식(曺植)의 문인이다. 경사(經史) · 천문 · 지리 · 상수(象數) · 병가(兵家) 등에 이르기까지 정통하였다.

생애 및 활동 사항

1552년(명종 7) 성균생원시를 거쳐 1558년 식년문과에 병과로 급제하고 1565년 정언을 거쳐 예조정랑 · 헌납 등을 지냈다. 1568년 춘추관기주관을 겸직하고, 『명종실록(明宗實錄)』 편찬에 참여하였다. 1572년(선조 5) 이조좌랑이 되고, 도승지 · 대사성 · 강원도관찰사 등을 역임하였다. 1581년 대사헌에 올랐으나, 장령 정인홍(鄭仁弘), 지평 박광옥(朴光玉)과 의견이 맞지 않아 사간원의 계청(啓請)으로 이조참판에 전임되었다. 1582년 진하사(進賀使)로 명나라에 갔다가 이듬해 돌아와서 대사헌 · 예조 · 형조 · 이조의 판서를 역임하고, 1589년 사은사(謝恩使)로 명나라에 다시 다녀왔다. 1592년 임진왜란이 일어나자 좌찬성으로 왕을 의주까지 호종(임금이 탄 수레를 호위하여 따르는 일)하였다. 1594년에는 곽재우(郭再祐) · 김덕령(金德齡) 등의 명장을 천거하여 전란 중에 공을 세우게 했으며, 이듬해 우의정이 되었다. 1597년 정유재란이 일어나자 72세의 노령으로 전장에 나가 군사들의 사기를 높이려고 했으나, 왕이 연로함을 들어 만류하였다. 특히, 그 해 3월에는 옥중의 이순신(李舜臣)을 적극적으로 신구(伸救)하여 죽음을 면하게 하였으며, 수륙병진협공책(水陸倂進挾攻策)을 건의하였다. 1599년 병으로 귀향했다가 이듬해 좌의정에 승진되고 판중추부사를 거쳐 1603년에 영중추부사에 올랐다. 이듬해 호종공신(扈從功臣) 3등에 녹훈되었으며, 서원부원군(西原府院君)에 봉해졌다. 예천의 도정서원(道正書院)에 제향되었으며, 저서로 『약포집』 · 『용만문견록(龍灣聞見錄)』 등이 있다. 시호는 정간(貞簡)이다.

08

김응남金應南 강진 윤생원에게 보내는 안부 답신

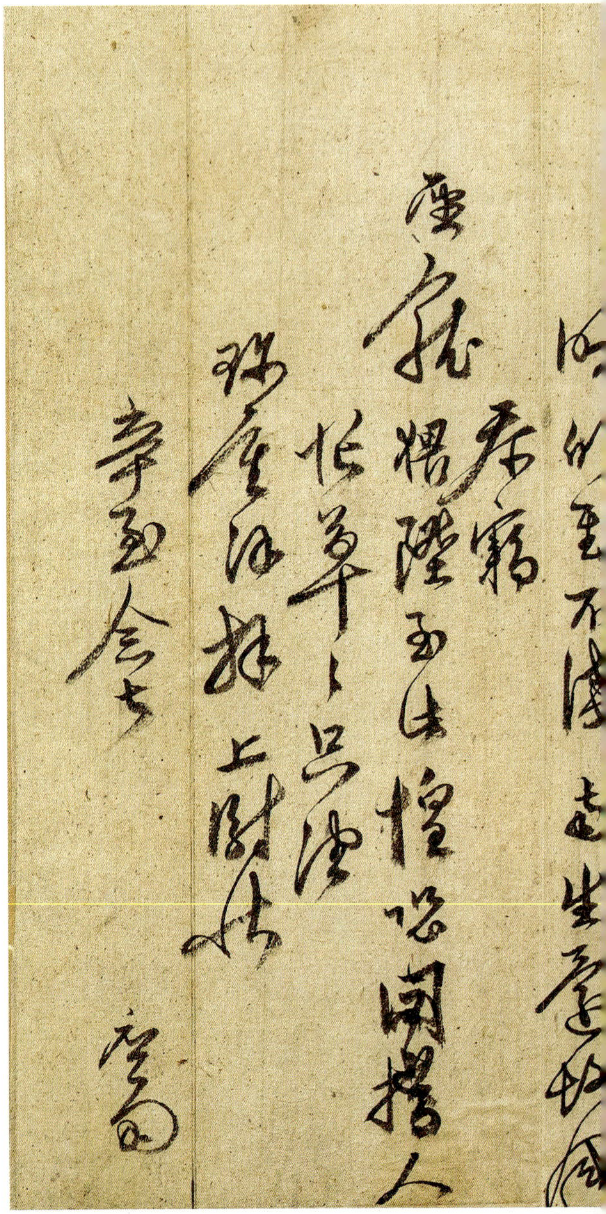

김응남 金應南: 강진 윤생원에게 보내는 안부 답신
28.3x29.7cm

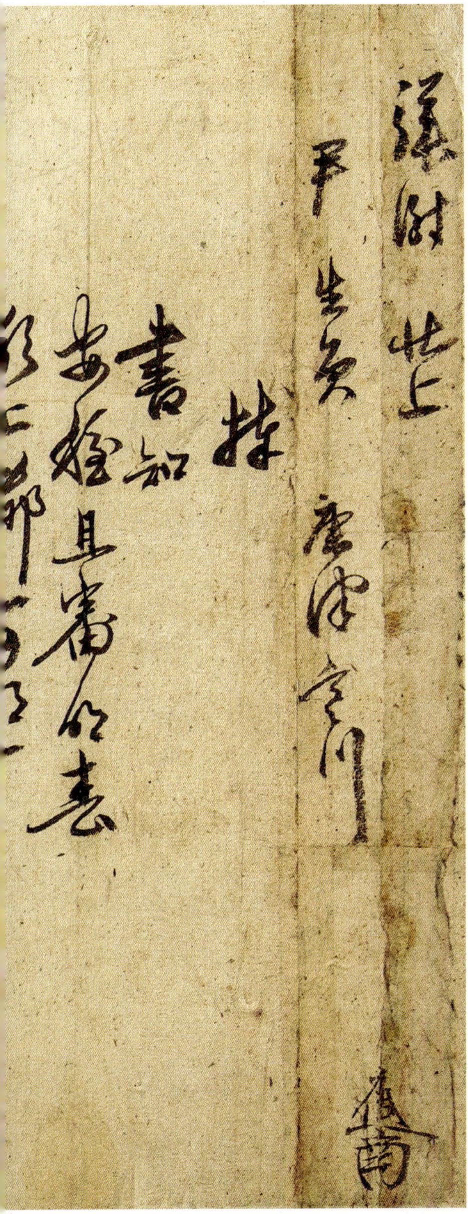

원문

拜謝 狀上
尹 生員 康津 寒川　　　手決

捧書 知安穩 且審明春 欲上都 可得一晤 欣慰不淺
南 生還故國 忝竊聖寵 猥陞至此 惶恐罔措人

忙草草 只望 珍重
謹拜 上謝狀
　辛 至 念七 應南

답장으로 올리는 편지
윤 생원 강진(康津) 한천(寒川)　　　수결(手決)

편지를 받고 평안히 계심을 알았습니다.
또한 내년 봄에 도성으로 올라오려고 하신다는 것을 알게 되었습니다.
한 번 뵐 수 있을 것이니, 기쁨과 위로가 적지 않습니다.

저는 살아서 고국으로 돌아와 분에 넘치는 임금님의 은혜로 외람되이
이 자리에 오르게 되었습니다. 황공하여 몸 둘 바를 모르겠습니다.

바빠서 대충 썼습니다.
오로지 건강하시기만 바라며, 삼가 답장을 올립니다.

　신(辛)년 11월 27일　응남(應南)

제발

外高祖 斗巖 金公 字 重叔 原州人
嘉靖 丙午生 宣廟 戊辰 增廣 歷 南床 湖堂 銓郎 直提學
壬辰初 主兵 甲午 入相 止左 追榮 扈聖功 原城府院君
享年 五十三 篆隸俱有名

在銀臺 與完平同斥栗谷 特補濟州牧 其過海
詩曰 移涉千重浪 閑登百尺樓
公之妻兄 鵝溪 貽書曰 公之入相 卜之此詩云
　嚴慶遐 季長 謹書

외고조부 두암(斗巖) 김(金) 공의 자는 중숙(重叔), 본관은 원주(原州)이다.
가정(嘉靖) 병오(1546)년에 태어나, 선조(宣祖) 조 무진(1568)년 증광시에 급제하여 남상(南床 예문관 · 홍문관정자), 호당(湖堂), 전랑(銓郎), 직제학(直提學)을 역임하였다.
임진왜란 초 병조판서를 맡았으며, 갑오(1594)년 정승의 자리에 올라 좌의정에 이르렀고, 호성공신(扈聖功臣)과 원성부원군(原城府院君)에 추영(追榮: 추증하여 영광되게 함)되었다.
향년 53세로 세상을 떠났고, 글씨는 전서와 예서에 모두 이름이 났다.

은대(銀臺 승정원)에 있을 때 완평(完平) 이원익(李元翼)과 더불어 율곡(栗谷)을 탄핵하다 제주목사로 특보(特補)되었는데[1], 그는 바다를 건너면서, "천 겹 물결 평온하게 건너 한가로이 백 척 누대에 올랐노라(穩涉千重浪 閑登百尺樓)."라는 시를 지었다.
공의 처형(妻兄)인 아계 이산해(鵝溪 李山海)는 글을 보내어, "공이 정승의 자리에 오르게 된 것은 이 시에서 점쳐졌다(公之入相 卜之此詩)."라고 하였다.
　엄경하(嚴慶遐) 계장(季長) 삼가 쓰다.

1 1583년 병조판서 이이(李珥)를 탄핵한 삼사의 송응개(宋應漑) · 허봉(許篈) · 박근원(朴謹元) 등이 선조의 노여움으로 도리어 유배될 때 그들과 일당이라는 혐의를 받고 좌천되었다. 그러나 김응남은 평소 이이를 존경했기 때문에 실제로 삼사의 논의에는 참여하지 않았다.

엄경하 嚴慶遐

1678년(숙종 4) ~ 1740년(영조 16)

조선 중기 승지를 역임한 문신이다.

본관은 영월(寧越)이며, 자는 계장(季長)이다. 할아버지는 엄성구(嚴聖耉)이고, 아버지는 엄집(嚴緝)이며, 외조부는 원주(原州)인 김진문(金震文)이며, 장인은 풍천(豐川)인 임순원(任舜元, 1653~1723)이다.

엄경하는 엄경수(嚴慶遂, 1672~1718) 동생으로 이들은 송질, 윤휘정(尹彙貞, 1676~?), 이정작(李庭綽, 1678~1758)과 함께 '소북오군자'이다. 엄경우(嚴慶遇, 1655~1731)는 이들의 맏형이다.

생애 및 활동사항

온양 출신으로 1727년(영조 3) 정미증광시에 과거에 급제를 하였으며, 주요 관직은 사헌부지평 · 헌납 · 승지 · 봉산군수 · 무자진을 지냈다.

발신자

김응남 金應南

1546년(명종 1)~1598년(선조 31)

조선시대 호성공신 2등에 책록된 공신이자 문신이다. 본관은 원주(原州). 자는 중숙(重叔), 호는 두암(斗巖). 충청도병마절도사 김말손(金末孫)의 증손으로, 할아버지는 증 좌찬성 김안우(金安祐)이고, 아버지는 김형(金珩)이며, 어머니는 증 참판 김덕유(金德裕)의 딸이다.

생애 및 활동 사항

1567년 생원시에 합격하고, 1568년 증광 문과에 을과로 급제해 예문관 · 홍문관의 정자(正字)를 역임하고, 동부승지에 이르렀다.

1583년 병조판서 이이(李珥)를 탄핵한 삼사의 송응개(宋應漑) · 허봉(許篈) · 박근원(朴謹元) 등이 선조의 노여움으로 도리어 유배될 때 그들과 일당이라는 혐의를 받고 제주목사로 좌천되었다. 제주에서 성심껏 기민을 구휼하고 교육을 진흥시키며 민속을 바로잡아 뒤에 인조 때 김상헌(金尙憲)의 『남정록(南程錄)』이나 효종 때 이원진(李元鎭)의 『탐라지(耽羅誌)』에는 그 때의 치적을 칭송하는 글이 실려 있다. 2년 뒤 1585년 우승지로 기용, 이어 대사헌 · 대사간 · 부제학 · 이조참판 등을 역임하였다. 1591년 성절사로서 명나라에 갔을 때 일본의 국서를 받고 조선이 일본과 내통한다고 의심하는 자가 많았는데 적극적으로 해명해 의구심을 풀어주었다. 귀국 후 한성판윤이 되었고, 다음 해 1592년 임진왜란으로 왕이 피난길에 오르자 유성룡(柳成龍)의 천거로 병조판서 겸 부체찰사(兵曹判書兼副體察使)가 되었다. 이듬해 1593년 이조판서로서 왕을 따라 환도한 후, 1594년 우의정, 1595년 좌의정이 되어 영의정 유성룡과 함께 임진왜란 후의 혼란한 정국을 안정시켰다. 항상 나라를 복구하는 급선무는 군사를 훈련하고 성을 쌓는 것이 아니라 인심을 바로잡는 일이라고 역설하였다. 1597년 정유재란 때에는 안무사로서 영남 지방에 내려갔다가, 풍기(豊基)에서 병이 위독해져서 귀경 후 사직하고 이듬해 죽었다.

1604년 호성공신(扈聖功臣) 2등으로 원성부원군(原城府院君)에 추봉되었다.

시호는 충정(忠靖)이다.

09

이원익李元翼 문안 편지에 대한 답신

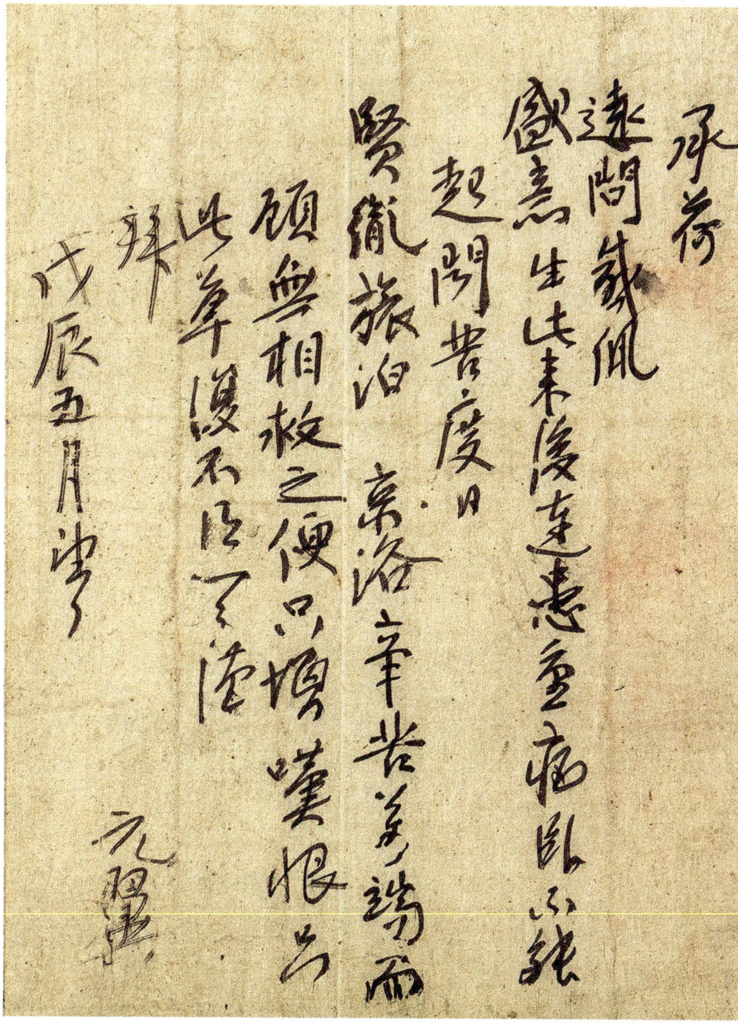

이원익李元翼: 문안 편지에 대한 답신
18.6x24.5cm

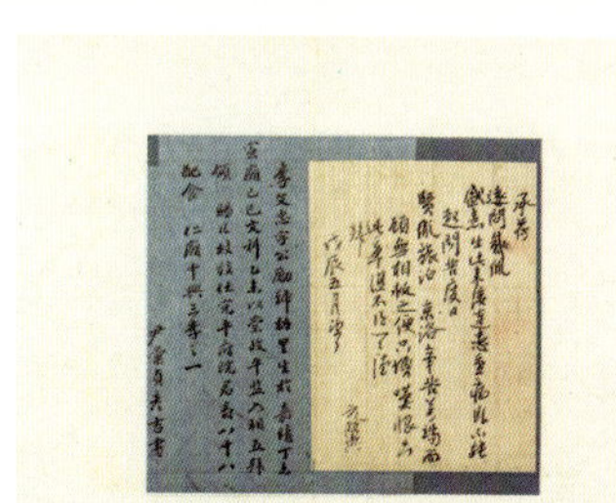

원문

承荷遠問 感佩盛意
生此來後 連患重病 臥不能起 悶苦度日
賢胤 旅泊京洛 辛苦萬端 而顧無相救之便 只增嘆恨

只此
草復 不得一一 謹拜
　戊辰 五月 望日　元翼

멀리서 보내주신 문안편지를 받고 도타운 마음에 감사드립니다.
저는 이렇게 돌아온 뒤 거듭 중병에 시달리고 있습니다.
누워서 일어날 수조차 없이 근심과 아픔으로 나날을 보내고 있습니다.
현윤(賢胤)[1]이 서울에서 객지 생활을 하면서 여러모로 어려움이 심하며,
돌아봐도 도와줄만한 사람이 전혀 없다고 하니 더더욱 안타깝습니다.

이만 줄입니다.
대충 답장을 쓰느라 일일이 다 쓰지 못하고 삼가 올립니다.
　무진(1628)년 5월 보름날　원익(元翼)

1　현윤(賢胤)은 상대방의 아들을 일컫는 말이다.

제발

李 文忠 字 公勵 號 梧里 生於 嘉靖 丁未 宣廟 己巳 文科
乙未 以崇政平監 入相 五拜領 賜几杖 致仕 完平府院君 壽 八十八
配食 仁廟 中興 三李之一
　尹彙貞 彦吉 書

이(李) 문충공(文忠公)의 자는 공려(公勵), 호는 오리(梧里)이다.
가정(嘉靖) 정미(1547)년에 태어나 선조(宣祖) 조 기사(1569)년 문과에 급제하고, 을미(1595)년 숭정대부(崇政大夫), 평안 감사로 정승의 자리에 올랐다.
다섯 차례나 영의정에 제수되었으며 궤장(几杖)을 하사받고 관직에서 물러났다.
완평부원군(完平府院君)에 봉해졌고, 88세까지 수(壽)를 누렸으며 인조(仁祖)의 묘에 배식(配食배향配享)되었다. '중흥(中興) 삼이(三李)'[2] 중 한 사람이다.
　윤휘정(尹彙貞) 언길(彦吉) 쓰다.

제발자

윤휘정 尹彙貞
1676년(숙종 2)~미상

조선후기 홍문관수찬, 사간원정언, 사간원헌납 등을 역임한 문신이다.
본관은 파평(坡平)이며, 자는 언길(彦吉)이다. 충청도관찰사 윤지경(尹知敬)의 증손으로, 할아버지는 윤집(尹鏶)이다. 아버지는 이조·병조판서를 지낸 윤심(尹深)이며, 어머니는 송석복(宋錫福)의 딸이다. 부인은 민정매(閔挺梅)의 딸이다.
윤휘정은 송질, 엄경하(嚴慶遐, 1678~1739), 엄경수(嚴慶遂, 1672~1718), 이정작(李庭綽, 1678~1758)과 함께 '소북오군자'의 한 사람이다.

생애 및 활동사항

1722년(경종 2) 통덕랑(通德郎)으로서 정시문과에 을과로 급제하였다. 1724년(영조 즉위년) 사간원정언, 홍문관수찬을 지내면서 신임옥사에 관련된 소론 일파를 탄핵 논죄하였다. 1728년(영조 4) 이인좌(李麟佐)의 난이 일어났을 때 문경현감으로 있었는데, 며칠 동안 관아를 비우고 돌아오지 않았으므로 탄핵을 받고 압송되었으나 방면되었다. 홍문관의 부수찬·수찬·교리, 사간원정언을 역임하였다. 한 때 당직을 소홀히 하여 위원군수로 좌천되었으나 서용되어 사간원헌납을 지내고, 참판에 올랐다.

2 중흥동(中興洞) 골짜기에서 함께 교유하던 이원익, 백사 이항복(白沙 李恒福), 한음 이덕형(漢陰 李德馨) 등을 '중흥 삼이'라 일컬었다.

발신자

이원익 李元翼

1547년(명종 2)~1634년(인조 12)

조선시대 이조판서, 우의정, 좌의정, 영의정 등을 역임한 문신이다. 본관은 전주(全州). 자는 공려(公勵), 호는 오리(梧里)이다. 태종의 아들 익녕군(益寧君) 이치(李袳)의 4세손이며, 할아버지는 청기수(靑杞守) 이표(李彪)이다. 아버지는 함천정(咸川正) 이억재(李億載)이며, 어머니는 감찰 정치(鄭錙)의 딸이다. 키가 작아 '키작은 재상'으로 널리 불렸다.

생애 및 활동 사항

1564년(명종 19) 사마시에 합격하고, 1569년(선조 2) 별시 문과에 병과로 급제해 이듬해 승문원권지부정자로 활동하였다. 이이(李珥)에게 인정받아 여러 차례 중앙관으로 천거되었다.

임진왜란 때 이조판서로서 평안도도순찰사의 직무를 수행하였고, 1593년(선조 26) 정월 평양을 탈환한 공로로 숭정대부(崇政大夫)에 가자(加資)되었다. 1604년(선조 37) 호성공신(扈聖功臣)에 녹훈되고 완평부원군(完平府院君)에 봉해졌다.

광해군 즉위 후 다시 영의정으로서 전쟁 복구와 민생 안정책으로 경기도에 한해 대동법(大同法)을 실시하여 토지 1결(結)당 16두(斗)의 쌀을 공세(貢稅)로 바치도록 하였다. 대비폐위론에 반대하는 상소를 올려 홍천으로 유배되었으며 뒤에 여주로 이배되었다.

1623년(인조 1) 인조 즉위와 함께 영의정으로 부름을 받았다. 1627년(인조 4) 정묘호란 때에는 노구를 이끌어 도체찰사로 세자를 호위해 전주로 갔다가 강화도로 와서 왕을 호위했으며, 서울로 환도하자 훈련도감제조에 임명되었다. 다섯 차례나 영의정을 지냈으나 집은 오막살이 초가였을 정도로 청빈했다고 한다. 인조로부터 궤장(几杖)을 하사받았다.

저서로는 『오리집(梧里集)』·『속오리집(續梧里集)』·『오리일기(梧里日記)』 등이 있으며, 가사로 「고공답주인가(雇貢答主人歌)」가 있다. 인조의 묘정(廟庭)에 배향되었고, 충현서원(忠賢書院)에 제향되었다. 시호는 문충(文忠)이다.

10 이덕형李德馨 안정安正댁 위로와 도서 반납 요청

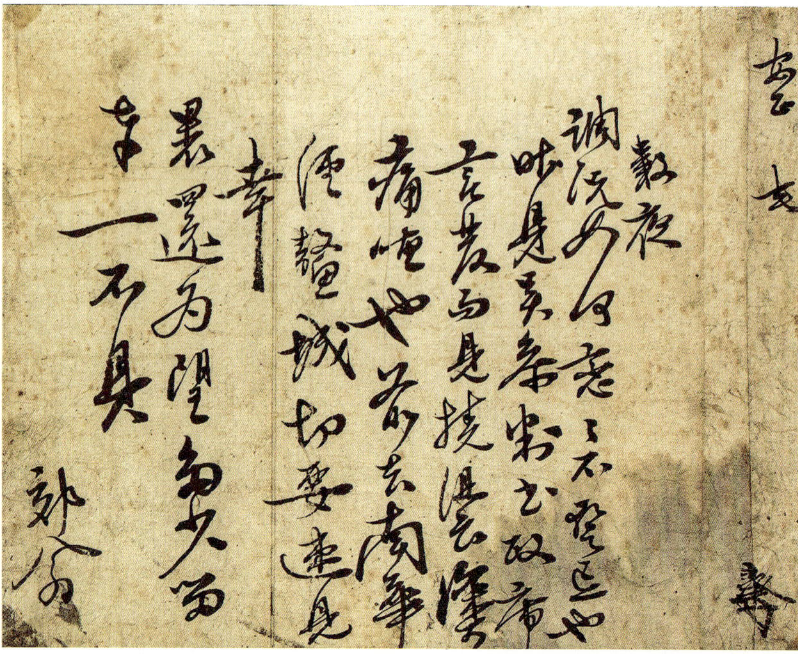

이덕형李德馨: 안정安正댁 위로와 도서 반납 요청

23.4x18.2cm

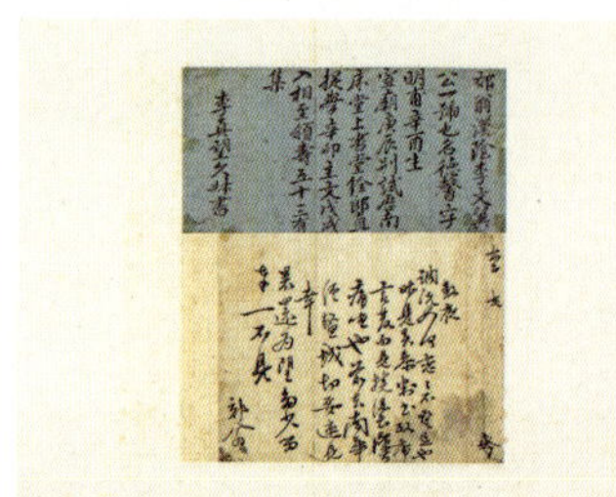

원문

安正 宅　　　手決

數夜調況如何 戀戀不蹔忘也

昨見吳參判書 政席言發 而見撓沮云 深可痛嘆也
前去南華經 鰲城 切要速見 幸裹還爲望
多少留奉 一不具
　郊翁

안정(安正) 댁　　　수결(手決)

며칠 밤 동안 잘 지내셨는지요?
그리운 마음으로 잠시라도 잊지 못합니다.

어제 오(吳) 참판의 글을 보니, 정석(政席)[1]에서 직언을 하셨을 때 시끄럽게 저지되었다고 하였습니다. 심히 통탄스럽습니다.
지난 번 가져가셨던 남화경(南華經 장자莊子)은 오성(鰲城)[2]이 빨리 보고 싶다고 간절히 요구하고 있습니다. 잘 싸서 보내주시기 바랍니다.
나머지는 뵙고 말씀드리겠습니다.
일일이 다 쓰지 못합니다.
　교옹(郊翁)

1 정석(政席)은 벼슬아치의 임면에 관계되는 일을 의논하는 자리이다.
2 오성(鰲城)은 이항복(李恒福, 1556~1618)의 봉호이다.

제발

郊翁 漢陰 李 文翼公 一號也 名 德馨 字 明甫 辛酉生
宣廟 庚辰 別試 歷 南床 堂上 書堂銓郎 直提學 辛卯 主文 戊戌 入相 至 領
壽 五十三 有集
　李眞望 久叔 書

교옹(郊翁)은 한음(漢陰) 이 문익공(李 文翼公)의 한 가지 호이다.
이름은 덕형(德馨), 자는 명보(明甫)로 신유(1561)년에 태어나 선조(宣祖) 조 경진(1580)년 별시에 급제하여 남상(南床), 당상서당(堂上書堂)[3], 전랑(銓郎), 직제학(直提學)을 역임하고 신묘(1591)년 주문(主文 대제학)이 되었으며, 무술(1598)년 정승의 반열에 올라 영의정을 지냈다.
53세까지 살았으며, 문집을 남겼다.
　이진망(李眞望) 구숙(久叔) 쓰다.

제발자

이진망 李眞望

1672년(현종 13)~1737년(영조 13)

조선후기 형조판서, 예조판서, 대제학 등을 역임한 문신이다.
본관은 전주(全州)이며, 자는 구숙(久叔)이고, 호는 도운(陶雲) 또는 퇴운(退雲)이다. 영의정 이경석(李景奭)의 증손으로, 할아버지는 이철영(李哲英)이고, 아버지는 이우성(李羽成)이며, 어머니는 정이화(鄭以和)의 딸이다.

생애 및 활동사항

1696년(숙종 22)에 생원이 되고, 1711년(숙종 37)에 식년문과에 장원급제하여, 지평(持平)·정언(正言)을 거쳐 1725년(영조 1) 대사성으로 소론(少論)인 이광좌(李光佐)의 신원을 상소하였다. 1730년 형조판서가 되고, 1732년에는 동지사(冬至使)로 청나라에 다녀와 예조판서가 되어 대제학을 겸하였다. 1735년에 좌참찬으로 빈객(賓客)을 겸하였으며, 지중추부사(知中樞府事)로 죽었다. 영조의 잠저(潛邸) 때에 사부(師傅)였으므로 국왕이 예우를 하였다. 저서로는 『도운유집』이 있다.

3　당상서당(堂上書堂)은 당상관(堂上官)으로 학문을 인정받아 독서당(讀書堂)에 선발된 관원을 말한다.

발신자

이덕형 李德馨

1561년(명종 16)~1613년(광해군 5)

조선시대 이조판서, 우의정, 영의정 등을 역임한 문신이다. 본관은 광주(廣州). 자는 명보(明甫), 호는 한음(漢陰)·쌍송(雙松)·포옹산인(抱雍散人). 할아버지는 증좌찬성 이진경(李振慶)이다. 아버지는 지중추부사 이민성(李民聖)이며, 어머니는 현령(縣令) 유예선(柳禮善)의 딸이다. 영의정 이산해(李山海)의 사위이다.

생애 및 활동 사항

1580년(선조 13) 별시 문과에 을과로 급제해 승문원(承文院)의 관원이 되었다. 1584년에 서총대(瑞葱臺)의 응제(應製)에서 장원을 했고, 이 외의 시험에서 여러 차례 수석을 차지하였다.

1590년(선조 23)에는 동부승지·우부승지·부제학·대사간·대사성 등을 차례로 지내고, 이듬해 예조참판이 되어 대제학을 겸하였다. 1592년 임진왜란 때 정주까지 왕을 호종했고, 청원사(請援使)로 명에 파견되어 파병을 이끌어 냈다. 1593년 병조판서, 이듬해 이조판서로 훈련도감당상을 겸하였다. 1595년 경기·황해·평안·함경 4도체찰부사가 되었으며, 1597년 우의정에 승진하고 이어 좌의정에 올라 훈련도감도제조를 겸하였다.

1601년(선조 34) 행판중추부사(行判中樞府事)로 경상·전라·충청·강원 4도체찰사를 겸해, 전란 뒤의 민심 수습과 군대 정비에 노력하였다. 이듬해 영의정에 올랐다. 1606년 영중추부사가 되었다가 1608년 광해군이 즉위하자 진주사(陳奏使)로 명에 다녀온 후 다시 영의정이 되었다.

1613년(광해군 5) 영창대군(永昌大君)의 처형과 폐모론에 이항복과 함께 이를 적극적으로 반대하였다. 그 뒤 용진(龍津)으로 물러가 국사를 걱정하다 병으로 죽었다. 남인 출신으로 북인의 영수 이산해의 사위가 되었으며, 이항복과 절친한 사이로 기발한 장난을 잘해 많은 일화가 전해진다. 글씨로 이름이 높았다. 포천의 용연서원(龍淵書院), 문경의 근암서원(近巖書院)에 배향되었다. 저서로 『한음문고(漢陰文稿)』가 있다. 시호는 문익(文翼)이다.

11

이항복李恒福 종을 찾기 위해 동헌에 도움을 요청

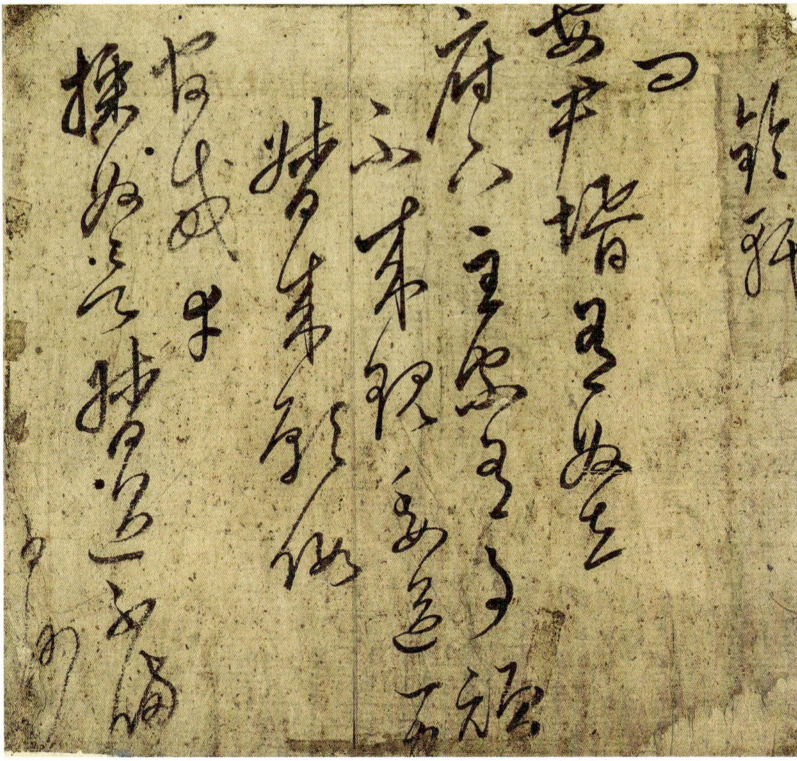

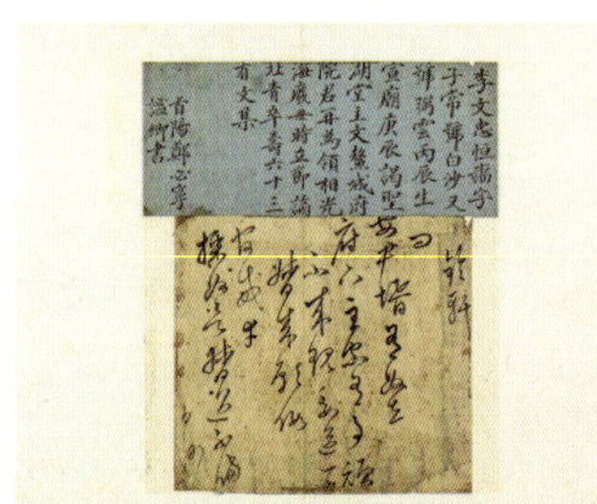

이항복 李恒福: 종을 찾기 위해 동헌에 도움을 요청
24.8x22.6cm

원문

鈴軒

問安
尹壻有奴 在府下 主家有事 頑不來現
委送一力督來 願假官威 幸探奴 言督送
不備
　白沙

영헌(鈴軒)[1]에

문안합니다.
사위 윤(尹)의 종이 부하(府下)에 있는데, 주인 집안에 일이 있어도 완악하게 나타나질 않습니다.
하인 한 사람을 보내어 데려오려고 하므로 관가의 위엄을 빌리고 싶습니다.
종을 찾고, 재촉하여 보낼 수 있도록 말씀하여 주시기 바랍니다.
예를 갖추지 못하고 이만 줄입니다.
　백사(白沙)

1 영헌(鈴軒)은 영재(鈴齋)와 같은 말로, 주군(州郡)의 수령이 정사를 보는 동헌(東軒)을 말한다.

제발

李 文忠 恒福 字 子常 號 白沙 又號 弼雲 丙辰生
宣廟 庚辰 謁聖 湖堂 主文 鰲城府院君 再爲領相
光海 廢母時 立節 謫 北靑 卒 壽 六十三 有 文集
首陽 鄭必寧 謐卿書

이(李) 문충공(文忠公) 항복(恒福)의 자는 자상(子常), 호는 백사(白沙), 또는 필운(弼雲)이다. 병진(1556)년에 태어나, 선조(宣祖) 조 경진(1580)년 알성문과에 급제하여 호당(湖堂)에 들어갔으며, 주문(主文)이 되고, 오성부원군(鰲城府院君)에 봉해졌다.
두 차례나 영의정을 지냈으며, 광해군(光海君) 때 폐모론에 반대하여 절개를 지키다가 북청(北靑)으로 유배되어 향년 63세로 세상을 떠났다. 문집이 있다.
수양(首陽)[2] 정필녕(鄭必寧) 밀경(謐卿) 書

제발자

정필녕 鄭必寧
1677년(숙종 3)~1753년(영조 29)

조선후기 도승지, 참판을 역임한 문신이다.
본관은 해주(海州)이며, 자는 밀경(謐卿)이고 호는 순암(順菴)이다. 증조부는 정효준(鄭孝俊)이며, 할아버지는 정적(鄭積)이고 아버지는 정중귀(鄭重龜)며 어머니는 진사 권적(權頔)의 딸이다.

생애 및 활동사항

1714년(숙종 40) 증광별시 문과에서 을과(乙科)로 급제하고 벼슬은 도승지, 호조참판에 이르렀다. 1731년(영조 7) 9월 목사로 제주에 도임하고 1733년 8월에 떠났다. 이 때 제주도에 동행했던 아들 정운경(鄭運經, 1699~1753)은 낯설고 물선 제주도의 문화와 사람들의 삶을 관찰하여 기록하여 『탐라견문록(耽羅聞見錄)』을 남겼다. 목사 정필녕이 부임 이듬해 봄에 황무(黃霧: 짙은 안개)가 들어 퍼져 가을에 흉년이 들었다. 1733년 3월, 조정에서는 제주독운위유어사(濟州督運慰諭御使) 심성희(沈聖希)를 파견, 이전미(移轉米)를 옮겨와서 도민을 진휼하였다. 목민관으로서 도민들에게 일을 번거롭지 않게 하고 또 부역을 덜어주어 뒷날 목사의 기념비를 세웠다.

2 수양(首陽)은 황해도 해주(海州)의 옛 이름이다.

발신자

이항복 李恒福

1556년(명종 11) ~ 1618년(광해군 10)

조선시대 이조판서, 예문관대제학, 우의정 등을 역임한 문신이다. 본관은 경주(慶州). 자는 자상(子常), 호는 필운(弼雲)·백사(白沙)·동강(東岡). 할아버지는 이예신(李禮臣)이고, 아버지는 참찬 이몽량(李夢亮)이며, 어머니는 결성현감 최륜(崔崙)의 딸이다.

생애 및 활동 사항

1575년 진사 초시, 1580년(선조 13) 알성 문과에 병과로 급제해 승문원부정자가 되었다. 이듬 해 옥당(홍문관)에 들어가 정자·저작·박사, 예문관봉교·성균관 전적과 사간원의 정언 겸 지제교·수찬·이조좌랑 등을 역임하였다. 응교·검상·사인·전한·직제학·우승지를 거쳐 1590년 호조참의가 되었고, 정여립(鄭汝立) 사건 처리 공로로 평난공신(平難功臣) 3등에 녹훈되었다. 이듬 해 정철 사건의 처리로 공격을 받고 파직, 곧 복직되고 도승지에 발탁되었다. 1592년 임진왜란시 왕비를 개성까지 호위하고, 또 왕자를 평양으로, 선조를 의주까지 호종하였다. 그 동안 이조참판으로 오성군에 봉해졌고, 이어 형조판서로 오위도총부도총관을 겸하였다. 곧이어 대사헌 겸 홍문관제학·지경연사·지춘추관사·동지성균관사·세자좌부빈객·병조판서 겸 주사대장(舟師大將)·이조판서 겸 홍문관대제학·예문관대제학·지의금부사 등을 거쳐 의정부우참찬에 승진되었다. 선조가 세자에게 분조(分朝)를 설치해 경상도·전라도의 군무를 맡게 했을 때 대사마(大司馬)로서 세자를 보필하였다. 1598년 우의정 겸 영경연사·감춘추관사(監春秋館事)에 올랐고, 1600년 영의정 겸 영경연·홍문관·예문관·춘추관사, 세자사(世子師)에 임명되고 다음 해 호종1등공신(扈從一等功臣)에 녹훈되었다. 1602년 성혼(成渾)을 비호하다 정철의 편당으로 몰려 영의정에서 자진사퇴하였다. 1608년 좌의정 겸 도체찰사에 제수되었고, 1613년(광해군 5) 인재 천거를 잘못했다는 구실로 물러나 별장 동강정사(東岡精舍)를 짓고 동강노인(東岡老人)으로 자칭하면서 지냈다. 1617년 인목대비 김씨(仁穆大妃金氏) 폐위 주장에 맞서 싸우다가 1618년에 관작이 삭탈되고 함경도 북청으로 유배되어 그곳에서 세상을 떠났다. 죽은 해에 관작이 회복되고 이 해 8월 고향 포천에 예장되었다. 저술로는 1622년에 간행된 『사례훈몽(四禮訓蒙)』 등과 시문 등이 있으며, 이순신(李舜臣)충렬묘비문을 찬하기도 하였다. 시호는 문충(文忠)이다.

12

김명원金命元 문안 편지에 대한 감사 회신

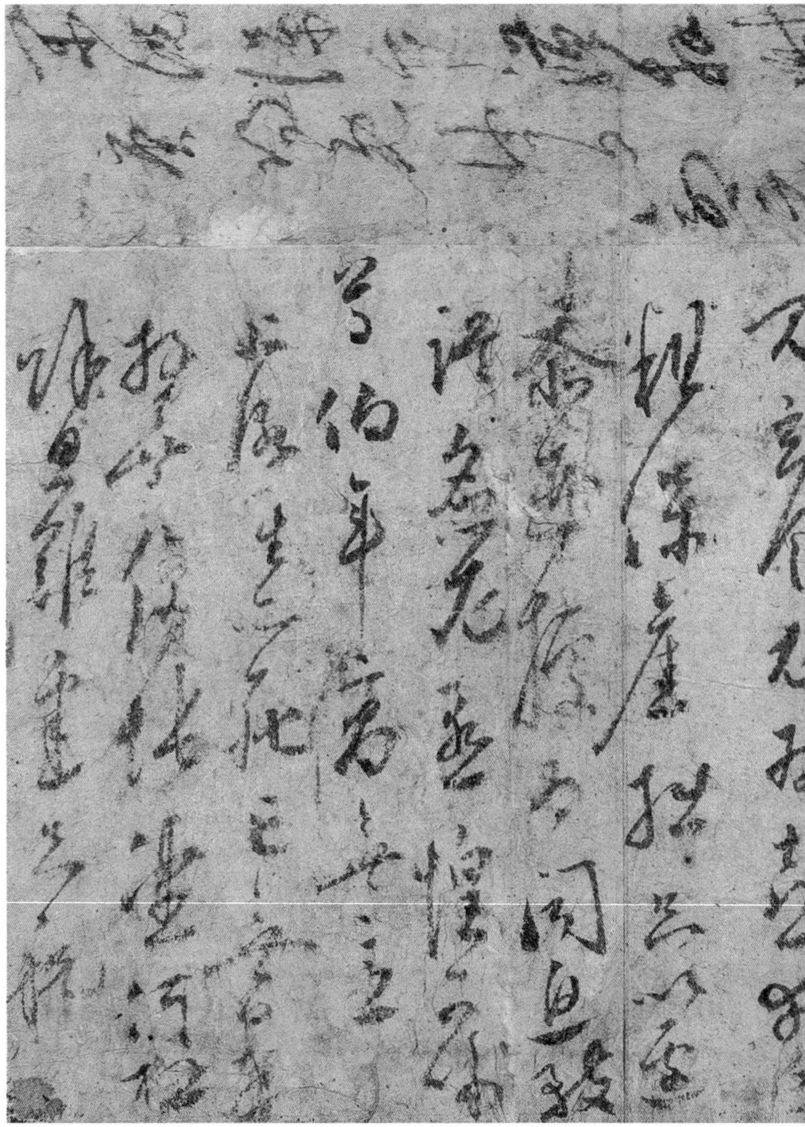

김명원金命元: 문안 편지에 대한 감사 회신
27.7x23.3cm

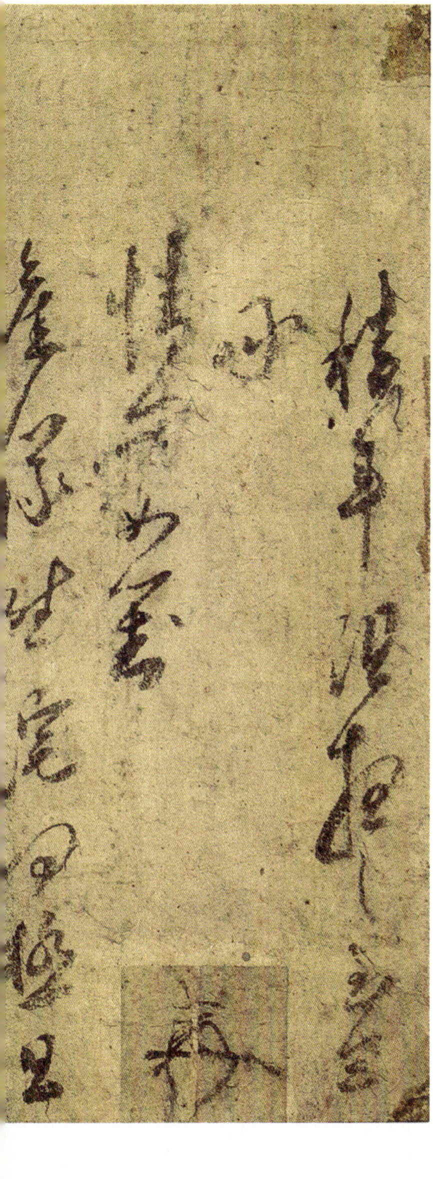

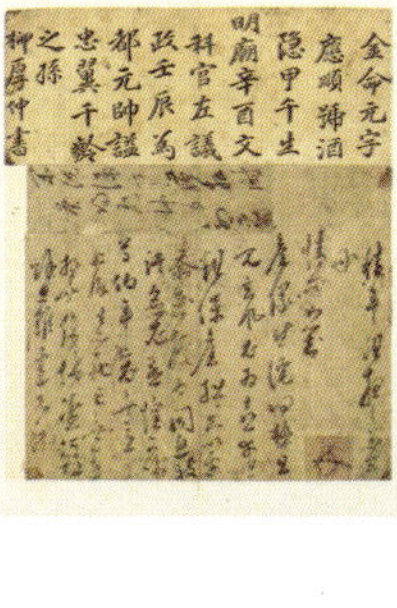
金命元字
應順號酒
隱甲午生
明廟辛酉文
科官左議
政壬辰為
都元帥諡
忠翼千齡
之孫
柳厚仲書

원문

積年阻想之至 忽承情札　　　　手決

如對舊儀 慰浣何極 且見玄風 尤爲喜幸

生 粗保舊拙 只以遽忝匪據 爲悶迫 致誤名器 慙惶可痛

尊伯年高 無意上洛 生亦死亡無日 感拜無任 悵望何極

餘且難逢 只祝 閑況保重

謹拜謝

庚陽 旣望日

　命元

몇 년 동안 뵙지 못한 아쉬움이 지극하던 차에 수결(手決)
홀연히 정이 담긴 편지를 받으니
옛 모습을 마주하는 듯 위로가 끝이 없습니다.
또한 현풍(玄風)[1]을 보니 더욱더 기쁘고 다행스럽습니다.
저는 예전처럼 못난 모습으로 그럭저럭 지탱하고 있습니다. 다만 갑자기 차지해서는 안 될 관직을 더 받아 고민스럽습니다.
얼토당토않은 명기(名器)[2]를 받고 보니 부끄러움과 두려움으로 가슴이 아픕니다.

존백(尊伯)[3]께서는 연세가 많으셔서 서울로 올라오실 마음이 없으시고, 저 또한 죽을 날이 멀지 않으니 감사한 마음을 어찌할 수 없어 서글픔이 끝이 없습니다.

만나기는 어려우니, 다만 한가한 중에 건강하시기만 축원하며,
삼가 답장을 올립니다.

경(庚)년 양월(陽月 음력 10월) 16일
명원(命元)

1 현풍은 경북에 있는 지명으로, 여기서는 현풍수령을 지칭하는 듯하다.
2 명기(名器)는 작위(爵位)와 거복(車服)으로, 지위의 높고 낮음을 뜻한다.
3 존백(尊伯)은 상대방의 형님을 말한다.

제발

金命元 字 應順 號 酒隱 甲午生
明廟 辛酉 文科 官左議政 壬辰 爲都元帥 諡 忠翼 千齡之孫
柳厚仲 書

김명원(金命元)의 자는 응순(應順), 호는 주은(酒隱)이다. 갑오(1534)년에 태어났다.
명종(明宗) 조 신유(1561)년 문과에 급제하여 좌의정을 지냈다.
임진(1592)년 도원수(都元帥)를 지냈고, 시호는 충익(忠翼)으로, 김천령(金千齡)의 손자이다.
유후중(柳厚仲) 쓰다.

제발자

유후중 柳厚仲, 萬重
1677년(숙종 3)~미상

유만중은 조선시대 이조판서, 우의정, 좌의정 등을 역임한 문신이다.
본관은 진주(晉州)이며 자는 후중(厚仲)이다. 증조부는 유응성(柳應星)이고, 할아버지는 유광문(柳光門)이며 아버지는 통덕랑(通德郎) 유귀삼(柳貴三)으로 어머니는 임익하(任翊夏)의 따님이며, 부인은 민침(閔沉)의 딸이다.

생애 및 활동사항

1709년(숙종 35) 알성시 병과에 장원으로 급제하고, 1723년(경종 3) 밀창군(密昌君) 이직(李樴)을 등극진하정사(登極陳賀正使)로 삼을 때 서장관(書狀官)을 맡았다. 1724년(경종 4)과 1727년(영조 3) 장령(掌令)을 거쳐 승지가 되었고, 1730년(영조 6) 의주부윤(義州府尹)을 역임한 이후 1747년(영조 23)까지 여러 차례 승지로 임명되었었다. 또 죽산부사(竹山府使), 한성부우윤(漢城府右尹)을 지냈다.

발신자

김명원 金命元

1534년(중종 29)~1602년(선조 35)

조선시대 이조판서, 우의정, 좌의정 등을 역임한 문신이다. 본관은 경주(慶州). 자는 응순(應順), 호는 주은(酒隱). 김치세(金致世)의 증손으로, 할아버지는 직제학 김천령(金千齡)이고, 아버지는 대사헌 김만균(金萬鈞)이며, 어머니는 순흥안씨(順興安氏)로 현감 안준의(安尊義)의 딸이다. 이황(李滉)의 문하에서 수학하였다. 유학에 조예가 깊었고, 병서와 궁마(弓馬)에도 능하였다.

생애 및 활동 사항

1558년(명종 13) 사마시에 합격했고, 1561년 식년 문과에 갑과로 급제해 홍문관정자가 되고 이어 저작(著作)·박사(博士)에 승진하였다. 그러나 이량(李樑)에게 미움을 사 형 김경원(金慶元)과 함께 파직되었다. 이량이 쫓겨나자 다시 부수찬이 되었으며 헌납·지평·교리·수찬 등을 역임하였다. 1568년 함경도의 군무를 순안할 때 산천의 형편을 두루 다니며 살펴보고 요해지(要害地)의 방비 등을 자세하게 보고하였다. 그해 종성부사가 되었고, 그 뒤 동래부사·판결사·형조참의·나주목사·정주목사를 지냈다. 1579년 의주목사가 되고 이어 평안병사·호조참판·전라감사·한성부좌윤·경기감사·병조참판을 거쳐, 1584년 함경감사·형조판서·도총관을 지냈다. 1587년 우참찬으로 승진했고, 이 때 왜구가 녹도(鹿島)를 함락하자 도순찰사(都巡察使)가 되어 이를 퇴치하였다. 이어 형조판서·경기감사를 거쳐 좌참찬으로 지의금부사를 겸했다. 1589년 정여립(鄭汝立)의 난을 수습하는 데 공을 세워 평난공신(平難功臣) 3등에 책록되고 경림군(慶林君)에 봉해졌다. 1592년 임진왜란이 일어나자, 순검사에 이어 팔도도원수가 되어 한강 및 임진강을 방어했으나, 중과부적으로 적을 막지 못하고 적의 침공만을 지연시켰다. 평양이 함락된 뒤 순안에 주둔해 행재소(行在所) 경비에 힘썼다. 이듬해 명나라 원병이 오자 명나라 장수들의 자문에 응했고, 그 뒤 호조·예조·공조의 판서를 지냈다. 1597년 정유재란 때는 병조판서로 유도대장(留都大將)을 겸임했고, 좌찬성·이조판서·우의정을 거쳐 1601년 부원군에 봉해지고 좌의정에 이르렀다. 시호는 충익(忠翼)이다.

13

유영경柳永慶 도승지에게 보내준 약첩에 감사와 면담 요청

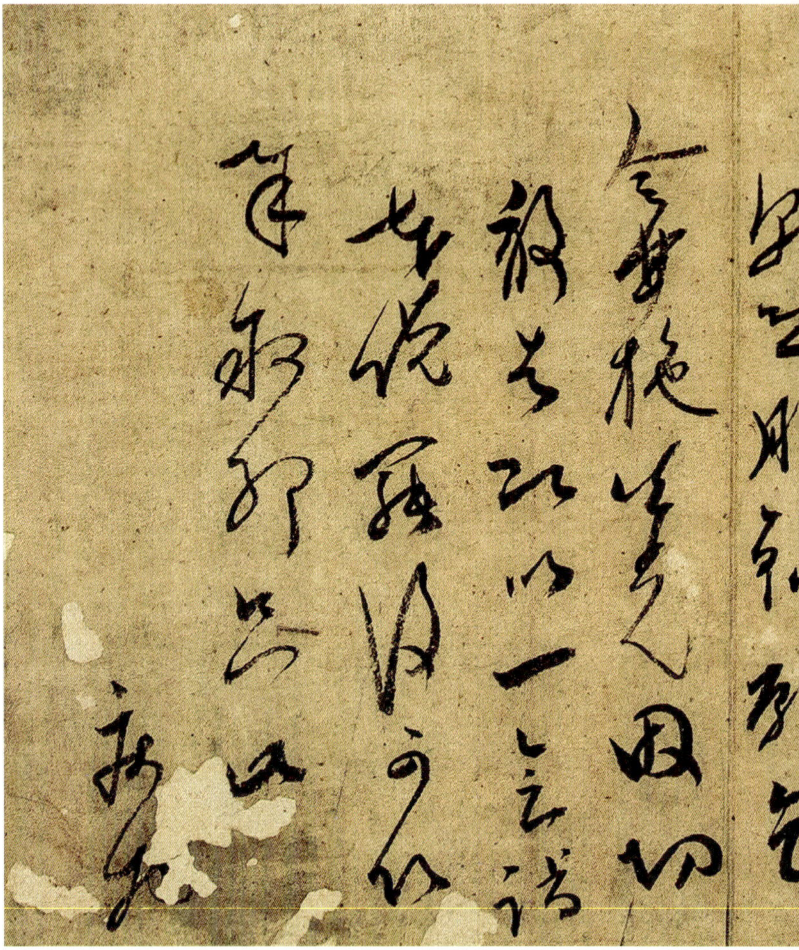

유영경柳永慶: 도승지에게 보내준 약첩에 감사와 면담 요청
25.2x15.8cm

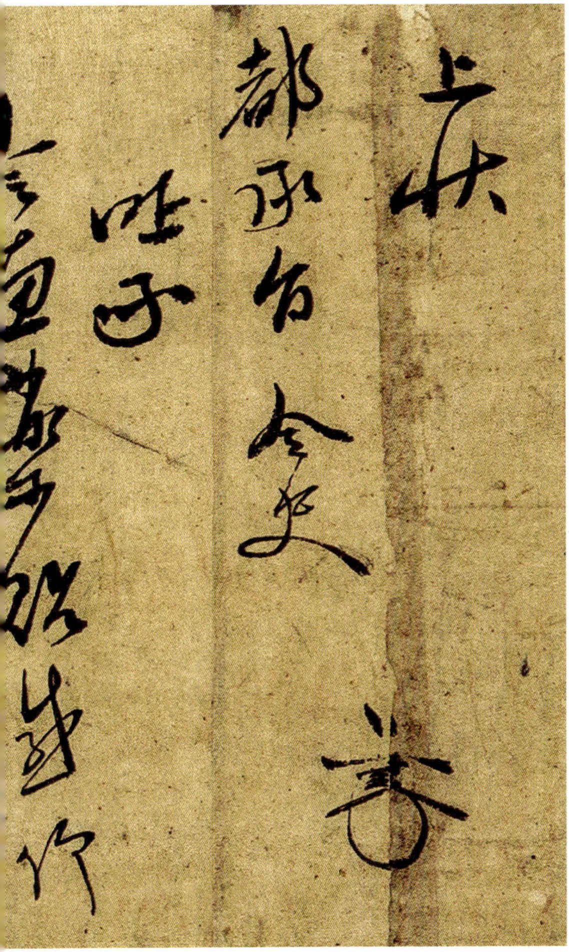

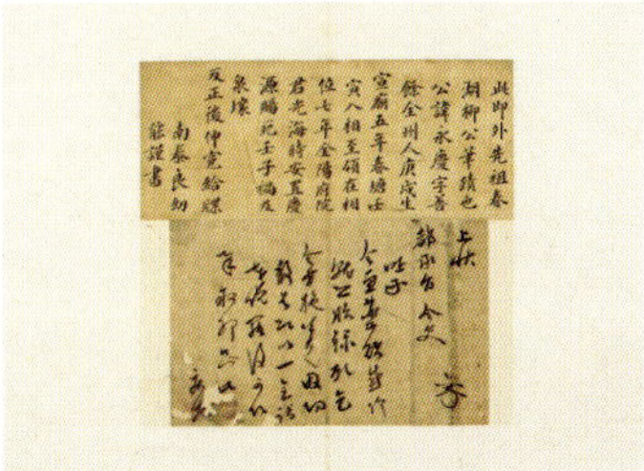

원문

上狀

都承旨 令史　　　手決

昨承令惠藥貼 感仰

就恐胎錄 願乞令曲施生光 因切敢告

卽以一會詣 本院罷後 可以奉敍耶

只此

　病物

상장(上狀)

도승지(都承旨) 영사(令史)[1]　　　수결(手決)[2]

어제 영감께서 보내주신 약첩(藥貼)을 받았습니다. 우러러 감동하였습니다.

드릴 말씀은 태지(胎紙)[3]에 기록하였습니다.

바라건대, 영감께서 곡진히 베풀어주셔서 빛을 내어주시기 바랍니다.

간절하여 감히 말씀드리는 것입니다.

지금 바로 모임에 참석하기 위해 가는데, 본원(本院)이 파한 후 직접 만나서 말씀드릴 수 있겠습니까?

1 영사(令史)는 원래는 문서를 담당하는 관리라는 뜻으로, 편지 봉투에 상대방을 직접 지칭하지 않고 그 밑에서 일하는 사람을 가리킴으로써 상대방을 높이는 표현이다. 하집사(下執事), 시사(侍史), 존시(尊侍) 등과 같은 용례이다.

2 영사(令史)는 원래는 문서를 담당하는 관리라는 뜻으로, 편지 봉투에 상대방을 직접 지칭하지 않고 그 밑에서 일하는 사람을 가리킴으로써 상대방을 높이는 표현이다. 하집사(下執事), 시사(侍史), 존시(尊侍) 등과 같은 용례이다.

3 태지(胎紙)는 편지 속에 따로 동봉하는 별지로, 협지(夾紙)라고도 한다.

이만 줄입니다.

병든 사람이[4]

제발

此卽 外先祖 春湖 柳公 筆蹟也 公 諱 永慶 字 善餘 全州人 庚戌生
宣廟 五年 春塘 壬寅 入相 至領 在相位七年 全陽府院君
光海時 安置慶源 賜死 壬子 禍及泉壤 反正後 伸冤 給牒
南泰良 幼能 謹書

이는 외선조(外先祖) 춘호(春湖) 유(柳) 공의 필적이다. 공의 휘(諱)는 영경(永慶), 자는 선여(善餘)이다. 본관은 전주(全州)이다.

경술(1550)년에 태어나 선조(宣祖) 5년 춘당대문과(春塘臺文科)에 급제하였으며, 임인(1602)년 재상의 반열에 올라 영의정에 이르렀고, 재상의 지위에 오른 지 7년 만에 전양부원군(全陽府院君)에 봉해졌다.

광해군이 즉위하자 경원(慶源)에 안치되었다가 사사(賜死)되었으며, 임자(1612)년 화가 구천에까지[5] 미쳤다.

인조반정 후 신원(伸冤)되고 관작이 복구되었다.

남태량(南泰良) 유능(幼能) 삼가 쓰다.

4 원문의 병물(病物)은 '병든 물건'이라는 뜻이다. 자신을 낮추어 이르는 말이다.

5 원문의 천양(泉壤)은 황천(黃泉), 또는 지하(地下)의 뜻이다. 땅속의 백골이 화를 당한 것을 말하는데, 관직이 추탈되고 부관참시(剖棺斬屍)됨을 일컫는다.

남태량 南泰良

1695년(숙종 21)～1752년(영종 28)

조선시대 대사간, 도승지, 이조참판 등을 역임한 관리이다.

본관은 의령(宜寧). 자는 유능(幼能)이고, 호는 광릉거사(廣陵居士)이다. 증조부(曾祖父)는 남훤(南翧)이고, 조부(祖父)는 남지훈(南至熏)이다. 생부(生父)는 남효명(南孝明)이며 부(父)는 남제명(南悌明)이다. 외조부(外祖父)는 청천군(淸川君) 이렴(李濂)이고, 처부(妻父)는 이하원(李夏源, 1664～1747)의 숙부인 이의만(李宜晩, 1650～1736)이다.

생애 및 활동사항

1717년(숙종 43) 정유(丁酉) 식년시(式年試) 진사(進士) 2등 2위로 합격하고, 1727년(영조 3) 정미(丁未) 증광시(增廣試) 병과(丙科) 19위로 급제하였다. 1729년(영조 5) 사간원정언(正言)으로 벼슬길에 올랐다. 다음해에 지평과 헌납이 되었다. 1745년(영조 21)에는 대사간(大司諫)을, 1753년(영조 29)에는 도승지(都承旨)를 지내고 이후에 이조참판(吏曹參判) 등을 역임하였다. 이조판서에 추증되었다. 영정이 후손에 의해 이천군에 전해지고 있다.

『대동휘찬(大東彙纂)』을 편찬하였다. 『대동휘찬』은 조선 태조(1335～1408)부터 숙종(1661～1720)까지 역대 군주와 명사(名士)의 사적(事蹟), 조정의 제도 등을 엮은 책이다. 서두에 저자의 서문이 있다.

발신자

유영경 柳永慶

1550년(명종 5) ~ 1608년(선조 41)

조선시대 호조참의, 대사헌, 우의정 등을 역임한 문신이다. 본관은 전주(全州). 자는 선여(善餘), 호는 춘호(春湖). 유헌(柳軒)의 증손으로, 할아버지는 유세린(柳世麟)이다. 아버지는 참봉 유의(柳儀)이며, 어머니는 노첨(盧僉)의 딸이다. 예조참판 유영길(柳永吉)의 동생이다.

생애 및 활동 사항

1572년(선조 5) 춘당대 문과(春塘臺文科)에 병과로 급제해 정언 등 청요직(淸要職)을 역임하였다. 1592년 임진왜란이 일어나자 사간으로서 초유어사(招諭御史)가 되어 많은 의병을 모집하는 활약을 보였고, 1593년 황해도 순찰사가 되어 해주에서 왜적을 맞아 60여 급을 베는 공을 세웠다. 그 공로로 행재소(行在所)에서 호조참의에 올랐다. 1594년 황해도 관찰사가 되었고, 1597년 정유재란 때에 지중추부사(知中樞府事)로서 가족을 먼저 피란시켰다는 혐의로 파직되었다가 이듬해 병조참판에 서용되었다. 당론이 일어날 때에는 유성룡(柳成龍)과 함께 동인에 속했으며, 동인이 다시 남인 · 북인으로 갈라지자 이발(李潑)과 함께 북인에 가담하였다. 1599년 대사헌으로 있을 때에 남이공(南以恭) · 김신국(金藎國) 등이 같은 북인인 홍여순(洪汝諄)을 탄핵하면서 대북 · 소북으로 갈리자, 유희분(柳希奮) 등과 함께 남이공의 당이 되어 영수가 되었다.

이 때 대북파에 밀려 파직되었다가 1602년 이조판서에 이어 우의정에 올랐다. 1604년 호성공신(扈聖功臣) 2등에 책록되고, 전양부원군(全陽府院君)에 봉해진 뒤 선조에게 존호를 올리고 윤승훈(尹承勳)의 뒤를 이어 영의정에 올랐다. 1606년 선조 즉위 40주년 행사를 앞당겨 하례(賀禮)하고 증광시(增廣試)까지 실시해, 즉위 때와 같이 경축하게 하는 등 왕의 총애를 굳히려 하였다. 오랫동안 집권해 권력이 증대되고 뇌물 공여도 횡행하였다. 그 뒤 같은 소북파인 남이공과 불화해 탁소북(濁小北)으로 분파했으며, 선조 말년에 왕의 뜻을 따라 영창대군(永昌大君)을 광해군 대신 옹립하려 하였다. 1608년 선조가 죽기 전에 영창대군을 부탁한 유교칠신(遺敎七臣)의 한 사람이었다. 광해군이 즉위하자 대북 이이첨(李爾瞻) · 정인홍의 탄핵을 받고, 경흥에 유배되었다가 사사(賜死)되었다. 유생의 명단인 청금록(靑衿錄)에서 이름이 삭제되기도 하였다. 1623년 인조반정으로 관작이 복구되었다.

14

기자헌奇自獻 곽생원의 차녀 별세를 위로

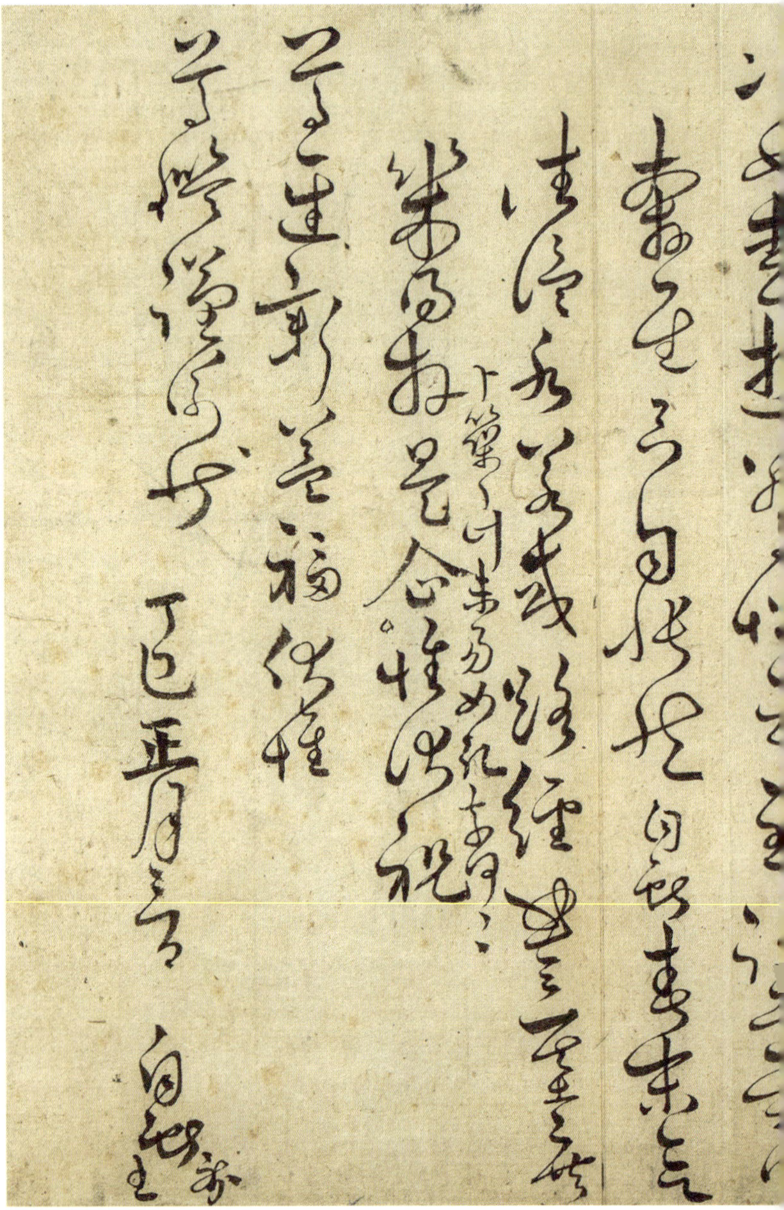

기자헌奇自獻: 곽생원의 차녀 별세를 위로
37.9x30.8cm

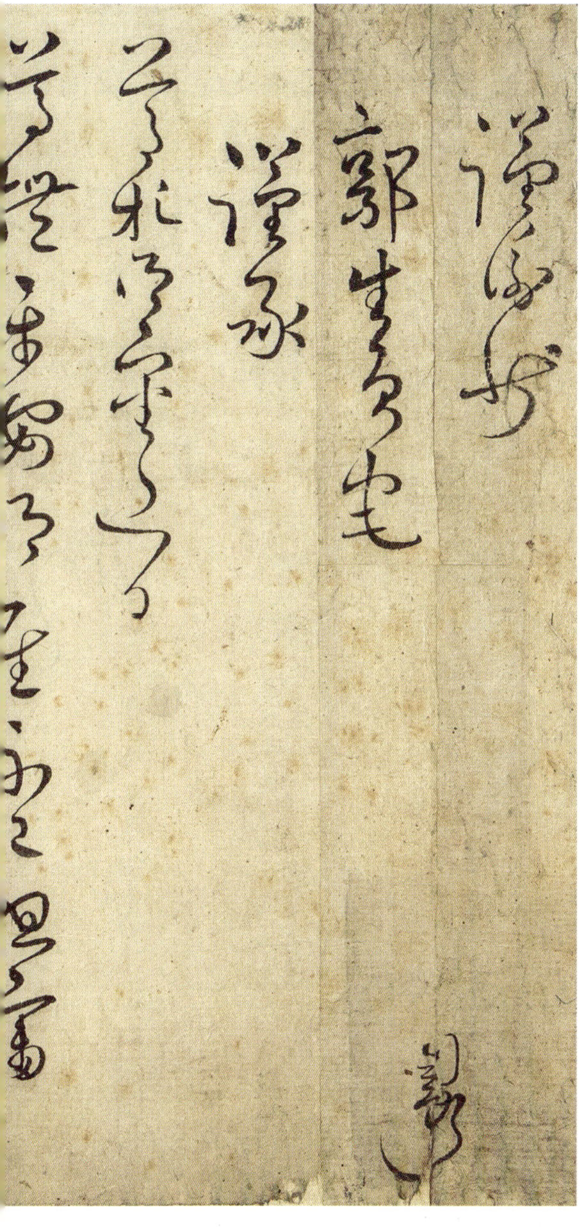

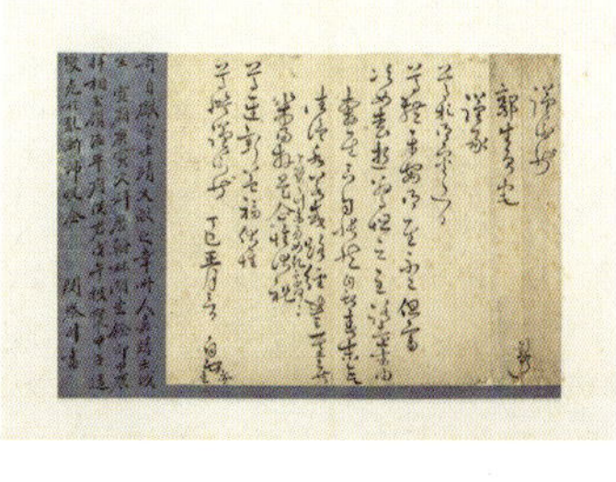

원문

謹謝狀

郭生員宅　　　手決

謹承尊札 仰審近日尊體平安 仰慰不已

但審次女喪逝 驚怛之至 路遠末由奔慰 只自悵然

自獻 春末欲往溫水 若或路經豐基 庶幾得拜是企

卜築之計 未易如願 奈何奈何

惟伏祝 尊迓新益福

伏惟尊鑑 謹謝狀

丁巳 正月 三日

自獻 病書

근사장(謹謝狀)[1]

곽(郭) 생원 댁　　　수결(手決)

그대의 편지를 받고 요즈음 평안하시다는 것을 살피게 되니 우러러 위로가 끝이 없습니다.

다만 차녀가 세상을 떠났다[2]는 것을 알게 되어 더없이 슬프고 놀랐습니다.

길이 멀어 달려가 위로를 전하지 못하여 슬프기만 합니다.

저는 늦은 봄에 온수(溫水)[3]에 다녀오려고 합니다.

혹시라도 풍기(豐基)를 지나게 되면 한 번 찾아뵈려고 합니다.

집을 지으려는 계획이 마음처럼 쉽지 않으니 어쩌면 좋겠습니까?

오로지 새해를 맞아 더욱더 복을 누리시기 축원합니다.

영감께서 살펴주시기 바라며, 삼가 답장을 올립니다.

정사(1617)년 정월 3일

자헌(自獻)이 병중에 썼습니다.

---

1 근사장(謹謝狀)은 삼가 올리는 답장이라는 뜻이다.

2 원문의 상서(喪逝)는 형제 이하의 상을 당했을 경우 쓴다. 조선 후기 안동 출신 유학자 유장원(柳長源, 1724~1796)이 편찬한 예서(禮書)인 『상변통고(常變通攷)』 「상례(喪禮)」에 나온다.

3 온수(溫水)는 충남 온양의 옛 이름이다.

제발

奇自獻 字 士靖 又 獻之 幸州人
嘉靖 壬戌生 宣廟 庚寅 文科 歷 翰林 湖堂 銓郎 甲辰 拜相 至領 德平府院君
戊午 被竄 甲子 适變 死於亂斬 號 晩全
閔泰升 書

기자헌(奇自獻)의 자는 사정(士靖), 또는 헌지(獻之)이다. 본관은 행주(幸州)이다.
가정(嘉靖) 임술(1562)년에 태어나 선조(宣祖) 조 경인(1590)년 문과에 급제하여 한림(翰林), 호당(湖堂), 전랑(銓郎)을 역임하고, 갑진(1604)년 정승의 자리에 올라 영의정에 이르렀으며, 덕평부원군(德平府院君)에 봉해졌다.
무오(1618)년에 유배를 당하였으며, 갑자(1624)년 이괄의 난 때 참형을 받아 죽었다.
호는 만전(晩全)이다.
민태승(閔泰升) 쓰다.

제발자

민태승 閔泰升, 堵
1693년(숙종 19) ~ 미상

민계는 조선후기 사헌부지평, 사간원정언, 사헌부장령 등을 역임한 문신이다.
본관은 여흥(驪興)이고, 자는 태승(泰升)이다. 민명(閔洺)의 증손으로, 할아버지는 민정기(閔挺紀)이고, 아버지는 민진성(閔震煋)이며, 어머니는 이상은(李相殷)의 딸이다.

생애 및 활동사항

1725년(영조 1) 정시 문과에 병과로 급제한 뒤 1732년 사헌부 지평에 임명되었으며, 1738년 사간원정언, 이듬해 사헌부장령, 다음 해 사간원사간을 역임하였다. 1744년 세자시강원보덕, 이듬해 사헌부집의, 1747년 승지 등을 역임하였다.

발신자

기자헌 奇自獻

1562년(명종 17) ~ 1624년(인조 2)

조선시대 좌승지, 강원도관찰사, 좌의정 등을 역임한 문신이다. 본관은 행주(幸州). 초명은 자정(自靖), 자는 사정(士靖), 호는 만전(晩全). 증조부는 응교(應敎) 준(遵)으로, 할아버지는 한성부윤 대항(大恒)이고, 아버지는 응세(應世)이며, 어머니는 우찬성 임백령(林百齡)의 딸이다.

생애 및 활동 사항

1582년(선조 15) 성균관에 입학, 1590년 증광 문과에 병과로 급제, 이듬해 검열(檢閱)이 되었다. 1592년 예문관봉교겸설서(藝文館奉敎兼說書), 병조 · 이조좌랑을 거쳐, 정언 · 집의 · 성균관직강 · 홍문관부교리 · 보덕(輔德) · 사간 · 사인(舍人) · 동부승지 · 우부승지 · 좌승지가 되었다. 1597년 호조참판으로 진하사(進賀使)가 되어 명나라에 다녀오고, 1599년 강원도관찰사, 이듬해에 부제학 · 대사헌이 되었다. 1602년 왕세자(王世子, 광해군)의 우부빈객(右副賓客)으로서 『맹자』를 강의하였다. 이어 병조 · 예조판서, 대사헌을 거쳐 1604년 우의정이 되어 사임했으나 허락되지 않았고, 다음 해 좌의정에 올랐다. 이 때 선조가 세자를 폐하고 계비 인목왕후(仁穆王后)의 소생인 영창대군을 후계자로 삼으려 하자 이를 적극 반대하였다. 1606년 좌의정을 12번이나 사임한 끝에 판중추부사가 되었다. 1608년(광해군 즉위년) 유영경(柳永慶) 등의 소북파가 영창대군을 옹립하려 하자, 이를 탄핵하고 광해군을 즉위시키는 데 공헌하였다. 1614년 영의정에 올랐으며, 1617년 폐모론이 일어나자 옳지 못하다고 간언하다 문외출송(門外黜送)되고 홍원(洪原)에 유배되었다. 이후 길주(吉州)로 이배되었으며, 풀려나와 강릉으로 돌아가 은거하였다. 1620년 광해군의 특지로 덕평부원군(德平府院君)에 봉해지고 영중추부사가 되었으나 끝내 사직하였다. 1623년 인조반정 때 김류(金瑬) · 이귀(李貴) 등이 모의 가담을 요청했으나 신하로서 왕을 폐할 수 없다고 거절하였다. 또한 반정 후에 인조가 신하를 등용할 때 불렀으나 가지 않았다는 이유로 이 해 7월 역모죄로 서울에 압송되어 중도부처되었다. 그 후 1624년(인조 2) 이괄(李适)의 난이 일어나자 내응을 우려해 옥에 갇힌 사람 모두와 함께 처형되고, 일족도 몰살당하였다. 1627년 이원익(李元翼) · 이귀의 상소로 복관되었다.

15

심희수沈喜壽 단천端川 사또에게 격려 및 충고하는 편지

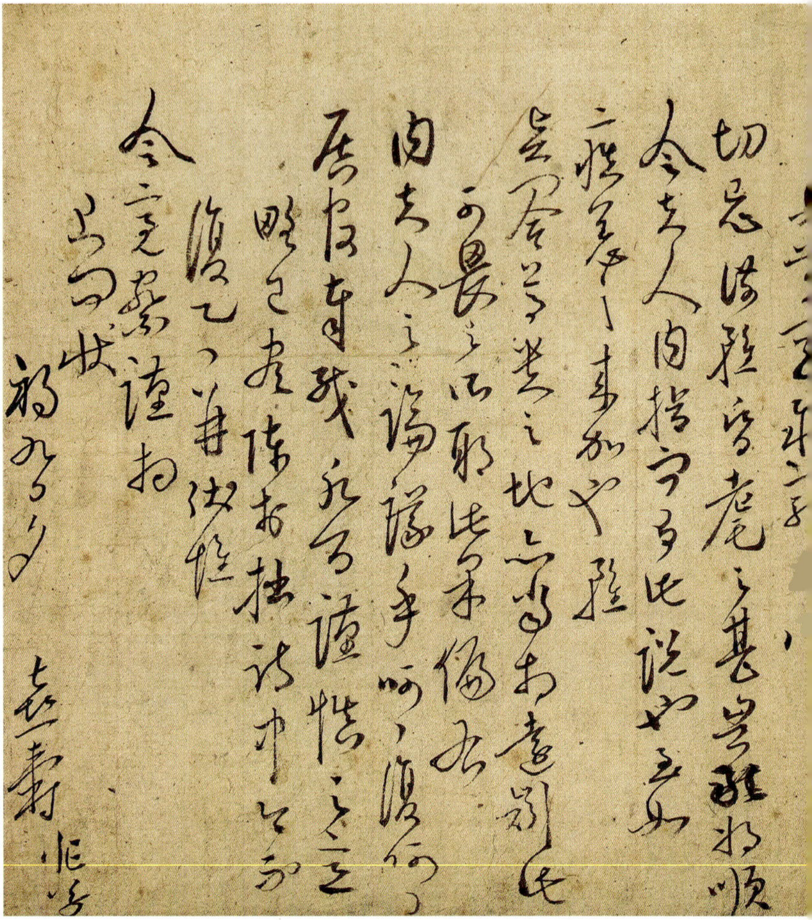

심희수沈喜壽: 단천端川 사또에게 격려 및 충고하는 편지
50.0x25.3cm

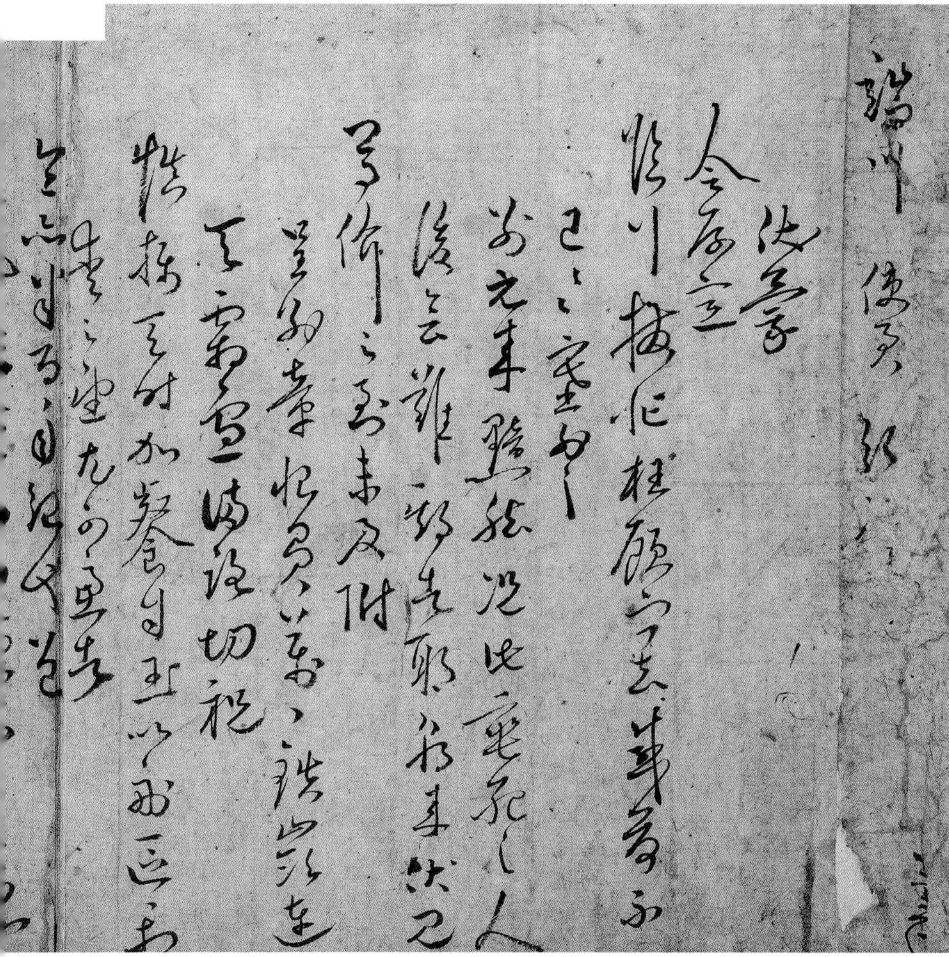

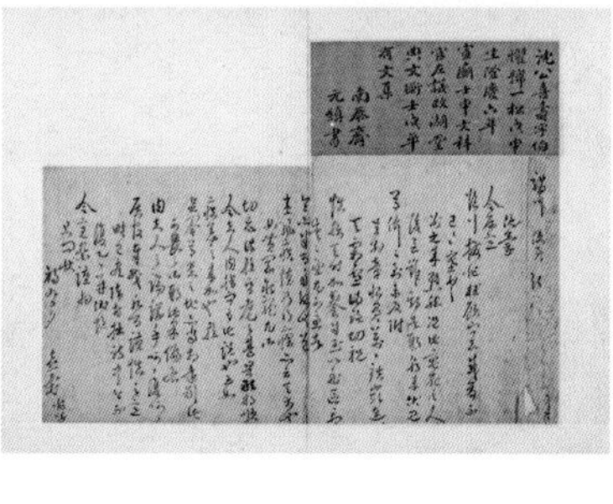

원문

端川 使君 行次　　手決

伏蒙 令厚意 臨行 拔忙枉顧而去 感荷不已不已
塞外之別 元來黯然 況此垂死之人 後會難期者耶
朝來伏見 尊价之到 未及附呈別章 恨負萬萬

鎭嶺連天 霜雪滿路 切祝愼攝 天時加餐自玉 以副區區相愛之望
尤可慮者 令亦半百年紀也 曾患風疾 僅乃得瘳 亦云天幸也
如黃岡新寵 尤所切忌
僕 雖昏耄之甚 豈敢將順

令夫人內指 而有此說也
至如疾恙之來加也
雖賢閤尊貴之地 亦當相遠 矧此可畏之所耶
此果徧右內夫人之論議乎 呵呵復呵呵
居官奉職 凡百謹愼之意 略已盡陳於拙詩中 今不復乙乙
幷伏惟令亮察 謹拜上問狀

初九日 夕
　喜壽 忙草

단천(端川)[1] 사또의 행차에 보냄 수결(手決)

도타운 마음으로 행차를 앞두고 영감께서 바쁜 가운데 틈을 내어 왕림해주신 일은 고맙고 고맙습니다.
변방 외진 곳에서의 이별은 원래가 암담한 법입니다. 하물며 이렇게 죽어가는 사람에게 다음 기회란 기약할 수도 없지 않겠습니까?
아침에 심부름꾼이 왔지만 이별의 시(別章)를 미처 부치지 못하였습니다. 한스럽기 짝이 없습니다.
진영과 고개[2]가 하늘에 닿아있고 눈서리 길에 가득한데, 천시(天時)에 따라 음식을 잘 드시고 자중자애(自重自愛)하셔서 멀리서 아끼는 마음에 부응하여 주시길 간절히 축원합니다.

더욱 걱정스러운 일은, 영감 역시 반 백 년을 살아온 터이므로 지난번 풍질(風疾)[3]에 걸리셨다가 간신히 나은 것도 역시 천행이라고 할 수 있습니다.
그래서 성은으로 황강(黃岡)[4]에 새로 발탁된 것 같은 일도 더욱 꺼려지는 바입니다.
제가 늙고 어리석음이 심한데 어찌 감히 장순(將順)[5]하겠습니까?

'영부인(令夫人)께서 안에서 시키셨다'라고 하는 이런 말이 있습니다.

---

1 단천(端川)은 함경남도 남동쪽에 있는 지역이다.

2 원문의 진령(鎭嶺)은 대전광역시 유성구의 옛 지명이기도 하지만, 여기서는 변방의 진영(鎭營)과 고개로 읽는 것이 옳다.

3 풍질(風疾)은 신경계의 고장으로 생기는 온갖 병의 총칭으로 풍기 또는 풍병이라고도 한다.

4 황강(黃岡)은 황해도 황주(黃州)의 별칭이다.

5 장순(將順)은 아랫사람이 윗사람을 간할 적에, 윗사람의 미덕을 선양하며 보다 나은 결과가 이루어지도록 촉구하는 것을 말한다. 『효경』「사군(事君)」에, "군자가 임금을 섬김에, ...임금에게 아름다운 점이 있으면 보다 잘할 수 있도록 권면하고, 임금에게 잘못된 점이 있으면 바로잡아 구제한다(君子之事上也 ...將順其美 匡救其惡)"라는 공자의 말이 나온다.

마치 병이 더해지는 것만 같습니다.
부인[6]이 존귀한 지위에 있다고 하더라도 또한 응당 서로 멀리해야 하는데, 하물며 이렇게도 두려워해야할 자리가 아니겠습니까? 이렇게 과연 두루두루 미쳐가며 내부인(內夫人 아내)이 논의할 일이겠습니까?
우습고 또 우습기만 합니다.
관직에 나아가 공무를 받들 때에는 모든 일을 삼가고 조심해야 한다는 뜻을 제 시 속에 대략이나마 다 썼으므로, 지금 다시 일일이 말씀드리지는 않겠습니다.
아울러 영감께서 밝게 살펴주시리라 생각하며, 삼가 문안 편지를 올립니다.

9일 저녁에
희수(喜壽)가 대략 썼습니다.

6 원문의 현합(賢閤)은 남의 부인을 높여 부르는 말이다.

제발

沈公 喜壽 字 伯懼 號 一松 戊申生
隆慶 六年 宣廟 壬申 文科 官 左議政 湖堂 典文衡 壬戌 卒 有 文集
南泰齊 元鎭 書

심(沈) 공 희수(喜壽)의 자는 백구(伯懼), 호는 일송(一松)이다.
무신(1548)년에 태어나 융경(隆慶) 6년 선조(宣祖) 조 임신(1572)년 문과에 급제하였다. 좌의정을 지냈으며, 호당(湖堂), 전문형(典文衡)을 역임하였다. 임술(1622)년에 세상을 떠났으며, 문집이 있다.
남태제(南泰齊) 원진(元鎭) 쓰다.

제발자

남태제 南泰齊
1699년(숙종 25)~1776년(정조 즉위년)

조선후기 경기감사, 홍문관제학, 이조판서 등을 역임한 문신이다.
본관은 의령(宜寧)이며, 자는 원진(元鎭) · 관보(觀甫)이고, 호는 담정(澹亭) · 학야(鶴野)이다. 할아버지는 도승지 남치훈(南致熏)이고, 아버지는 공조좌랑 남필명(南弼明), 어머니는 한성판윤 신후재(申厚載)의 딸이다.

생애 및 활동사항

1723년(경종 3)에 사마시에 합격하고, 1727년(영조 3)에 증광 문과에 병과로 급제, 1728년 『숙종실록(肅宗實錄)』 편찬에 참여했다. 그 해 이인좌(李麟佐)의 난이 일어나자 죄인 국문 등에 신속히 대처한 공으로 양무원종공신(揚武原從功臣) 1등에 녹훈되었다. 그 뒤 전적 · 예조좌랑 · 지평 · 병조좌랑 등을 거쳐, 1734년 정언에 이르러 당시 영상인 심수현(沈壽賢)을 탄핵하다가 진도군수(珍島郡守)로 좌천되었다. 뒤에 조현명(趙顯命)의 주청으로 1735년 장악원첨정을 시작으로 필선 · 장령 · 정언 · 지제교 · 헌납 · 집의 · 수찬 · 교리 등의 대각(臺閣)을 두루 역임했다.
당시 기강퇴폐(紀綱頹廢), 재용 낭비, 풍속 괴패, 시파(時派)와 벽파(僻派)의 논쟁 등에 대한 시정을 요구하는 상소를 많이 올렸으나 제대로 받아들여지지 않고 오히려 유배당하는 일이 많았다. 그런 가운데 능력을 인정받기도 했으며, 1743년 병조참의 · 동부승지 · 대사간 · 이조참의 · 형조참의 · 강화유수 · 형조참판 · 호조참판 · 한성부윤 · 대사헌 · 대사성 · 개성유수를 역임했다. 그 뒤 1760년에 자헌(資憲)으로 승계해 지돈녕부사 · 한성판윤 · 내의원제조를 거쳐 정헌(正憲)으로 승계, 형조판서 · 예조판서 · 세자우빈객 · 도총관 · 경기감사 · 홍문관제학을 거친 뒤, 1767년 이조판서에 이르렀다.

나이 70이 되자 모든 벼슬을 사양하고 숭록(崇祿)으로 승계한 뒤 기로소에 들어갔다. 성품이 단정하고 스스로 행동을 잘 지켜 관직 생활 50년 동안 파당적인 논쟁에 휩쓸리지 않았다. 문장이 우아하고 시문에 화실(華實)이 구비되었으며, 제자백가에도 통달했다. 저서로는 『담정유고』가 있다. 시호는 청헌(淸獻)이다.

발신자

심희수 沈喜壽

1548년(명종 3)~1622년(광해군 14)

조선시대 대제학, 우찬성, 좌의정 등을 역임한 문신이다. 본관은 청송(靑松). 자는 백구(伯懼), 호는 일송(一松) 혹은 수뢰루인(水雷累人). 장령(掌令) 심순문(沈順門)의 증손으로, 할아버지는 동지동녕부사 심봉원(沈逢源)이고, 아버지는 정자(正字) 심건(沈鍵)이다. 어머니는 이연경(李延慶)의 딸이다. 노수신(盧守愼)의 문인이다.

생애 및 활동 사항

1570년(선조 3) 진사시에 합격하여 성균관에 들어갔다. 1572년 별시문과에 병과로 급제하여 승문원(承文院)에 보임되었으며, 1583년 호당(湖堂)에 뽑혀 사가독서(賜暇讀書)하였다. 1589년 헌납(獻納)으로 있을 때 조정과 뜻이 맞지 않아 한때 사임했으나 이듬해 부응교(副應敎)가 되었다. 1591년에는 응교로서 선위사(宣慰使)가 되어 일본 사신을 맞았으며, 간관이 되어 여러 차례 직언을 하다 선조의 비위에 거슬려 사성(司成)으로 전직되었다. 1592년 임진왜란 때는 선조를 호종하여 도승지로 승진하고, 대사헌이 되었다. 이 해 겨울 형조판서를 거쳐 호조판서가 되어 명나라 경략(經略) 송응창(宋應昌)의 접반사(接伴使)로서 오래도록 서도(西道)에 있었으며, 송응창을 설득하여 관서의 기민 구제(飢民救濟)에 진력하였다. 1599년 예문관제학·예조판서·이조판서가 되고, 홍문관·예문관의 대제학을 겸하였다. 좌찬성·우찬성 등을 거쳐 우의정에 올랐으며, 청백리(淸白吏)에 뽑혔다. 1606년 성균관에서 익명의 투서가 나왔는데, 선조가 이를 색출하기 위해 유생들의 심문을 고집하자 그 불가함을 관철시켰으며, 그 해 가을 좌의정에 올랐다. 1608년 광해군이 즉위하자, 다시 좌의정으로 재상에 올랐다. 1613년(광해군 5) 계축옥사가 일어나 부원군 김제남(金悌男)이 죽고 이이첨 등이 영창대군(永昌大君)을 옥사의 주모자로 몰려하자, 이항복(李恒福)·이덕형(李德馨) 등과 강력하게 그 부당성을 논했으나, 뜻을 이루지 못하였다. 1615년 영돈녕부사(領敦寧府事)로 있을 때, 명나라에 사신으로 다녀온 허균(許筠)과 중국 야사(野史)에 나타난 종계문제(宗系問題)로 다투다가 궐외로 축출되었다. 이듬해 폐모론이 다시 일자, 둔지산(屯之山)에 은거하여 『주역』을 읽고 시를 읊으며 자신의 지조를 지켰다. 문장에 능하고 글씨를 잘 썼으며, 저서로 『일송집』이 있다. 상주의 봉암사(鳳巖祠)에 제향되었다. 시호는 문정(文貞)이다.

16

허욱許頊 남양南陽 아사衙史 편지에 보내는 답신

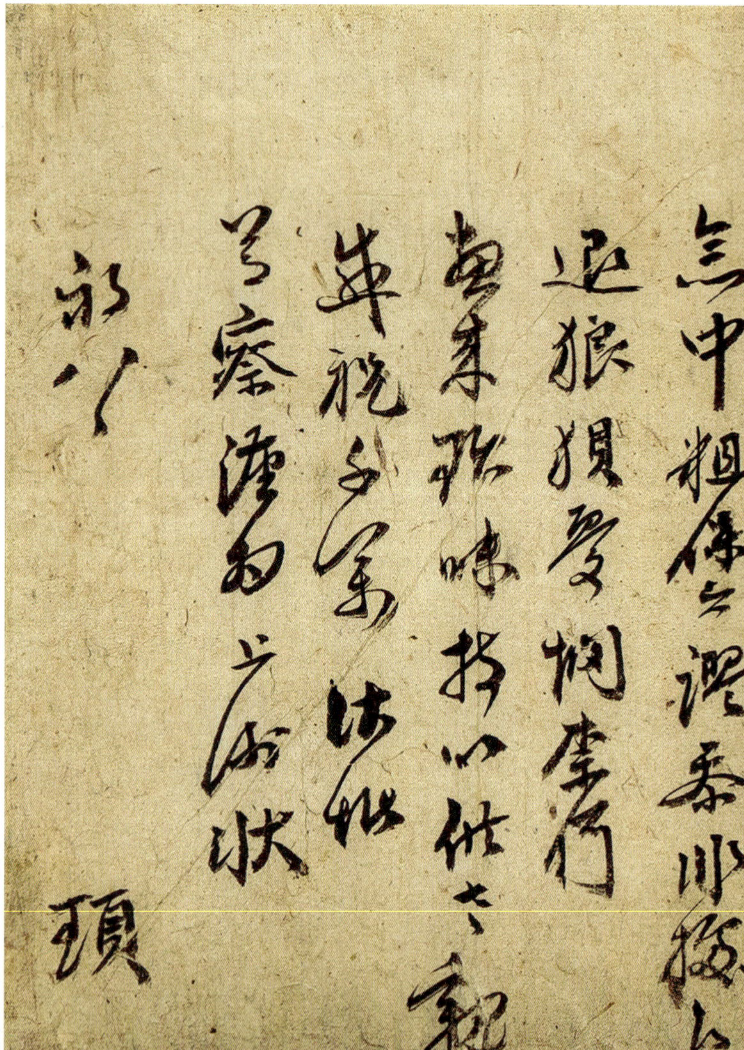

허욱許頊: 남양南陽 아사衙史 편지에 보내는 답신
(좌)13.8 (우)13.8x19.1cm

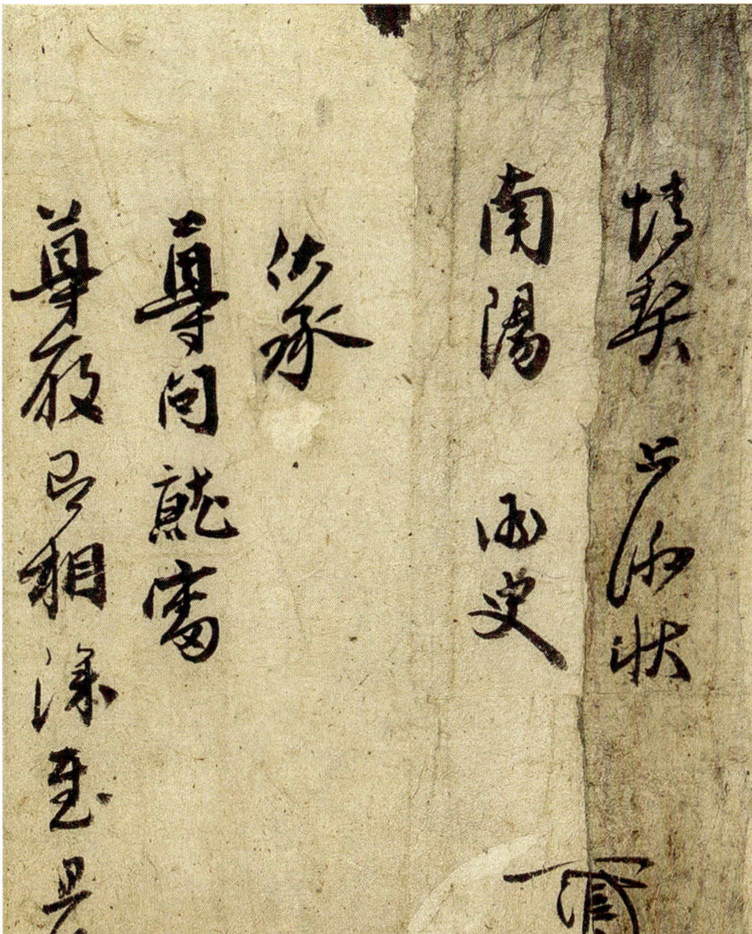

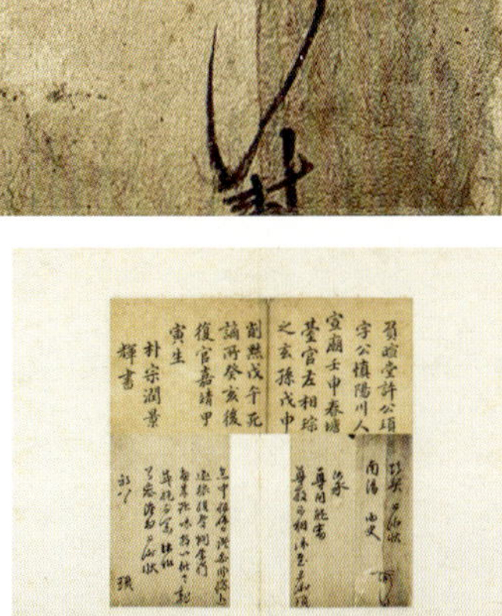

원문

情契

上謝狀 南陽衙史　　手決 封

伏承尊問 就審尊履有相 深慰且謝

項 念中粗保 而謬忝非據 進退狼狽 憂悶奈何

惠來珍味 持以供老親 感祝千萬

伏惟尊察 謹拜上謝狀

初 八日

　項

정계(情契)[1]에게 올리는 답장

남양(南陽) 아사(衙史)[2]　　　　수결(手決) 봉(封)

편지를 받아 그대께서 잘 계심을 살피게 되니 매우 위안이 되고 아울러 고마웠습니다.

저는 마음을 닦으면서[3] 그럭저럭 지내고 있습니다만, 분수에 맞지 않는 자리를 잘 못 차지하고 있어 나아갈 수도 없고 물러날 수도 없어 낭패를 겪고 있습니다. 걱정스럽고 안타깝지만 어쩌겠습니까?

보내주신 귀한 음식은 늙으신 부모님께 가져다 올렸습니다.

천 번 만 번 감사드리며 축원합니다.

그대께서 살펴주시기 바라며 삼가 답장을 올립니다.

초 8일

욱(頊)

---

1 정계(情契)는 마음이 통하는 아랫사람이나 편한 사람에게 쓰는 말로 주로 편지봉투에 쓴다.

2 아사(衙史)는 지방관 휘하의 아전을 일컫는 말이다. 지방관에게 편지를 보낼 때 수신인을 아래 아전으로 하여 상대방을 높이는 관용적 표현으로 쓰인다.

3 원문의 염중(念中)을 '20일 무렵'이나 '염려해주시는 덕택에', 또는 '생각하던 차에' 등으로 번역한 예가 많으나 이는 억지번역이다. 염중은 수양의 한 방편으로 마음을 닦는 일을 일컫는 말이다. 사마광이, 생각이 혼란스러워 종종 밤중에 일어나 잠을 자지 못하였는데, 이의 해결책으로 중(中)을 생각하는 방법을 사용하였다고 한데서 유래하였다. 『심경(心經)』에 나온다.

제발

負暄堂 許公 頊 字 公愼 陽川人
宣廟 壬申 春塘臺 官 左相 琮之 玄孫 戊申 削黜 戊午死 謫所 癸亥後 復官
嘉靖 甲寅生
　朴宗潤 景輝 書

부훤당(負暄堂) 허(許) 공 욱(頊)의 자는 공신(公愼), 본관은 양천(陽川)이다.
선조(宣祖) 조 임신(1572)년 춘당대문과(春塘臺文科)에 급제하여 좌의정을 지냈다.
허종(許琮)[4]의 현손(玄孫)이다.
무신(1608)년에 삭출(削黜)되어 무오(1618)년 유배지에서 죽었으며, 계해(1623)년 인조 반정 후 복관(復官)되었다. 가정(嘉靖) 갑인(1554)년[5]에 태어났다.
　박종윤(朴宗潤) 경휘(景輝) 쓰다.

제발자

박종윤 朴宗潤
1683년(숙종 9)~미상

조선시대 문신으로 본관은 밀양(密陽)이며, 자는 경휘(景輝)이다. 증조부는 박순의(朴純義)이며, 할아버지는 박정진(朴廷振)이고, 아버지는 박만령(朴萬齡)이다. 첫 부인은 김두서(金斗瑞)의 딸이며, 계부는 성흘(成屹)의 딸이다.

생애 및 활동사항

1717년(숙종 43) 정유년 식년시 진사에 합격했고, 2년 후 증광시(增廣試) 병과(丙科)에서 10위를 하였다. 1721년(경종 1) 주서(注書)에 임명되었으며, 영조 조에 충청도사(忠淸都事)를 역임하였다.

4 허종(許琮) : 1434년(세종 16)~1494년(성종 25). 본관은 양천(陽川). 자는 종경(宗卿) · 종지(宗之), 호는 상우당(尙友堂). 문무에 모두 뛰어나 예조 · 이조판서 등을 거쳐 우의정에 이르렀으며, 함길도경차관 · 북정도원수 등을 지내며 국경의 경비를 튼튼히 하였다.

5 허욱은 무신(1548)년에 태어났다. 오류이다.

발신자

허욱 許頊

1548년(명종 3)~1618년(광해군 10)

조선시대 호조판서, 우의정, 좌의정 등을 역임한 문신이다. 본관은 양천(陽川)이다. 자는 공신(公愼), 호는 부훤(負暄). 허확(許確)의 증손으로, 할아버지는 대사헌 허흡(許洽)이고, 아버지는 허응(許凝)이며, 어머니는 신광수(申光守)의 딸이다.

생애 및 활동 사항

1572년(선조 5) 춘당대문과(春塘臺文科)에 병과로 급제하였다. 현감 때부터 치적을 쌓고 1591년 공주목사가 되었다. 이듬해 임진왜란이 일어나자 금강을 굳게 지켜서 호서·호남 지방을 방어하는 데 공을 세웠다. 또한, 승장(僧將) 영규(靈圭)를 불러 도내의 승군을 뽑은 뒤 장수로 삼았고, 의병장 조헌(趙憲)과 함께 청주성을 탈환하는 데 성공하였다.

1593년 충청도 관찰사가 되고, 서울 수복을 위해 군대를 통진(通津)·독산성(禿山城) 등지로 주둔시키다가 도원수 권율(權慄)로부터 내포(內浦)가 풍년임에도 불구하고 군량을 충분히 확보치 못한다고 탄핵을 받아 파직되었다. 곧 이조의 요청과 유성룡(柳成龍)의 추천으로 형조참의에 임명되고, 청량사(請糧使)로 명나라에 건너가 산둥지방의 곡식 2만 2,700섬을 얻어왔다. 그 뒤 강계부사로서 여진족의 움직임을 정탐해 보고하였다. 이어 의주부윤·평안도관찰사·병조참판 등을 지냈으며, 1604년 이조판서가 되었다.

임진왜란 때 불타고 남은 역대의 실록을 다시 인출(印出)해 사고(史庫)에 봉안(奉安)할 때 지춘추관사(知春秋館事)로 활약하였다. 그 뒤 한성부판윤에 특별히 제수되었다가 다시 평안도 관찰사를 거쳐 호조판서가 되었다. 1606년 우의정에 올랐고, 이어 좌의정이 되었다.

1608년(광해군 즉위년)에는 유영경(柳永慶)의 일파로 몰려 파직되었고, 이어 능창군 전(綾昌君 佺)의 추대사건에 관련되어 1616년(광해군 8)원주에 부처(付處)되었다. 1618년 유배지인 원주에서 죽었다. 인조반정 후에 관작이 복구되었다.

시호는 정목(貞穆)이다.

17

한응인 韓應寅 광주 廣州 선산 성묘 제사 준비 요청

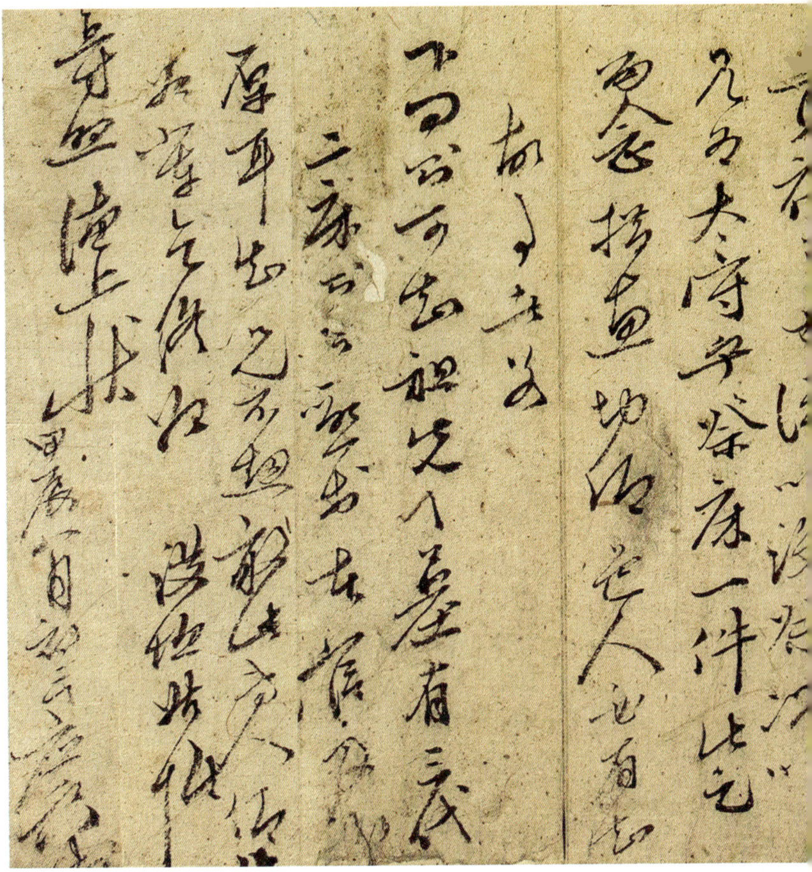

한응인韓應寅: 광주 廣州 선산 성묘 제사 준비 요청
37.6x18.2cm

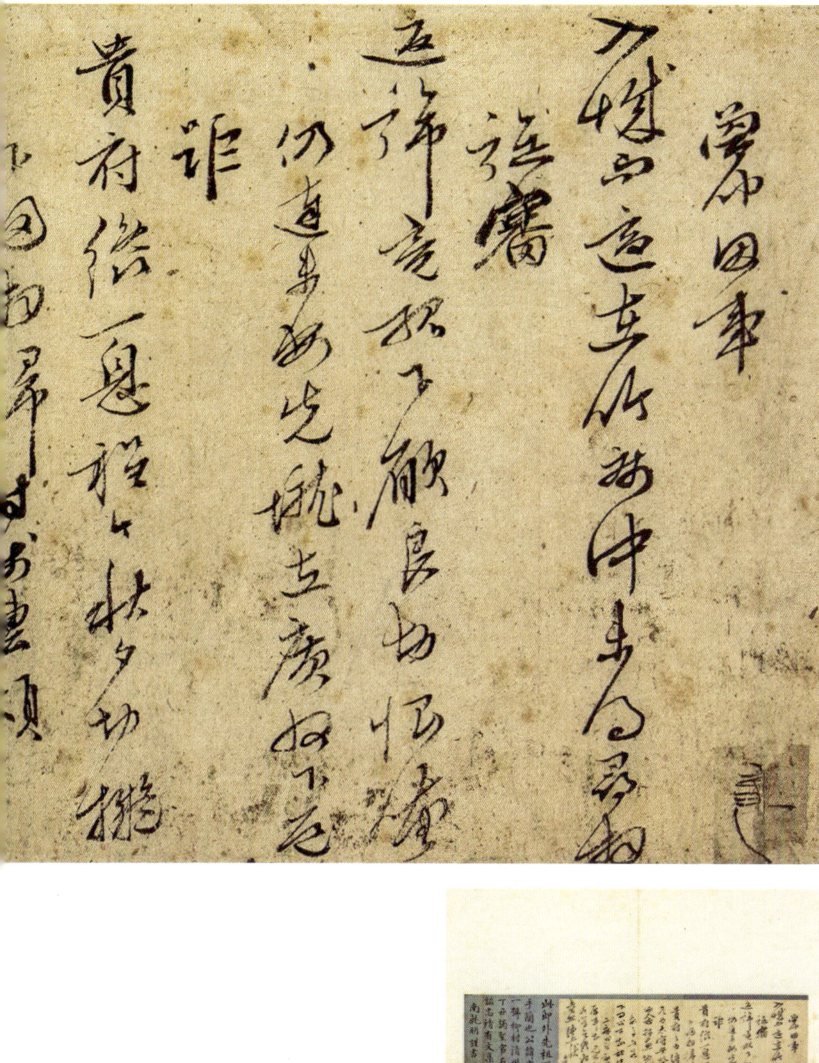

원문

曾聞因事入城　　　　　　　手決

而適在吟病中 未得尋拜

旋審返旆 竟孤下願 良切悵嘆

仍達未安 先壠在廣州下道 距貴府纔一息程

今秋夕切擬下歸拜掃 自於專賴 貴府之力 得以設祭 況以兄爲太守乎

祭床一件 伏乞留念措惠 切仰

邑人必有知故事者 若下問 則可知祖先之墓

有三代二床 則皆懇 於本宦及施厚耳

知兄不恝 敢此專人仰告 爲輩乞終始護恤

姑惟尊照 謹上狀

甲辰 八月 初 三日

　應寅 頓

지난 번 일이 생겨서 입성하셨다고 들었으나 수결(受決)

마침 병을 앓고 있던 중이어서 찾아뵙지 못하였습니다. 돌아오셨다는 것을 얼핏 알았지만 마침내 바람을 이루지 못하여 한탄스럽기 그지없었습니다.

말씀드리기 미안하지만, 선산이 광주(廣州) 하도(下道)에 있으며 귀부(貴府)와 겨우 일식정(一息程)[1]의 거리입니다. 이번 추석에 내려가서 성묘를 하려고 하는데, 오로지 귀부의 힘에 의뢰하여 제사를 차리려고 합니다. 게다가 그대께서 태수(太守)로 계시지 않습니까?

삼가 바라건대, 상석(床石) 한 건(件) 유념하여 베풀어주시기 간절히 바랍니다.

고을사람 중에 반드시 옛일을 아는 이가 있을 것이니, 하문(下問)해보신다면 선조의 묘소를 알 수 있을 것입니다. 삼 대에 걸친 두 개의 상석(床石) 모두 사정이 몹시 딱하니, 그 자리에서 후하게 베풀어주십시오. 그대께서 저버리지 않을 것을 알고 심부름꾼[2]을 보내어 감히 이렇게 말씀드립니다.

우리 모두를 위하여 한결같이 보살펴 도와주시기 바랍니다.

그대께서 살펴주시기 바라며 삼가 글을 올립니다.

갑진(1604)년 8월 3일

응인(應寅) 올림

---

1 일식정(一息程)은 길을 가는 사람이 한 번씩 쉴 거리라는 뜻으로 30리(약 12Km)를 말한다. 참고로 역참(驛站)과 역참의 사이의 기준도 30리이다.

2 원문의 전인(專人)은 편지를 전하기 위해 일부러 보내는 심부름꾼을 뜻하는 말이다.

제발

此卽 外先祖 百拙齋 韓公 手簡也
公 諱 應寅 字 春卿 一號 柳村 淸州人
宣廟 丁丑 謁聖 官 右相 淸平府院 諡 忠靖 有 文集 甲寅生 壽 六十
南就明 謹書

이는 외선조(外先祖) 백졸재(百拙齋) 한(韓) 공의 편지이다.
공의 휘(諱)는 응인(應寅), 자는 춘경(春卿), 또 다른 호는 유촌(柳村)이다.
본관은 청주(淸州)이다. 선조(宣祖) 조 정축(1577)년 알성문과에 급제하여 우의정을 지냈고 청평부원군(淸平府院君)에 봉해졌으며, 시호는 충정(忠靖)이다. 문집이 있다. 갑인(1554)년에 태어나 60세까지 살았다.
남취명(南就明) 쓰다.

제발자

남취명 南就明

1661년(현종 2)～1741년(영조 17)

조선후기 병조참판, 지돈녕부사 등을 역임한 문신이다.
본관은 의령(宜寧)이며, 자는 계량(季良)이고, 호는 약파(藥坡)이다. 할아버지는 감사(監司) 남훤이고, 아버지는 남상훈(南尙熏)이며, 어머니는 교리를 지낸 이행원(李行源)의 딸이다.
남취명은 남태기(南泰耆)의 큰아버지로 '소북오군자'인 이정작(李庭綽, 1678～1758)의 누이와 혼인한 남근명(南近明)의 형이다.

생애 및 활동사항

1694년(숙종 20) 별시 문과에 병과로 급제하여 사헌부지평을 거쳐 홍문관에 들어갔다. 1704년(숙종 30) 수찬으로 있으면서, 조정에서 박세당(朴世堂)이 지은 『사변록(思辨錄)』을 모두 불태워버리려 하자 그것의 옳지 못함을 극력 상소하였고, 이듬해에는 남구만(南九萬)·유상운(柳尙運)의 신원(伸寃)을 위하여 노력하였다.
왕의 신임이 두터워 오랫동안 승지로 재임하였고, 1717년(숙종 43)에는 예조참판으로 동지부사에 발탁되어 청나라에 다녀왔다. 1722년(경종 2) 왕이 노론(老論) 4대신의 사사(賜死)를 감행하려 하자 승지로 있으면서 그 불가함을 동료들과 함께 역설하였다.
그 뒤 대사간으로 있으면서 소론의 거두 김일경(金一鏡)을 변명하는 한편, 노론의 축출에 일익을 담당하였다. 영조가 즉위하면서 노론이 집권하자 한때 관작을 삭탈당하고 문외출송(門外黜送)되었으나, 1727년(영조 3)에 다시 서용되어 경기도관찰사·병조참판을 거쳐 지돈녕부사를 지냈다. 영조조에 기로소(耆老所)에 들어갔다.

발신자

한응인 韓應寅

1554년(명종 9) ~ 1614년(광해군 6)

조선시대 우찬성, 호조판서, 우의정 등을 역임한 문신이다. 본관은 청주(淸州), 자는 춘경(春卿), 호는 백졸재(百拙齋) · 한유촌(韓柳村). 이조판서 한세좌(韓世佐)의 증손으로, 할아버지는 좌찬성 한유(韓侑)이고, 아버지는 부사직(副司直) 한경남(韓敬男)이며, 어머니는 현감 김만일(金萬鎰)의 딸이다.

생애 및 활동 사항

1576년(선조 9) 사마시를 거쳐, 이듬해 알성문과에 병과로 급제해 승문원에 뽑혔다. 곧이어 승정원주서 · 예조좌랑 · 병조좌랑 · 지평 · 정언 등을 지내고, 1584년 종계변무주청사(宗系辨誣奏請使)의 서장관(書狀官)으로 명나라에 다녀왔다. 그 뒤 성균관 직강을 거쳐, 1588년 신천군수로 재직 중 이듬해 정여립(鄭汝立)의 모반사건을 적발, 그 공으로 호조참의에 이어 도승지가 되었다. 1590년 종계변무의 공으로 광국공신(光國功臣) 2등에 오르고, 정여립 모반을 고변한 공으로 평난공신(平難功臣) 1등에 책록되었다. 1591년 예조판서에 승진해 진주사(陳奏使)로 다시 명나라에 가서 일본의 도요토미(豊臣秀吉)가 명나라를 공격하기 위해 조선에 길을 빌려 달라는 사실을 고해 조선에 대한 명나라의 의심을 풀게 하였다. 이듬해 돌아오는 길에 임진왜란이 일어났다는 소식을 듣고 개성에서 피난길에 오른 선조를 만나 제도도순찰사(諸道都巡察使)로 임진강 방어에 임했으나 가토(加藤淸正)의 유인작전에 속아 대패하였다. 그래서 왕을 뒤따라가 의주의 행재소(行在所)에서 공조판서에 임명된 뒤 요동(遼東)에 건너가 원병(援兵)의 급속한 출병을 요구하였고, 이여송(李如松)이 원군을 이끌고 압록강을 건너자 접반관(接伴官)으로 이여송을 맞이하였다. 이듬해 청평군(淸平君)에 봉해지고, 호조판서에 임명되어 군량미 보급에 진력하였다. 1595년 주청사(奏請使)로 명나라에 다녀왔다. 1599년 사은사(謝恩使)로 다시 명나라에 가서 정유재란 때의 원군에 대해 사례하였다. 그 뒤 우찬성에 올랐다. 1600년 이조판서, 다음해 호조판서 · 병조판서 등을 거쳐, 1605년 부원군(府院君)에 진봉되고, 1607년 우의정에 올랐다. 초서(草書)에 뛰어났으며, 저서로는 『백졸재유고』가 있다. 시호는 정목(貞穆)이다.

18

정창연鄭昌衍 문안과 제례 선물에 대한 감사

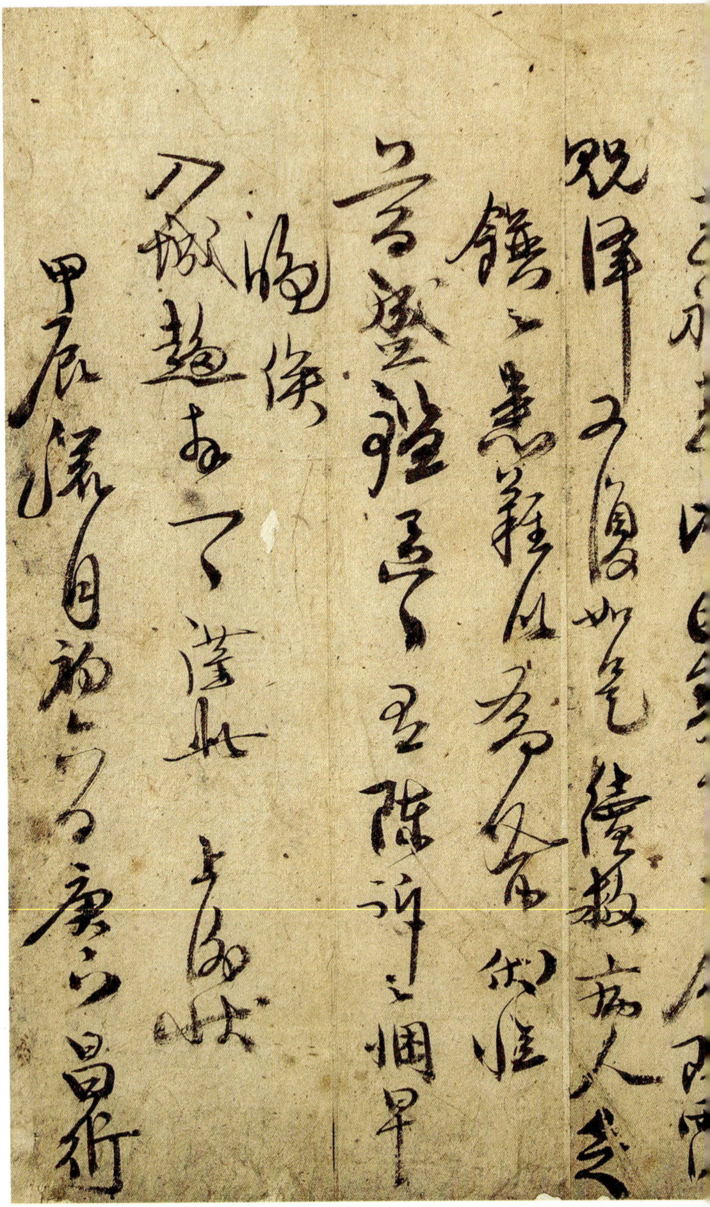

정창연鄭昌衍: 문안과 제례 선물에 대한 감사
19.2x28.8cm

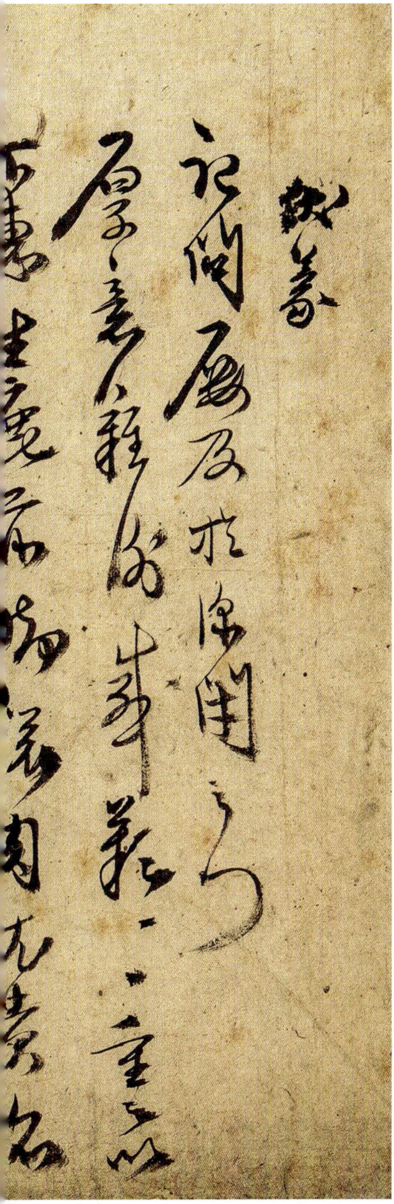

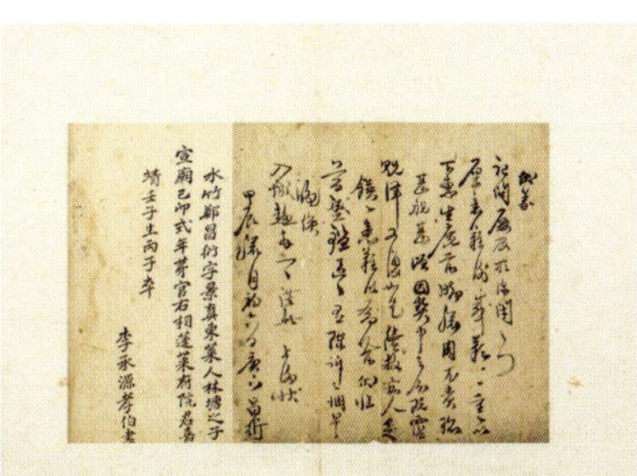

원문

伏蒙 記問屢及 於深閉之門 厚意難謝 感歎感歎

重之以下惠 生鹿前脚 臘肉尤貴 珍甚 祝甚

頃因契中之分 旣靈貺澤 又復如是續救 病人乏饌之患 難以爲喩

伏惟尊盛鑑 區區有陳訴之悃

早晩俟入城 趨拜一一

謹此 上謝狀

甲辰臘月 初 六日

　庚下 昌衍

깊이 닫혀있는 집안에 여러 차례 안부편지[1]를 보내주시니 그 도타운 마음에 어떻게 감사드려야 할지 모르겠습니다. 거듭 감탄합니다.

게다가 사슴 앞다리 생고기를 보내주셔서 납육(臘肉)[2]이 더욱 귀해졌습니다. 진귀함이 더하니 축원하는 마음도 더합니다.

접때 계중(契中)[3]이 나누어준 것으로도 이미 하늘의 신령한 선물[4]이 윤택한데, 또다시 이와 같이 병든 사람의 음식 부족을 연이어 구제하시니 어떻게 말씀드려야 할지 모르겠습니다.

그대께서 높이 살펴주시기 바라며 이렇게 정성을 다하여 말씀을 올립니다.

조만간 도성에 들어가 찾아뵙고 자세히 말씀드리겠습니다.

삼가 이만 줄이며, 답장을 올립니다.

갑진(1604)년 12월 6일

경하(庚下)[5] 창연(昌衍)

---

1 원문의 기문(記問)은 글로써 안부를 물은 것을 말한다.

2 납육은 납향(臘享)에 쓰이는 산짐승의 고기를 뜻하는데, 납향은 납일(臘日)에 그 한 해 동안 지은 농사 형편과 그 밖의 일을 여러 신(神)에게 고하는 제사이다.

3 계중(契中)은 계나 모임, 또는 거기에 참가하는 사람을 지칭한다.

4 원문의 영황(靈貺)은 신령이 복을 내려 주는 것이다. 범엽(范曄)의 『광무기찬(光武紀贊)』에 "세조가 크게 명을 받으니 신령이 복을 내려 절로 성사시켜 주었네(世祖誕命 靈貺自甄)."라고 하였다. 『동문선(東文選)』에도 "하늘의 은택을 내리심이어. 하늘의 신령한 선물이 융숭하네(降膏澤兮 靈貺旣隆)."이라는 구절이 있다.

5 경하(庚下)는 같은 나이의 벗에게 자신을 낮추어 일컫는 말이다.

제발

水竹 鄭昌衍 字 景眞 東萊人 林塘之子
宣廟 己卯 式年第 官 右相 蓬萊府院君
嘉靖 壬子生 丙子卒
　李承源 孝伯 書

수죽(水竹) 정창연(鄭昌衍)의 자는 경진(景眞)이며, 본관은 동래(東萊)이다. 임당(林塘)[6]의 아들이다.
선조(宣祖) 조 기묘(1579)년 식년문과에 급제하여 우의정을 지냈으며, 동래부원군(蓬萊府院君)에 봉해졌다. 가정(嘉靖) 임자(1552)년에 태어나 병자(1636)년에 죽었다.
　이승원(李承源) 효백(孝伯) 쓰다.

제발자

이승원 李承源

1661년(현종 2)~미상

조선후기 형조참의, 승지, 동지의금부사 등을 역임한 문신이다.
본관은 광주(廣州)이며, 자는 효백(孝伯)이다.
충정공 이준경(忠正公 李浚慶)의 6대손이며, 이필성(李必成)의 증손으로, 할아버지는 이건징(李建徵)이다. 아버지는 이경만(李卿晩)이며, 어머니는 송극(宋極)의 딸이다.
이승원의 증조부 이필성은 '소북7학사' 중 이필형(李必亨)과 이필행(李必行, 이의만(李宜晩)의 조부)의 형제이다.

생애 및 활동사항

1699년(숙종 25)에 생원이 되고, 1705년 식년문과에 병과로 급제하였다.
여러 관직을 거쳐 1722년(경종 2) 부수찬을 역임하고 수찬에 올랐다. 이듬해 진위 겸 진향사(進慰兼進香使) 여성군 이집(礪城君 李楫)과 함께 서장관(書狀官)으로 청나라에 다녀와서는 필선이 되었다. 이어서 헌납 · 집의 · 수찬 · 보덕 · 교리 등을 역임하였다.
1724년 영조가 즉위하자, 신임사화 때 언관으로 재직하면서 간언으로써 이를 막지 못하였다 하여 파직당하였다. 그 뒤 다시 복직되어 형조참의 · 승지 · 동지의금부사를 차례로 역임하였다.

6 임당(林塘)은 정유길(鄭惟吉, 1515~1588)의 호이다. 정창연의 아버지로 김상헌(金尙憲) · 김상용(金尙容)의 외할아버지가 된다. 1538년 별시문과에 장원하였으며, 판돈녕부사, 우의정, 좌의정 등을 역임하였다.

발신자

정창연 鄭昌衍

1552년(명종 7) ~ 1636년(인조 14)

조선시대 동부승지, 우의정, 좌의정 등을 역임한 문신이다. 본관은 동래(東萊). 자는 경진(景眞), 호는 수죽(水竹). 정광필(鄭光弼)의 증손으로, 할아버지는 정복겸(鄭福謙)이고, 아버지는 좌의정 정유길(鄭惟吉)이며, 어머니는 원계채(元繼蔡)의 딸이다.

생애 및 활동 사항

1579년(선조 12) 식년문과에 을과로 급제하여 독서당(讀書堂)에 들어갔고, 이조좌랑을 거쳐 동부승지 등의 관직을 두루 역임하였다. 1614년(광해군 6) 우의정이 되고 이어 좌의정이 되어 기사(耆社)에 들고 궤장(几杖)을 받았다.

이 때 강화부사 정항(鄭沆)이 광해군의 뜻을 받들어 영창대군(永昌大君)을 죽이니, 부사직 정온(鄭蘊)이 상소하여 "항을 죽이고 영창을 대군의 예로써 장사지내야 한다."고 하였다. 이에 광해군이 크게 노하여 정온이 화를 당하자 그는 이원익(李元翼)과 더불어 상소하여 정온을 구하여 주었다. 이어 폐모론이 일어나자 벼슬을 사퇴하고 두문불출한 가운데 정방(政房)에 나아가지 않았다. 이 때문에 다른 대신들이 합계(合啓)하여 말썽을 일으켰으나, 때마침 인조반정이 일어나 무사하였을 뿐만아니라 다시 좌의정이 되었다.

한편, 광해군 비 유씨(柳氏)는 그의 생질녀로, 옥사가 일어날 때에는 혹 광해군이 그에게 묻기도 하여 옥사에 억울하게 걸린 많은 사람들을 구하여 주었다 .

19 한효순韓孝純 잔치 지원 감사와 해미 아전 명덕룡의 처벌을 요청

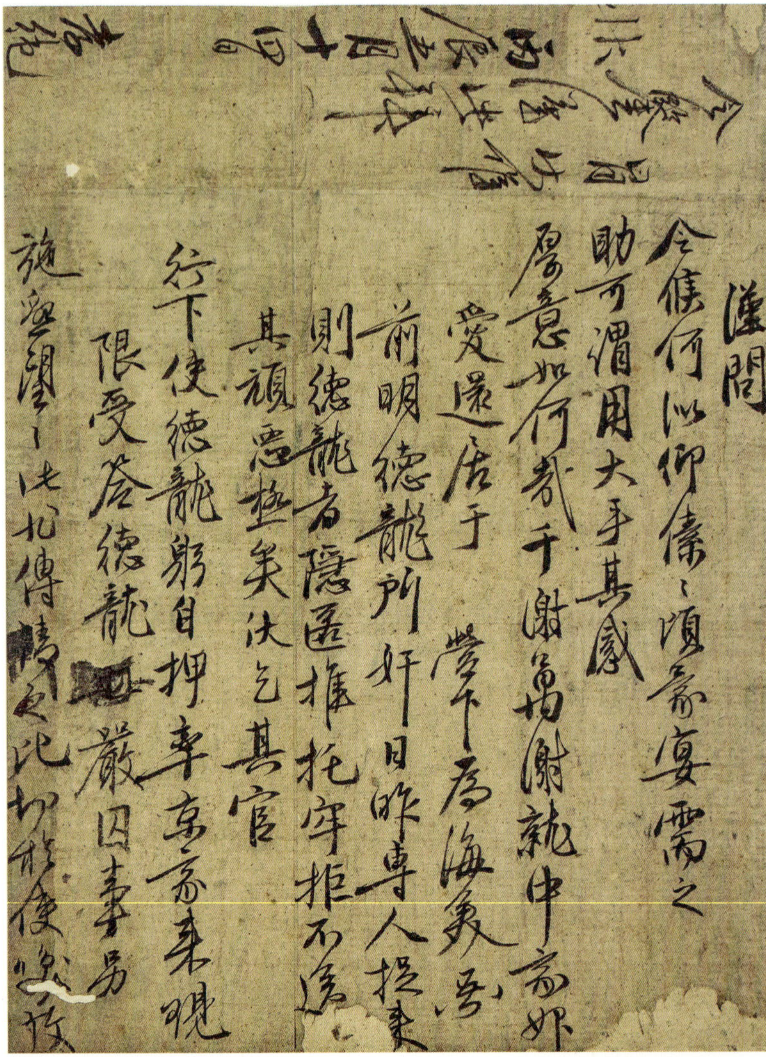

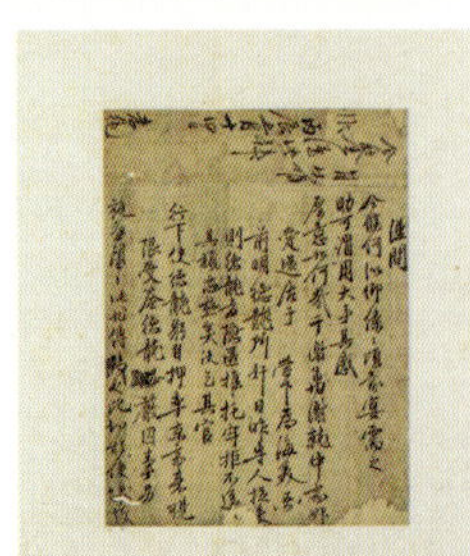

한효순韓孝純: 잔치 지원 감사와 해미 아전 명덕룡의 처벌을 요청
24.9x33.0cm

원문

謹問令候何似 仰傃 仰傃
頃蒙宴需之助 可謂用大手 其感厚意如何哉 千謝萬謝

就中 家婢愛還 居于營下 爲海美衙前 明德龍所奸 日昨專人捉來
則德龍者 隱匿推托 牢拒不送 其頑惡極矣
伏乞其官行下 使德龍躬自 押率京家來現 限受答德龍嚴囚事
另施 懇望懇望 此非傳請之比 切於使喚 敢冒

伏惟令鑒 謹此 拜狀
丙辰 五月 十四日
孝純

영감께서는 어떻게 지내고 계신지 삼가 안부를 여쭙습니다. 우러러 그리워합니다.
그중에서도 특히 베풀어주신 연수(宴需)[1]는 가히 큰 손이라고 일컬을 만하였습니다.
그 도타운 뜻에 어떻게 감사드려야 할지 모르겠습니다.
너무나 고맙고 고맙습니다.

드릴 말씀은, 집안의 여종 애환(愛還)이 영하(營下)[2]에 살고 있는데

1 연수(宴需)는 잔치에 드는 물건과 비용을 통칭하는 말이다.
2 영하(營下)는 감영(監營)이나 병영(兵營)을 말한다.

해미(海美)[3] 관아의 아전(衙前)[4]인 명덕룡(明德龍)이 농간을 부려 며칠 전에 사람이 와서 잡아갔습니다.
덕룡이란 자는 숨겨놓고는 이런저런 핑계로 딱 잘라 거절하고 보내주지 않고 있으니, 그 완악함이 끝이 없습니다.
삼가 바라건대 그 관아에 영을 내려 덕룡으로 하여금 스스로 데리고 서울에 있는 집으로 나타나게 하시고, 덕룡에게서 답을 받아낼 때까지 엄히 가두어주십시오.
특별히 도와주시길 간절히 바라고 또 바랍니다.
이는 전청(傳請)[5]한 것과는 비교할 수도 없는 일인데다, 심부름할 사람이 절박하여 감히 어렵게 부탁드리는 것입니다.

영감께서 살펴주시기 바라며 삼가 이렇게 글을 올립니다.
병진(1616)년 5월 14일
효순(孝純)

3 해미(海美)는 충청남도 서산지역의 옛 지명이다.
4 아전(衙前)은 중앙 관청에 딸린 서리나 지방 관아의 서리인 향리, 6방관속 등을 일컫는다.
5 전청(傳請)은 사람을 사이에 넣어 간접적으로 청한 일을 말한다.

발신자

한효순 韓孝純

1543년(중종 38)~1621년(광해군 13)

조선시대 이조판서, 우의정, 좌의정 등을 역임한 문신이다. 본관은 청주(清州). 자는 면숙(勉叔), 호는 월탄(月灘). 서원부원군(西原府院君) 한상경(韓尙敬)의 후손으로, 증조부(曾祖父)는 한사무(韓士武)이고 조부(祖父)는 한승원(韓承元)이다. 아버지는 한여필(韓汝弼), 어머니는 유엄(柳渰)의 딸이다.

생애 및 활동 사항

1568년(선조 1) 생원이 되고, 1576년 식년문과 병과로 급제, 검열·수찬을 거쳐 1584년 영해부사에 임명되었다. 1592년 임진왜란이 일어나자 8월 영해에서 왜군을 격파하고 경상좌도관찰사에 승진, 순찰사를 겸임해 동해안 지역을 방비하며 군량 조달에 공을 세웠다.

1594년 병조참판, 1596년 경상도·전라도·충청도의 체찰부사(體察副使)가 되었다. 그 해 한산도무과(閑山島武科)에 시관(試官)으로 참여하고, 통제사 이순신(李舜臣)과 함께 수군 강화에 힘썼다. 그 뒤 지중추부사가 되었다가 남해 지역의 도순찰사로 해상 군비 강화에 계속 노력하였다. 1598년 전라도관찰사로서 병마수군절도사를 겸하였다. 이듬해 전라좌수사 이순신 막하의 전선감조군관(戰船監造軍官)으로 있으면서 거북선 건조에 공이 많았던 나대용(羅大用)의 건의를 받아들여 거북선 모양의 소형 무장선인 창선(鎗船) 25척을 건조하도록 하였다. 1604년 이조판서에 이르렀고, 다음해 평안도관찰사·판중추부사 등을 거쳐 1606년 우찬성·판돈녕부사 등을 역임하였다. 1610년(광해군 2) 다시 이조판서를 역임한 뒤, 1616년 우의정을 거쳐 좌의정에 올랐다. 이듬해인 1617년 이이첨을 중심으로 폐모론이 일자 소극적인 자세로 관망하고 여러 차례 사직을 청하였다. 폐모론자들은 한효순의 이러한 태도를 문제 삼아 처벌할 것을 주장하였으나 받아들여지지 않았다. 1621년(광해군 13)에 판중추부사로 졸하였다. 1623년(인조 1) 인조반정 후 폐모론에 가담한 죄로 관직이 추탈되었으나 1908년에 신원되었다.

저서로는 『신기비결(神器秘訣)』, 『진설(陣設)』 등이 있다.

20

박승종朴承宗 명주溟州로 간 남자안(南子安, 남이공)의 편의를 요청

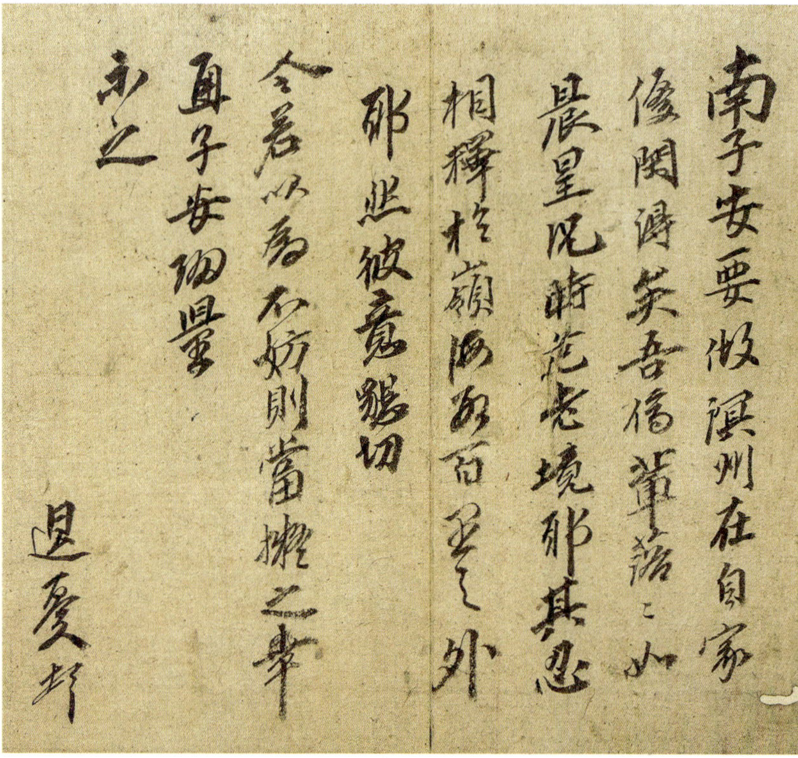

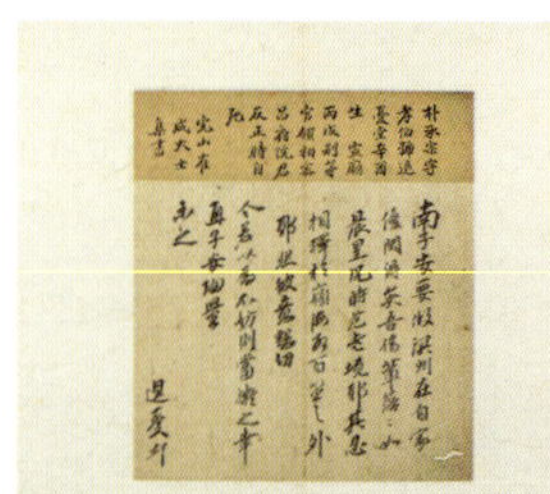

박승종朴承宗: 명주 溟州로 간 남자안(南子安, 남이공)의 편의를 요청
25.0x21.2cm

원문

南子安 要做溟州 在自家 優閑得矣
吾儕輩落落如晨星 況時危老境耶 其忍相釋於嶺海數百里之外耶
然 彼意懇切 令若以爲不妨 則當擬之

幸通子安 細量示之
退憂 頓

남자안(南子安)[1]이 명주(溟州)로 가서 한가로이 집에서 지내려고 합니다.
우리 또래는 새벽 별처럼 쓸쓸하기만[2] 한데, 하물며 위태로운 시대에 늙어가고 있지 않습니까?
바닷가 천리 밖에서 서로 내버려둘 수 있겠습니까?
그러나 그의 뜻이 간절하니 영감께서 아무렇지도 않다고 여기시면, 응당 그렇게 하도록 하여야 합니다.

바라건대 자안과 연락하시고 상세히 헤아려 알려주십시오.
퇴우(退憂) 올림.

1 남자안(南子安): 남이공(南以恭, 1565~1640)이다. 본관은 의령(宜寧). 호는 설사(雪蓑)이다. 자안(子安)은 그의 자이다. 1590년(선조 23) 증광 문과에 장원급제하여, 대사간, 대사헌, 함경도관찰사, 이조·공조판서를 지냈다.

2 당나라 시인 유우석(劉禹錫)의 「송장관부거시서(送張盥赴擧詩序)」에 "벗들과 어울려 노닐 던 좋을 적에 말고삐를 나란히 하며…, 지금 와서는 마냥 쓸쓸하기가 새벽 별빛이 서로들 멀리서 바라보는 것 같기만 하다(同年友當其盛時, 連轡擧鑣…, 今來落落 如晨星之相望)."는 표현이 있다.

제발

朴承宗 字 孝伯 號 退憂堂 辛酉生
宣廟 丙戌 別第 官 領相 密昌府院君 反正時 自死
　完山 崔成大 士集 書

박승종(朴承宗)의 자는 효백(孝伯), 호는 퇴우당(退憂堂)이다.

신유(1561)년에 태어나[3] 선조(宣祖) 조 병술(1586)에 별시 문과에 급제하였으며, 영의정을 지냈고 밀창부원군(密昌府院君)에 봉하여졌다. 인조반정 때 자결하였다.

　완산(完山) 최성대(崔成大) 사집(士集) 쓰다.

제발자

최성대 崔成大
1691년(숙종 17)~1762년(영조 38)

조선후기 지평, 장령, 춘방대사간 등을 역임한 문신이다.
본관은 전주(全州)이며, 자는 사집(士集)이고 호는 두기(杜機)이다. 최영세(崔永世)의 증손으로, 할아버지는 최항제(崔恒齊)이고, 아버지는 정랑 최수경(崔守慶)이며, 어머니는 이동근(李東根)의 딸이다. 부인은 영원군(靈原君) 이헌(李櫶)의 딸이다.

최성대는 '소북오군자' 이후 18세기 초반 소북의 중심 인물로 임정(任珽, 1694~1750)과 함께 시로 이름이 높았으며, 안산(安山)의 남인(南人), 소북(小北) 사단(詞壇)을 개창한 인물이다.

생애 및 활동사항

음사로 별제(別提)가 되었으며, 1732년(영조 8) 정시(庭試)에 병과로 급제하였다. 세자시강원설서를 거친 후, 1738년(영조 14) 지평을 거쳐 1748년(영조 24) 장령을 지낸 뒤 헌납, 필선, 집의를 거쳐 1754년(영조 30) 승지가 되었고, 1761년(영조 37) 대사간이 되었다. 시문에 뛰어나, 김창흡(金昌翕) 이후의 제일인자라 칭해졌다. 신유한(申維翰)과 친교를 맺고 화답한 것이 많았다. 그의 시 11수를 모아 엮은 『두기시집(杜機詩集)』이 남아 있다.

3 『사마방목(司馬榜目)』 등 공식자료에 의하면 박승종이 태어난 해는 1562년으로 기록되어 있다.

발신자

박승종 朴承宗

1562년(명종 17) ~ 1623년(인조 1)

조선시대 병조판서, 판의금부사, 영의정 등을 역임한 문신이다. 본관은 밀양(密陽). 자는 효백(孝伯), 호는 퇴우당(退憂堂). 박충원(朴忠元)의 증손이다. 할아버지는 판서 박계현(朴啓賢)이고, 아버지는 박안세(朴安世)이며, 어머니는 황림(黃琳)의 딸이다.

생애 및 활동 사항

1585년(선조 18)에 진사가 되고, 다음 해 별시 문과에 병과로 급제하여 1589년 봉교(奉教), 지제교(知製教) · 병조정랑을 역임하고, 1600년 동지사(冬至使)로 명나라에 갔다. 1604년 부제학(副提學), 1607년 병조판서, 1610년(광해군 2) 형조판서를 거쳐 판의금부사(判義禁府事)가 되고, 1618년 우의정으로 도체찰사(都體察使)를 겸하였다. 이어 좌의정이 되고, 이듬해 영의정에 올라 밀양부원군(密陽府院君)에 봉하여졌다. 상위(相位)에 오르자 항상 차고 다니는 주머니 속에 오리알만큼 큰 비상을 넣어두고 말하기를 "불행한 시대를 만나 조석으로 죽기를 기다리는데 어찌 이 물건이 없어서 되겠느냐"하고 번번이 진정하지 못하고 고요한 방안에 한가히 있으면서 흐느껴 울고는 하였다. 앞서 1612년 이이첨(李爾瞻)의 사주로 윤인(尹訒) · 이인경(李寅卿) 일당이 경운궁에 난입, 인목대비(仁穆大妃)를 죽이려 할 때 일신의 위협을 돌보지 않고 수위(守衛)하기를 한결같이 하여 불측한 변을 방비하였으며, 정청(庭請)하는 날에도 끝까지 불참하였고, 1617년 폐모론(廢母論)이 제기되자 극력 반대하였다. 늘 나라일을 생각하며 폭음을 하고 말하기를 "내가 술을 즐겨함이 아니고 속히 죽기를 원하여 그러는 것이다"라고 하였다. 또 시를 짓기를 "한 말로 임금을 깨우칠 수 없고, 만번 죽어 은혜에 보답하여도 오히려 남음이 있겠네"하였는데 이 시가 한때 입으로 전해졌다. 1623년 인조반정 때 미처 일을 자세히 알지 못하고 황급히 성문을 나갔으나 군사를 모으려는 아들의 행동을 중지시키고, 아들 박자흥(朴子興)의 딸이 광해군의 세자빈(世子嬪)으로서 그 일족이 오랫동안 요직에 앉아 권세를 누린 사실을 자책하여, 아들과 같이 한낮에 목매어 자결하였다. 반정 뒤 관직과 작위가 삭탈되고 가산이 몰수되고 가족까지 처벌되었으나 뒤에 신원(伸冤)되었다. 시호는 숙민(肅愍)이다.

21

박홍구朴弘耉 조카의 혼인을 위해 체직遞職 요청

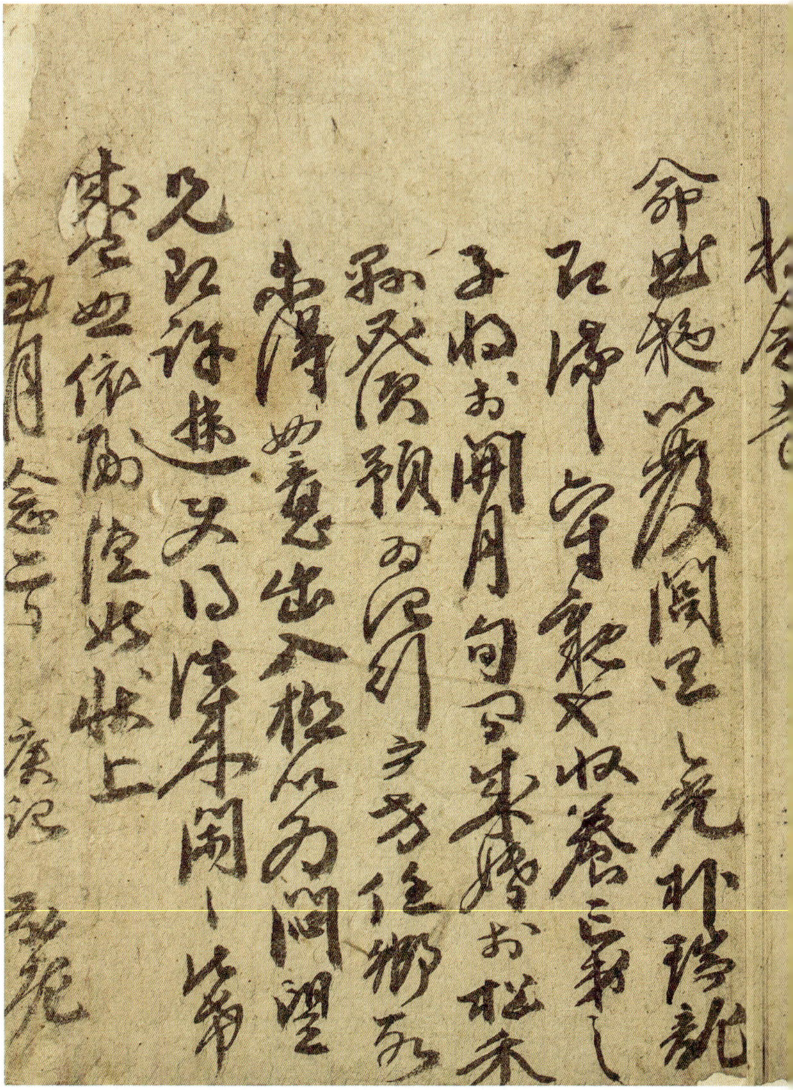

박홍구朴弘耉: 조카의 혼인을 위해 체직遞職 요청
37.1x27.0cm

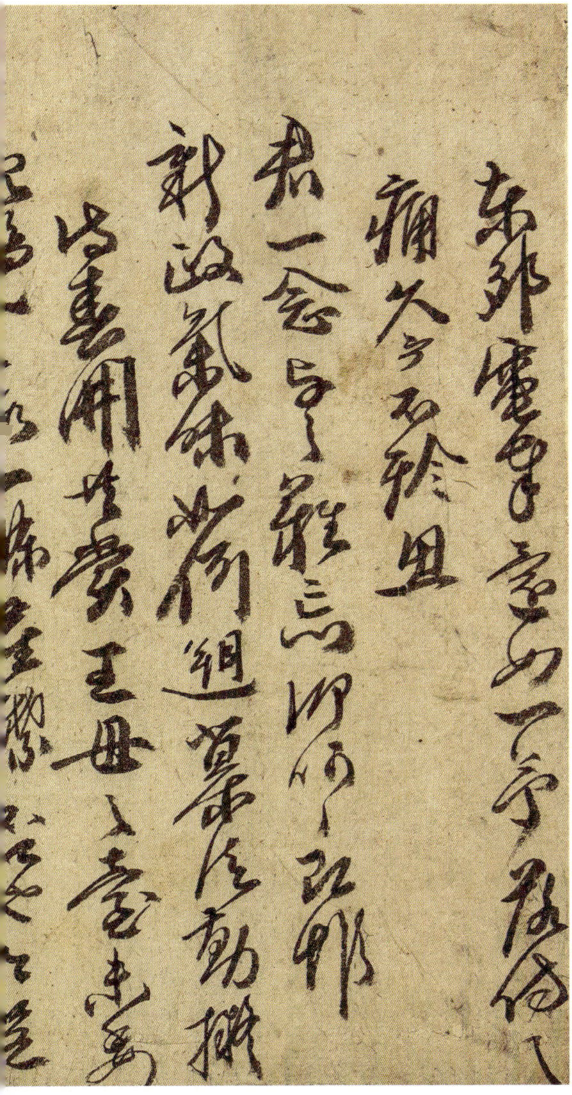

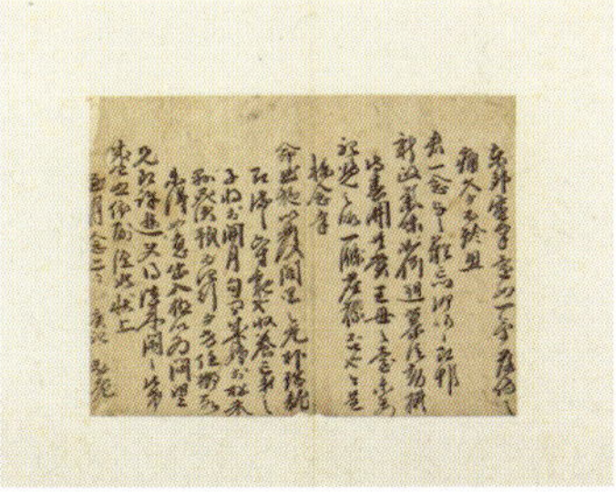

원문

東郊電奉 還如一

予落傷之痛 久而不殄 思君一念 與之難忘 仰呵仰呵

即惟新政 氣味如何 遡慕徒勤

擬待春開共賞 王母之臺 未委 聽覽之暇 一滌塵襟否也

今是稱念 幸命曲施 以發閭里之光

朴瑞龍 卽 僕之六寸親也 收養亡弟之子

將於開月旬間 成婚於松禾縣 必須預爲治行

而方任鄕所 未得如意 出入極以爲悶

望兄卽許遞 使得往來閑閑

伏希盛恕 依副

謹姑狀上

至月 念二日

庚記 弘老

동쪽 교외에서 아주 잠깐 동안 만났지만 오히려 예전과 같았습니다.
저는 낙상(落傷)[1]의 통증이 오랫동안 가시지 않고 있습니다.
이와 더불어 임금을 향한 마음은 잊히기 어려우니 우습기만 합니다.
새로운 정무를 수행하시면서 기미(氣味)[2]는 어떠신지요?
부질없이 그리움만 더합니다.
봄이 오면 경치 좋은 곳[3]으로 모셔서 함께 감상하려고 하였으나 그러지 못하였습니다.
청람(聽覽)[4]에 짬을 내어 속세에 찌든 마음을 한 번 씻어내고자 함이 아니겠습니까?

지금 드리는 이 칭념(稱念)[5]은 알뜰히 시행하도록 하셔서, 마을에 빛이 나게 해주시기 바랍니다.
박서룡(朴瑞龍)은 바로 저의 6촌 친척입니다. 죽은 수양아우[6]의 아들로 다음 달 초열흘에 송화현(松禾縣)에서 혼사를 치르려고 합니다.

---

* 이 편지에는 제발(題跋)이 없다. 그러나 필적이 정확히 일치하는 박홍구의 다른 간찰이 성균관대학교의 『근묵』「인(仁)」에 수록되어있으므로, 박홍구의 친필로 의심의 여지가 없다.

1 낙상(落傷)은 주로 말에서 떨어진 일을 일컫는다.

2 기미(氣味)는 기운과 기분이라는 뜻으로 상대방의 안부를 뜻하는 관용적 표현이다.

3 원문의 왕모지대(王母之臺)는 신선이 사는 곳처럼 아름다운 곳을 말한다. 장형(張衡)의 「사현부(思玄賦)」에 "은대로 서왕모를 찾아가다(聘王母於銀臺兮)"라고 하였는데, 그 주에 "은대는 신선이 사는 곳이다(銀臺 仙人所居也)."라고 하였다. 『후한서』「장형열전(張衡列傳)」에 나온다.

4 청람(聽覽)은 '듣고 보는 일'로 정무를 행하는 것을 말한다. 진(晉)나라 반악(潘嶽)의 「서정부(西征賦)」에 "청람의 겨를에 농사일을 살핀다(聽覽餘日 巡省農功)."라고 하였고,『북사』「위기(魏紀)」에는 "정사의 청람이 물 흐르듯 선(善)을 따른다(聽覽政事 從善如流)."라는 표현이 있다.

5 칭념(稱念)은 관원이 외방에 나아갈 때 고관들이 사적으로 은근히 부탁하는 것과 같은 청탁을 말한다.

6 수양(收養)은 남의 자식을 맡아 제 자식처럼 기른다는 뜻인데, 뒤에 아우(弟)가 붙어 이렇게 번역하였다.

반드시 미리 행장을 챙겨주어야 하는데, 지금은 향소(鄕所)[7]를 맡고 있어 여의치 않으며, 들고 나는 것이 모두 무척 고민스럽습니다.

바라건대, 그대께서 체직(遞職)을 허락하셔서 여유롭게 오갈 수 있도록 하여주십시오.

성대하게 관용을 베풀어주셔서 저의 바람에 부응해주시기 바라며, 삼가 이렇게 글을 올립니다.

동짓달 22일

경기(庚記)[8] 홍로(弘老)[9]

---

7 향소(鄕所)는 조선시대 풍속을 바로잡고, 향리를 감찰하며, 민간에 정령을 전달하고 민의를 대변하던 고을수령의 자문 기관이다. 향청(鄕廳)이라고도 한다. 참고로 향소는 서원(書院) · 향교(鄕校)와 함께 삼소(三所)의 하나로 꼽혔다.

8 경기(庚記)는 동연배로 잊지 않고 기억해주는 사이라는 뜻이다.

9 홍로(弘老)는 박홍구(朴弘耉)의 초명이다.

발신자

박홍구 朴弘耉

1552년(명종 7) ~ 1624년(인조 2)

조선시대 이조판서, 지중추부사, 판중추부사 등을 역임한 문신이다. 본관은 죽산(竹山). 초명은 박홍로(朴弘老), 자는 응소(應邵), 호는 이호(梨湖). 영의정 박원형(朴元亨)의 5대손으로, 할아버지는 박수(朴洙)이고, 아버지는 도정(都正) 박난영(朴蘭英)이며, 어머니는 남대년(南大年)의 딸이다.

생애 및 활동 사항

1576년(선조 9)에 진사가 되고 1582년 식년 문과에 갑과로 급제해 이듬해 사간원정언(司諫院正言)이 되었다. 1590년 사헌부장령(司憲府掌令), 1593년 홍문관교리(弘文館校理)가 되었으며, 군량미 조달을 위해 전라도에 조도어사(調度御史)로 파견되었다. 1595년 홍문관응교(弘文館應教)로 승진해 시독관(侍讀官)을 겸했으며, 우승지를 거쳐 충청도관찰사로 나갔다. 이듬해 전라도관찰사가 되어 부족한 군량미 확보에 힘을 다하였다. 1597년 첨지중추부사, 대사성 · 도승지를 거쳐 병조참판이 되었다. 이듬해 평안도관찰사로 다녀와 1599년 다시 병조참판이 되었고, 도승지 · 대사간 등을 역임하였다. 1601년에는 대사헌, 호조참판 · 동지의금부사를 거쳐 진하부사(進賀副使)로 명나라에 파견되었다. 이듬해 돌아와 홍문관부제학(弘文館副提學)이 되어 『황화집류(皇華集類)』를 편찬하였다. 1603년 행대사헌 · 지중추부사를 역임하고 이듬해 이조판서, 1605년 형조판서, 1606년 상호군(上護軍)이 되었는데, 형조판서 재직 때 죄인 관노의 추국(推鞫)을 철저히 하지 않고 매듭지은 일로 사헌부의 탄핵을 받았다. 1607년 병조판서, 지중추부사가 되어 지춘추관사(知春秋館事)와 지경연사(知經筵事)를 겸했으며, 이듬해 선조가 죽자 빈전도감제조(殯殿都監提調)가 되었다. 1609년(광해군 1) 호조판서, 병조판서가 되었고, 이듬해 좌찬성에 승진하여 가례도감제조(嘉禮都監提調)를 겸하였다. 1618년 우의정, 이듬해 좌의정이 되어 시약청도제조(侍藥廳都提調)를 겸하였다. 이어서 판중추부사가 되었으나 1623년 인조반정으로 삭직당하였다. 이듬해 이괄(李适)의 난 때 광해군을 태상왕으로 모시고 인성군(仁城君)을 추대하려 한다는 복위 음모와 관련, 역모죄로 사사(賜死)되었다. 1691년(숙종 17) 신원(伸寃)되었다.

22

조정趙挺 수원 관아에 있는 아들(趙有道)에게 보내는 편지

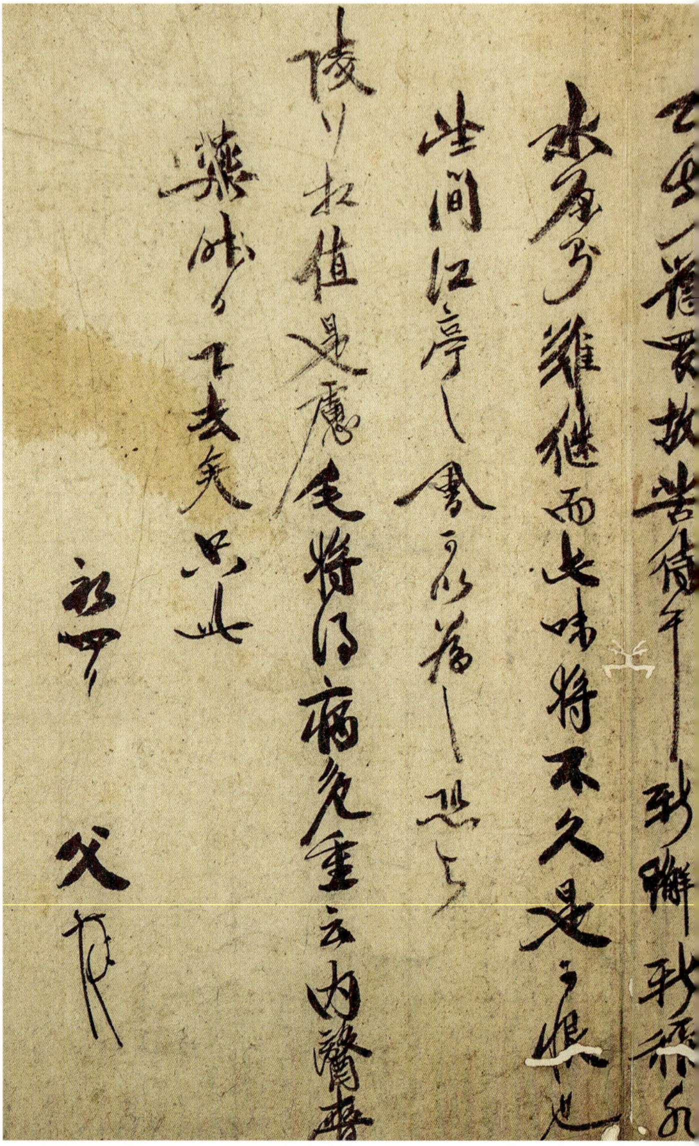

조정趙挺: 수원 관아에 있는 아들 趙有道에게 보내는 편지
36.5x32.3cm

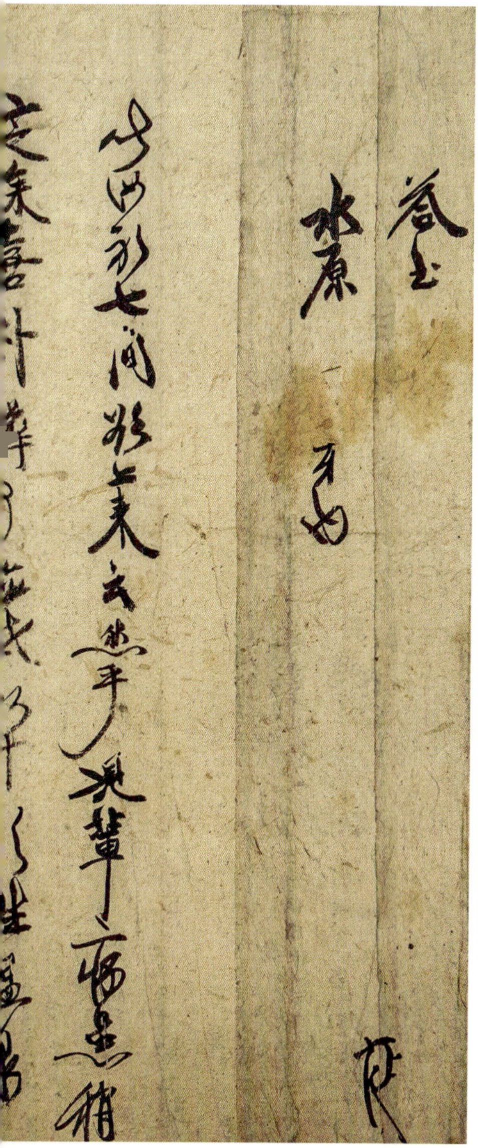

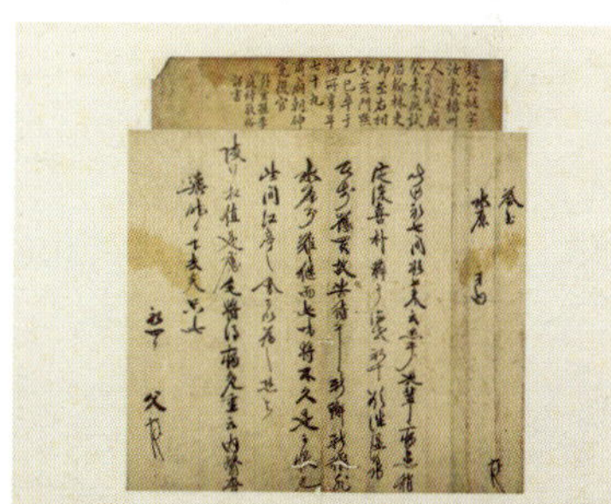

원문

答上*

水原 牙內　　手決

聞汝初七日間 欲上來云 然乎

兒輩病患 稍定 深喜

朴曄 事海戍 初十欲往溫泉 其於議四文 故苦待耳

新鰣新稻 非水原 則難繼 而此味將不久 是可恨也

望間江亭之會 可以爲之恐 與陵行相値 是慮

毛將得病危重云 內醫賚藥 昨日下去矣

只此

初四日 父　　手決

* 이 편지는 조정(趙挺)이 아들 조유도(趙有道, 1585~?)에게 보낸 편지이다. 조유도는 1610년 식년 문과에 급제하였으며, 1623년을 전후하여 수원 부사(水原府使)를 지냈다.

답장

수원 관아에　　　수결(手決)

듣자니, 초이레 쯤 올라오려고 한다는데, 그러한가?

아이들의 병이 조금 진정되었다고 하니 무척 기쁘구나.

해수(海戍)[1]를 지냈던 박엽(朴曄)[2]이 초열흘날 온천에 가려고 한다.

사문(四文)[3]을 논의하려고 하니 무척 기다려지는구나.

새 옷[4]과 새 쌀로 빚은 술은 수원에서 계속하여 잇기 어렵고, 이 즐거움은 오래 지속되지 못할 것이어서, 이것이 안타깝다.

보름 쯤 강변 정자에서 모임을 가지려고 하는데, 능행(陵行) 날짜와 공교롭게 겹치게 될까봐 걱정스럽구나.

모(毛)장군[5]의 병환이 위중하다고 하여, 내의원(內醫院) 의관(醫官)이 약을 가지고 어제 내려갔다.

이만 줄인다.

초사흗날에 애비가.　　　수결(手決)

---

1 해수(海戍)의 수(戍)는 변방을 지키는 일을 말한다. 박엽이 황해도병마절도사를 역임하였기 때문에 이렇게 쓴 듯하다.

2 박엽(1570~1623)에 대한 기록은 자료마다 제각기 상이하다. 심지어 신빙성이 있는 문헌에서 이름까지 엽(燁)과 엽(曄)이 혼용되어 있다. 이는 박엽이 인조반정 때 부임지에서 처형되어 효시(梟示)된 것과 관련이 있어 보인다. 박엽의 본관은 반남(潘南), 자는 숙야(叔夜), 호는 약창(葯窓)이다. 1597년 별시 문과에 급제하여 해남현감, 황해도병마절도사, 평안도관찰사 등을 역임하였다.

3 사문(四文)은 사록(四祿), 사탐(四貪) 등과 같이 풍수에 관련된 것 같은데 미상이다.

4 원문의 신해(新解)는 세탁한 새 옷이라는 뜻으로 쓰인다.

5 모(毛)장군: 명나라 장군 모문룡(毛文龍)이다. 1622년 철산 가도(椵島)에 진을 치고 우리 조정이 후금을 치도록 강요하였으며, 원숭환(袁崇煥)에게 피살되었다.

제발

趙公 挺 字 汝豪 楊州人
宣廟 癸未 庭試 丙戌 重試 歷 翰林 吏郎 至右相 癸亥 門黜 己巳 卒于謫所 享年 七十九
肅廟朝 伸冤 復官
外玄孫 李庭綽 敬裕 謹書

조(趙) 공 정(挺)의 자는 여호(汝豪), 본관은 양주(楊州)이다.
선조(宣祖) 조 계미(1583)년 정시에 급제하고 병술(1586)년 중시(重試)에 합격하여, 한림(翰林)과 이조정랑(吏郎)을 역임하였으며, 우의정에 이르렀다. 계해(1623)년에 유배를 떠나 기사(1629)년 유배지에서 향년 79세로 세상을 떠났다.
숙종(肅宗) 조에 신원(伸冤)되고 복관(復官)되었다.
외현손 이정작(李庭綽) 경유(敬裕) 삼가 쓰다.

제발자

이정작 李庭綽

1678년(숙종 4)~1758년(영조 34)

조선후기 도승지, 이조참판, 공조참판 등을 역임한 문신이다.
본관은 전주(全州)이며, 자는 경유(敬裕 또는 景裕)이고, 호는 회헌(晦軒)이다. 이제가(李際可)의 증손으로, 할아버지는 이사량(李四亮)이다. 아버지는 이만봉(李萬封)이며, 어머니는 조익구(趙益九)의 딸이다. 어려서부터 재지가 뛰어나서 문장으로 이름이 높았다.
이정작은 송질, 윤휘정(尹彙貞, 1676~?), 엄경하(嚴慶遐, 1678~1739), 엄경수(嚴慶遂, 1672~1718)와 함께 '소북오군자'의 한 사람이다. 이정작의 누이는 남근명(南近明)과 혼인하여 남태기(南泰耆, 1699~1763)를 낳았다. 이정작의 장녀는 송질의 조카인 송제우(宋濟愚)와 혼인하였다.

생애 및 활동사항

1714년(숙종 40) 증광문과에 을과로 급제하여 대교에 임명되었다. 이어서 수찬과 전적을 역임하고, 1727년(영조 3) 중시문과에 장원급제하여 통정대부(通政大夫)의 계(階)에 올랐다. 병조참의와 예조참의를 지낸 뒤, 1732년 진주목사가 되었다.
성품이 청렴하여 지방의 관원이 되어서는 삼정(三政: 군정 · 전정 · 환곡)을 단속하여 아전들의 농간을 없애고 부세를 경감하여 농민들의 질고를 덜어주었다. 1752년 도승지를 지내고 이어서 이조 · 형조 · 공조 등의 참판을 차례로 역임하였다. 퇴임한 뒤에는 자질들의 교육에 힘썼다. 저서로는 한문소설인『옥린몽(玉麟夢)』15권이 있다.

발신자

조정 趙挺

1551년(명종 6)~1629년(인조 7)

조선시대 우참찬, 형조판서, 우의정 등을 역임한 문신이다. 본관은 양주(楊州), 자는 여호(汝豪), 호는 한수(漢叟) · 죽천(竹川)이다. 조수견(趙壽堅)의 증손으로, 할아버지는 조방보(趙邦俌)이고, 아버지는 조충수(趙忠秀)이며, 어머니는 양윤형(梁允亨)의 딸이다.

생애 및 활동 사항

1582년(선조 15) 진사가 되고, 이듬해 정시문과에 을과로 급제, 사관(史官)으로 등용되었으며, 1586년 사정으로서 다시 문과중시에 병과로 급제하였다. 그 뒤 예문관 · 홍문관에 등용되고, 이어 수찬 · 교리를 거쳐 정언이 되었다. 1592년 임진왜란이 일어나자 보덕으로 세자를 호종(扈從)하였고, 그 뒤 전적 · 필선을 거쳐 회양부사 · 광주목사(廣州牧使) · 남양부사 · 안변부사로 나아갔다. 그 뒤 호조판서 · 대사간 · 동부승지 · 부제학 · 동지중추부사 · 대사성, 이조 · 호조 · 형조의 참판 및 지의금부사 · 대사헌 등을 두루 역임하였다. 1601년 성절사(聖節使)로 명나라에 다녀와 한성판윤이 되고, 1609년 형조판서로 또 다시 성절사가 되어 명나라에 다녀왔다. 이어 우참찬 · 형조판서 · 우의정을 역임하였고, 형난공신(亨難功臣) 2등에 책록되었으며, 한천군(漢川君)에 봉해졌다.

1623년 인조반정이 일어난 뒤 광해군을 가리켜 '전주(前主)'라 하였다 하여 대간의 탄핵을 받아 관작을 삭탈당하였고, 이어 광해군 때 공신이 되었다는 죄목이 가중되어 1628년 해남에 유배된 후, 풍토병에 시달리다가 이듬해 죽었다. 1675년(숙종 1) 신원(伸寃)되었고, 저서로는 『동사보유(東史補遺)』가 있다.

황각필한黃閣筆翰
곤巛

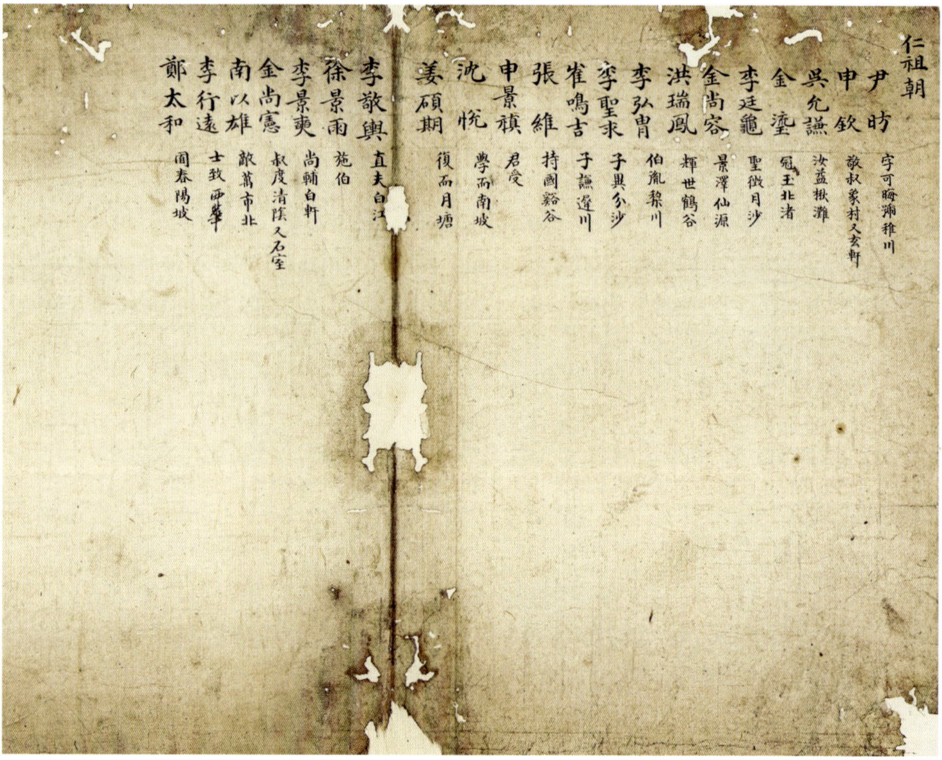
仁祖朝
尹昉 字可晦 號稚川
申欽 敬叔 象村 又玄軒
吳允謙 汝益 楸灘
金瑬 冠玉 北渚
李廷龜 聖徵 月沙
金尚容 景擇 仙源
洪瑞鳳 輝世 鶴谷
李弘胄 伯胤 梨川
李聖求 子異 分沙
崔鳴吉 子謙 遲川
張維 持國 谿谷
申景禛 君受
沈悅 學而 南坡
姜碩期 復而 月塘
李敬輿 直夫 白江
徐景雨 施伯
李景奭 尚輔 白軒
金尚憲 叔度 清陰 又石室
南以雄 敵萬 市北
李行遠 士致 西華
鄭太和 囿春 陽坡

황각필환 黃閣筆翰 곤巛 목차
59.5x44.2cm

仁祖朝	
尹　昉	字可晦號稚川
申　欽	敬叔象村又玄軒
吳允謙	汝益楸灘
金　瑬	冠玉北渚
李廷龜	聖徵月沙
金尙容	景澤仙源
洪瑞鳳	輝世鶴谷
李弘胄	伯胤梨川
李聖求	子異分沙
崔鳴吉	子謙遲川
張　維	持國谿谷
申景禛	君受
沈　悅	學而南坡
姜碩期	復而月塘
李敬輿	直夫白江
徐景雨	施伯
李景奭	尙輔白軒
金尙憲	叔度淸陰又石室
南以雄	敵萬市北
李行遠	士致西華
鄭太和	囿春陽坡

인조조	
윤방	자는 가회, 호는 치천.
신흠	자는 경숙, 호는 상촌 또는 현헌.
오윤겸	자는 여익, 호는 추탄.
김류	자는 관옥, 호는 북저.
이정귀	자는 성징, 호는 월사.
김상용	자는 경택, 호는 선원.
홍서봉	자는 휘세, 호는 학곡.
이홍주	자는 백윤, 호는 이천.
이성구	자는 자이, 호는 분사.
최명길	자는 자겸, 호는 지천.
장유	자는 지국, 호는 계곡.
신경진	자는 군수.
심열	자는 학이, 호는 남파.
강석기	자는 복이, 호는 월당.
이경여	자는 직부, 호는 백강.
서경우	자는 시백.
이경석	자는 상보, 호는 백헌.
김상헌	자는 숙도, 호는 청음 또는 석실.
남이웅	자는 적만, 호는 시북.
이행원	자는 사치, 호는 서화.
정태화	자는 유춘, 호는 양파.

23 윤방尹昉 참판댁에 보내는 제사 준비 편지

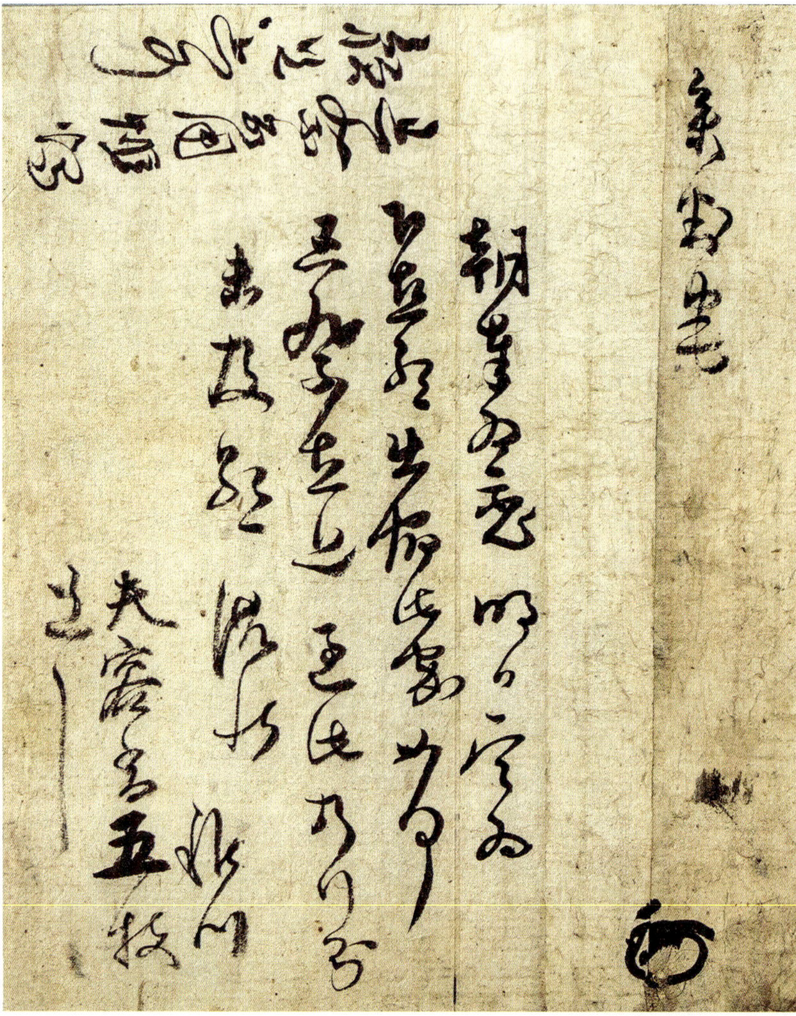

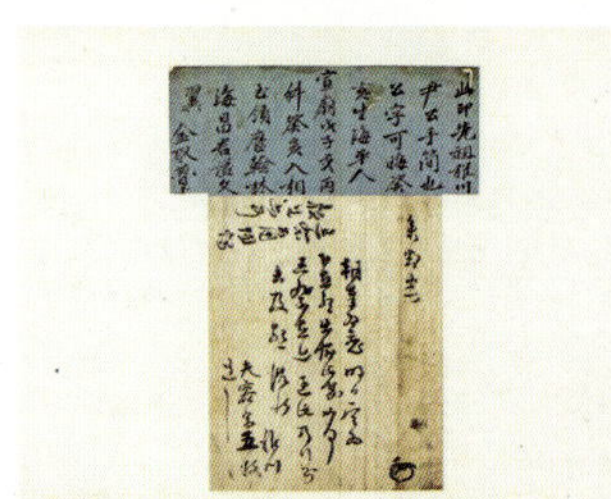

윤방 尹昉: 참판댁에 보내는 제사 준비 편지
20.0x24.6cm

원문　參判宅　　手決

朝奉爲戀 明日定爲下直耶 出宿此家如何

忌祭在近 至此乃行 則未及耶

　謹狀　稚川

夫容香 五枚 送之

忌祭所用 炬燭 預送亦可

참판댁(參判宅)　　수결(手決)

아침에 뵙고도[1] 아쉽기만 합니다.
내일 하직(下直)할[2] 작정이십니까?
저희 집에서 묵으시는 것은 어떠신지요?
기제(忌祭)가[3] 가까운데, 이제야 떠나게 되면 미처 도착할 수 없지 않겠습니까?
삼가 씁니다.　치천(稚川)

부용향(芙蓉香)[4] 다섯 매 보냅니다.
기제사에 쓸 횃불과 촛불을 미리 보내는 것도 괜찮을 것입니다.

1 원문의 조봉(朝奉)은 조정에서의 조회나 중국 사신의 접대 등 다양한 뜻을 가진 단어이다. 여기서는 전후사정을 알 수 없어 사전적 의미로 번역하였다.
2 하직(下直)은 먼 길을 떠날 때에 웃어른께 작별을 아뢰거나, 서울을 떠나는 벼슬아치가 임금께 작별을 아뢰는 것을 말한다. 여기서는 후자로 보인다.
3 기제(忌祭)는 탈상 뒤 해마다 사람이 죽은 날, 즉 기일(忌日)에 지내는 제사(祭祀)를 말한다.
4 원문의 부용(夫容)은 부용(芙蓉)의 속자로 사용되었다.

제발

此卽先祖 稚川 尹公 手簡也
公 字 可晦 癸亥生 海平人
宣廟 戊子 式丙科 癸亥 入相 至領 歷翰林 海昌君 諡文翼
金取魯 書

이것은 바로 선조 치천(稚川) 윤(尹) 공의 편지이다.
공의 자는 가회(可晦)이며, 계해(1563)년 생으로 본관은 해평(海平)이다.
선조(宣廟) 조 무자(1588)년 식년문과에 병과로 급제하였으며, 계해(1623)년 정승의 반열에 올라 영의정에 이르렀다.
한림(翰林)을 지냈으며 해창군(海昌君)[5]에 봉해졌고, 시호는 문익(文翼)이다.
김취로(金取魯) 쓰다.

제발자

김취로 金取魯

1682년(숙종 8)~1740년(영조 16)

조선후기 호조판서를 역임한 문신이다.
본관은 청풍(淸風). 자는 취사(取斯). 공조정랑 김극형(金克亨)의 증손으로, 할아버지는 관찰사 김징(金澄)이고, 아버지는 이조참판 김유(金楺)이며, 어머니는 송박(宋搏)의 딸이다. 좌의정 김약로(金若魯)와 영의정 김상로(金尙魯)의 형이다.
김취로는 송질의 4촌으로 송질의 고모가 김취로, 김약로, 김상로의 아버지인 김유와 혼인하였다.

생애 및 활동사항

1707년(숙종 33) 성균관생으로서 김장생(金長生)을 문묘에 종사(從祀)할 것을 상소하였다. 1710년 증광 문과에 병과로 급제, 1713년 설서(說書)가 되고 이듬해 정언(正言)이 된 뒤, 문학 · 지평(持平) · 부수찬(副修撰) · 수찬 · 부교리(副校理) 등을 역임하였다. 1723년(경종 3) 신임사화로 울산에 유배되었다가 이듬해 영조의 즉위로 풀려나 1725년에 승지에 이어 평

5 윤방은 해창군(海昌君)에 봉해졌다가, 영의정이 되고 숙부 윤근수(尹根壽)의 봉호인 해평부원군(海平府院君)을 습봉(襲封)하였다.

안도관찰사 · 대사헌 · 우윤 · 대사간 · 도승지 등을 역임하였다.

이듬해 전라도관찰사에 임명되었으나, 할아버지 김징(金澄)이 전에 관찰사로 재직 중 탄핵받았던 곳임을 들어 사직하였다. 그 뒤 대사성 · 동지의금부사를 거쳐 1729년에 함경도관찰사가 되었으며, 이어서 판윤을 거쳐 다시 평안도관찰사가 되었다.

1731년에 병조판서, 이듬해에 예조판서, 1733년에 이조판서가 된 뒤 동지성균관사 · 지경연사(知經筵事) · 수어사(守禦使) · 좌빈객(左賓客) 등을 거쳐 1737년에 호조판서가 되었으나, 당쟁으로 파직당하고, 무주에 유배되었다. 시호는 충헌(忠獻)이다.

발신자

윤방 尹昉

1563년(명종 18)~1640년(인조 18)

조선시대 형조판서, 우참판, 영의정 등을 역임한 문신이다. 본관은 해평(海平), 자는 가회(可晦), 호는 치천(稚川)·사용(司勇), 윤희림(尹希琳)의 증손으로, 할아버지는 국자감정 윤변(尹忭)이다. 아버지는 영의정 윤두수(尹斗壽)이며, 어머니는 관찰사 황기(黃琦)의 손녀로 참봉 황대용(黃大用)의 딸이다. 이이(李珥)의 문인이다.

생애 및 활동 사항

1582년(선조 15) 진사가 되고 1588년 식년문과에 병과로 급제하여 승문원정자에 임명되고, 예문관검열 겸 춘추관기사관을 거쳐 봉교·예조좌랑이 되었다.

1592년 임진왜란으로 아버지가 재상으로 다시 기용되자, 예조정랑으로 발탁되어 선조를 호종하였다. 이후 아버지가 다시 파직당하자 스스로 파직을 요청해 관직에서 물러났으나 곧 군기시첨정에 제수되었다. 1597년 정유재란이 일어나자 순안독찰(巡按督察)이 되어 군량 운반을 담당하였으며, 철원부사를 거쳐 동부승지로 승진되었다. 1601년 동지사(冬至使)로 명을 다녀와서 곧 해평부원군(海平府院君)에 봉해졌다. 1608년 광해군이 즉위하자 형조판서가 되고, 이듬해 겸지춘추관사로 『선조실록』 편찬에 참여했다. 1618년(광해군 10) 인목대비(仁穆大妃) 폐모론 때 탄핵을 받자 사직하였다.

1623년 인조반정 후 예조판서로 등용되었고 이어 우의정과 좌의정을 역임한 후 1627년(인조 5)에 영의정이 되었다. 그해 정묘호란이 일어나자 인조의 피난을 주장해 강화도로 호종하였다. 1631년 다시 영의정이 되었다. 1636년(인조 14) 병자호란이 일어나자 묘사제조(廟社提調)로서 40여 신주(神主)를 모시고 강화도로 피난하였다. 그러나 신주 봉안에 잘못이 있었다는 탄핵을 받아 1639년 연안으로 유배되었다가 2개월 후 풀려나 다시 영중추부사에 기용되었다.

문장이 뛰어났으며 효성이 지극하였다. 저서로는 『치천집』이 있다. 시호는 문익(文翼)이다.

24

신흠申欽 보내준 음식에 대한 감사

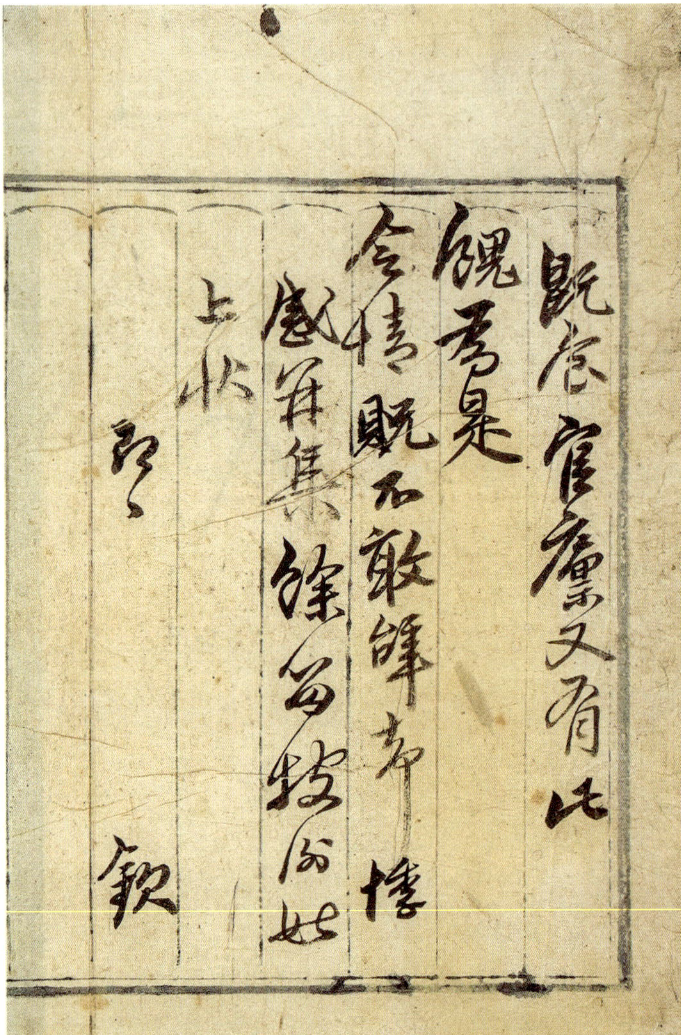

신흠 申欽: 보내준 음식에 대한 감사
16.7x24.8cm

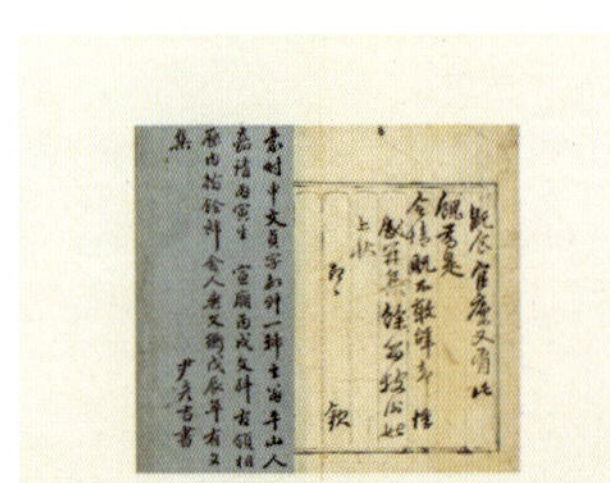

원문

旣食官廩 又有此饋 爲是令情貺
不敢辭却 悖感幷集

餘留披謝 姑上狀
　卽日　欽

일찍이 관아의 곡식을 먹었는데, 또 이렇게 음식을 보내주셨으니, 이는 영감께서 정(情)으로 베풀어 주신 것이어서 감히 사양하여 물리치지 못하였습니다.
가슴이 두근거리고 감동이 아울러 밀려옵니다.

만나 뵙고 감사를 여쭙기로 하고,
이만 글을 올립니다.
　받은 날에, 흠(欽).

제발

象村 申 文貞 字 敬叔 一號 玄翁 平山人 嘉靖 丙寅生
宣廟 丙戌 文科 官 領相 歷 內翰 銓郞 舍人 典文衡 戊辰 卒 有文集
尹彦吉 書

상촌(象村) 신(申) 문정(文貞) 공의 자는 경숙(敬叔), 일호(一號)는 현옹(玄翁)이다.
본관은 평산(平山)이다. 가정(嘉靖) 병인(1566)년에 태어나 선조(宣祖)조 병술(1586)년 문과에 급제하였으며, 영의정을 지냈다.
내한[內翰 한림(翰林)], 전랑(銓郞), 사인(舍人), 전문형(典文衡)을 역임하였으며, 무진(1628)년 세상을 떠났다. 문집을 남겼다.
윤언길(尹彦吉) 쓰다.

제발자

윤언길 尹彦吉, 彙貞
1676년(숙종 2)~ 미상

윤언길은 윤휘정으로 조선후기 홍문관수찬, 사간원정언, 사간원헌납 등을 역임한 문신이다. 본관은 파평(坡平). 자는 언길(彦吉). 충청도관찰사 윤지경(尹知敬)의 증손으로, 할아버지는 윤집(尹鏶)이다. 아버지는 이조 · 병조판서를 지낸 윤심(尹深)이며, 어머니는 송석복(宋錫福)의 딸이다. 부인은 민정매(閔挺梅)의 딸이다.
윤휘정은 송질, 엄경하(嚴慶遐, 1678~1739), 엄경수(嚴慶遂, 1672~1718), 이정작(李庭綽, 1678~1758)과 함께 '소북오군자'의 한 사람이다.

생애 및 활동사항

1722년(경종 2) 통덕랑(通德郞)으로서 정시문과에 을과로 급제하였다. 1724년(영조 즉위년) 사간원정언, 홍문관수찬을 지내면서 신임옥사에 관련된 소론 일파를 탄핵 논죄하였다.
1728년(영조 4) 이인좌(李麟佐)의 난이 일어났을 때 문경현감으로 있었는데, 며칠 동안 관아를 비우고 돌아오지 않았으므로 탄핵을 받고 압송되었으나 방면되었다. 홍문관의 부수찬 · 수찬 · 교리, 사간원정언을 역임하였다. 한 때 당직을 소홀히 하여 위원군수로 좌천되었으나 서용되어 사간원헌납을 지내고, 참판에 올랐다.

발신자

신흠 尹昉

1566년(명종 21) ~ 1628년(인조 6)

조선시대 예조참판, 자헌대부, 예조판서 등을 역임한 문신이다. 본관은 평산(平山). 자는 경숙(敬叔), 호는 현헌(玄軒)·상촌(象村)·현옹(玄翁)·방옹(放翁). 할아버지는 우참찬 신영(申瑛), 아버지는 개성도사 신승서(申承緖)이다. 어머니는 은진송씨(恩津宋氏)로 송기수(宋麒壽)의 딸이다.

생애 및 활동 사항

1586년 승사랑(承仕郎)으로서 별시문과에 병과로 급제하였다. 1583년 종9품직인 성균관학유에 제수되었고, 곧 경원훈도(慶源訓導)·광주훈도(廣州訓導)·사재감참봉이 되었다. 1589년 예문관봉교·사헌부감찰·병조좌랑 등을 역임하였다. 1592년 임진왜란시 신립(申砬)을 따라 조령전투에 참가, 도체찰사(都體察使) 정철(鄭澈)의 종사관으로 활약하여 지평(持平)에 승진되었다. 1593년 이조좌랑에 체직, 지제교(知製教)·승문원교감을 겸대하였다. 1594년 이조정랑에서 사복시첨정으로 승진했으며, 곧 집의(執義)에 초수(超授) 되었다. 1595년 함경도어사·의정부사인을 거쳐 장악원정(掌樂院正)·성균관사예(成均館詞藝)·종부시정·홍문관교리·홍문관응교·의정부사인·홍문관전한(弘文館典翰)을 역임하였다. 1599년 형조참의 겸 승문원부제조를 거쳐 병조참지·우부승지·이조참의·예조참의·대사간·병조참의를 역임하였다. 1601년 가선대부(嘉善大夫)에 승자되고 곧 예문관제학이 되었다. 1602년 오위도총부부총관을 거쳐 예조참판에 발탁되었다. 이어서 병조참판·홍문관부제학·성균관대사성·도승지·예문관제학·병조참판·도승지를 역임하였다. 1604년에 자헌대부(資憲大夫)에 오르면서 한성부판윤이 되었고, 그 뒤 병조판서·예조판서·상호군(上護軍)·경기관찰사 등을 역임하였다. 1608년(광해군 즉위년) 한성부판윤·예조판서 역임, 이듬해 주청사가 되어 명나라에 다녀온 공로로 숭정대부(崇政大夫)가 되었으며, 1610년에는 동지경연사·동지성균관사·예문관대제학을 겸대하였다. 그러나 1616년 인목대비(仁穆大妃)의 폐비 관련하여 춘천에 유배되었으며, 1621년에 사면되었다. 1623년(인조 즉위년) 3월 이조판서 겸 예문관·홍문관의 대제학에 중용되었고, 같은 해 7월에 우의정에 발탁되었다. 1627년 정묘호란시 좌의정으로 세자를 수행하고 전주로 피난했다. 같은 해 9월 영의정에 오른 후 죽었다. 1651년(효종 2) 인조묘정에 배향되었다. 시호는 문정(文貞)이다.

25

오윤겸吳允謙 호조판서에게 청淸사행 업무를 협의하는 편지

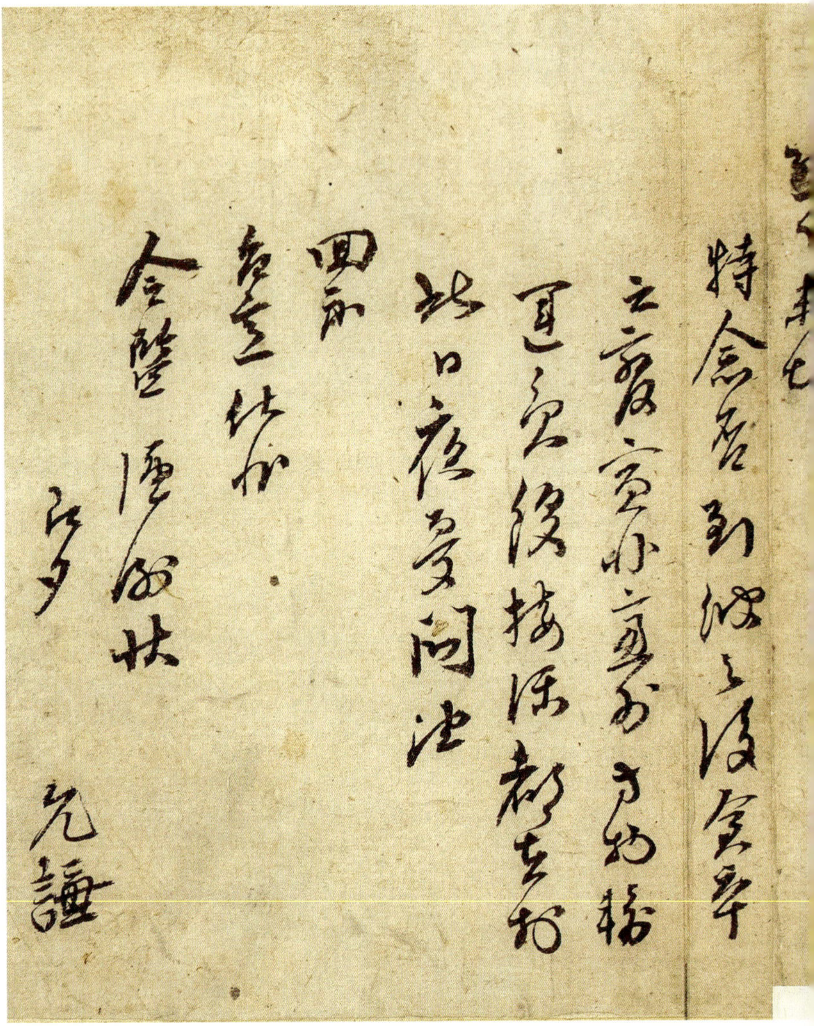

오윤겸 吳允謙: 호조판서에게 청淸사행 업무를 협의하는 편지
43.8x23.9cm

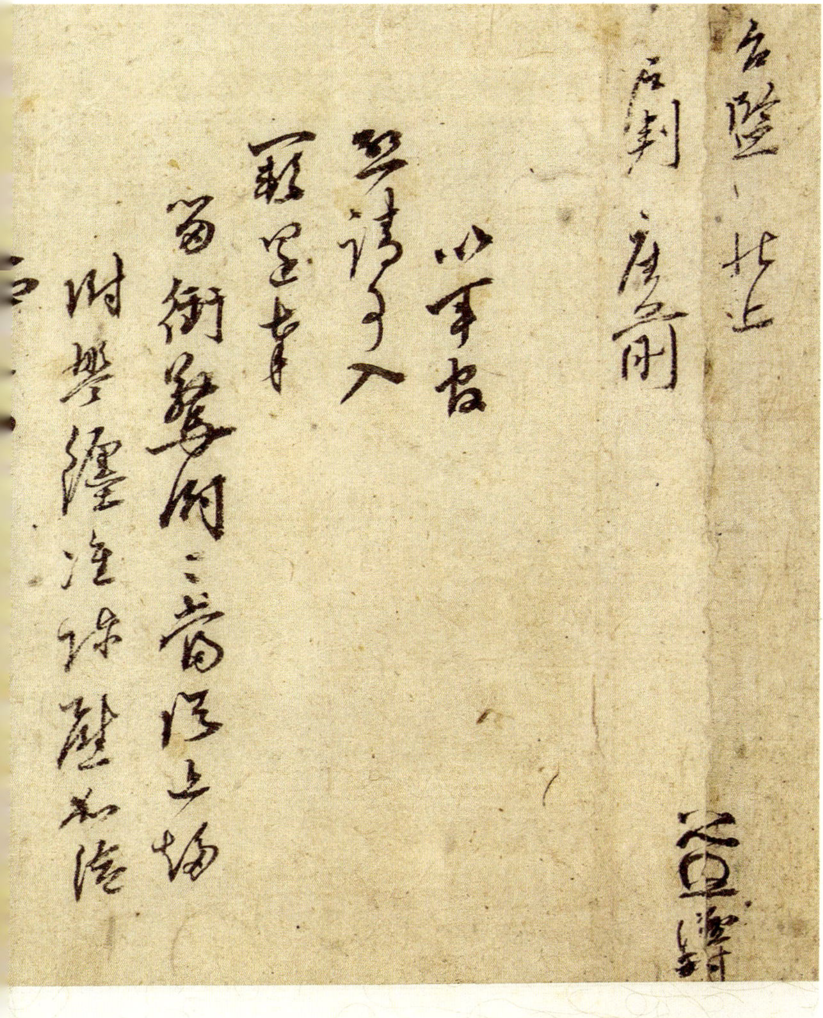

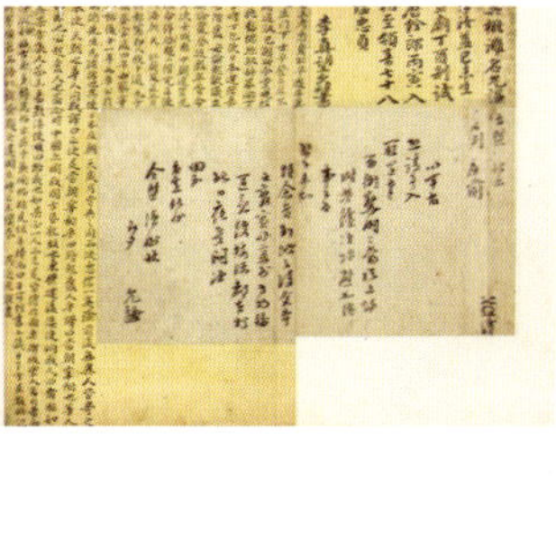

원문

台監 狀上

戶判 座前　　　　　手決　謹封

以軍官 啓請事 入闕 遂奉留銜 驚謝 驚謝

當從上趨謝

盤纏 准陳慰 加給事 已爲啓下 未知特念否

到彼之後 倉卒之變 實非慮外

方物輸運 員役接活 都在於此 日夜憂悶

望回示台意

伏惟令監 謹謝狀

 卽夕 允謙

대감께 올리는 글

호조판서 앞　　　　수결(手決)　근봉(謹封)

군관(軍官)으로 임명해 주기를 계청(啓請 임금에게 아뢰어 청함)하는 일로 입궐하였다가 마침내 남겨두신 명함을 보았습니다.

놀랍고 감사한 마음 이를 데 없습니다.

당연히 따르는[1] 마음으로 만나 뵈어야겠지요.

반전(盤纏)[2]을 진위(陳慰)[3]에 준하여 더 지급하는 일은 이미 계하(啓下)[4] 하였습니다.

특별히 염두에 두신 것 같습니다.

저쪽에 도착한 후 갑작스레 생긴 변고는 사실 예상하지 못한 일이 아닙니다.

방물(方物)[5]의 운반은 원역(員役)[6]의 일로 모두 여기에 달려있어 밤낮으로 걱정하고 있습니다.

대감의 생각을 다시 알려주시기 바랍니다.

영감께서 살펴주시기 바라며, 삼가 답장을 올립니다.

편지 받은 날 저녁에.　윤겸(允謙)

---

1 원문의 종상(從上)은 윗사람을 좇는다는 의미이다. 『주역(上經)』「상경(周易)」에, "상에 이르기를, 옛 덕을 간직하니 윗사람을 따르면 길하다(象曰 食舊德 從上 吉也)."하였다.

2 반전은 노자(路資)의 뜻이다. 관리가 출장을 갈 때 지급하는 금전으로 여겨진다.

3 진위는 청나라 국상(國喪)에 조문하는 사신의 일을 의미한다.

4 계하는 임금의 재가(裁可)를 받음을 의미한다.

5 방물은 조선시대에 감사(監司)나 수령(守令)이 임금께 바치는 그 고장의 산물(產物), 또는 사신 편으로 중국에 보내던 우리나라의 물품을 말한다. 여기서는 후자이다.

6 원역은 서리(書吏), 창고지기(庫直고직), 사령(使令) 등을 일컫는 말이다. 여기서는 정관(正官) 이외의 잡직(雜職)을 통칭한다.

제발 1

吳楸灘 名 允謙 字 汝益 己未生
宣廟 丁酉 別試 歷 銓郎 丙寅 入相 至 領 壽 七十八 謚 忠貞
李眞望 久叔書

오(吳) 추탄(楸灘)의 이름은 윤겸(允謙), 자는 여익(汝益)이다. 기미(1559)년에 태어났다. 선조(宣祖) 조 정유(1597)년 별시문과에 급제하여 전랑(銓郞)을 역임하고, 병인(1626)년 정승이 되었으며, 영의정에 올랐다. 78세에 세상을 떠났으며 시호는 충정(忠貞)이다.

이진망(李眞望) 구숙(久叔) 쓰다.

제발자1

이진망 李眞望

1672년(현종 13)～1737년(영조 13)

조선후기 형조판서, 예조판서, 대제학 등을 역임한 문신이다.
본관은 전주(全州)이며, 자는 구숙(久叔)이고, 호는 도운(陶雲) 또는 퇴운(退雲)이다. 영의정 이경석(李景奭)의 증손으로, 할아버지는 이철영(李哲英)이고, 아버지는 이우성(李羽成)이며, 어머니는 정이화(鄭以和)의 딸이다.

생애 및 활동사항

1696년(숙종 22)에 생원이 되고, 1711년(숙종 37)에 식년문과에 장원급제하여, 지평(持平) · 정언(正言)을 거쳐 1725년(영조 1) 대사성으로 소론(少論)인 이광좌(李光佐)의 신원을 상소하였다.
1730년 형조판서가 되고, 1732년에는 동지사(冬至使)로 청나라에 다녀와 예조판서가 되어 대제학을 겸하였다. 1735년에 좌참찬으로 빈객(賓客)을 겸하였으며, 지중추부사(知中樞府事)로 죽었다. 영조의 잠저(潛邸) 때에 사부(師傅)였으므로 국왕이 예우를 하였다. 저서로는 『도운유집』이 있다.

제발 2

曾王考 忠貞公 早遊牛溪先生門下
壬午登上庠 不屑進取 已謝功令業 晩被人挽勸 偶然取科第
間丁昏時 丁巳使日本還 陞嘉善階
廢母論起 獻議立異論 竄啓迄數年 胥命郊次
壬戌 因中朝進賀 光海命停啓 超二階 充正使 泛海朝天

仁廟反正 首拜都憲 卽入枚卜 選元子輔養官
後四年由冡宰 入相 後十一年而卒
公於圃隱先生 爲彌甥也
其使日本及朝天 歲月皆與之同 而仗忠信一夷險 前後無異 人皆奇之
奉使天朝也 華人問我譯曰 正使是當朝宰相乎 田野起廢人乎
譯曰當朝宰相也 華人曰 非也 必起廢人也 蓋爾時 中國亦聞 我國方昏亂故也
東槎還後 倭使問我人曰 爾國如吳某者 幾人 答未易數
倭使笑曰 紿我也 如某必一人而已

是皆傳於國乘碑版 塗人耳目者
而仲潤如好古束 多稡爲帖出 其中黃閣帖
指先祖手蹟而曰 子可別書小識于下方
玆敢略記所著 稱若而語以補前題之遺闕云

時 己未 暵春 吳遂元 謹書

증조부 충정공(忠貞公)께서는 일찍이 우계 성혼(牛溪 成渾)의 문하에서 공부하였다. 임오(1582)년 상상(上庠 성균관)에 들어갔으나, 벼슬길에 나오기를 달갑게 여기지 않아 과거 시험을 위한 공부를 하지 않았다. 뒤늦게 다른 사람들의 권유를 받고 우연히 과거에 응시하여 급제하였다.
혼란한 시대를 만나, 정사(1617)년에는 일본 사신을 다녀와서 가선(嘉善)의 품계에 올랐다. 폐모론(廢母論)이 제기되었을 때 다른 의견을 올린 탓으로 몇 년 동안 귀양을 살면서

교외(郊外)에서 명을 기다렸다.[7]

임술(1622)년 진하사(進賀使)[8]로 중국에 보내기 위해 광해군은 정계(停啓)[9]할 것을 명하고, 두 품계를 올려 정사(正使)로 선발하였으며, 해로(海路)를 통해 중국으로 갔다.[10]

인조반정이 일어나자 먼저 대사헌에 제수되었다가 바로 매복(枚卜)[11] 되고, 원자보양관(元子輔養官)에 선발되었다. 4년 후 이조 판서를 거쳐 재상의 반열에 올랐으며, 11년 후 세상을 떠났다.

공은 포은(圃隱) 선생의 미생(彌甥)[12]이다.

일본과 중국에 사신으로 나간 세월 동안 모두 한결같았다.

충(忠)과 신(信)을 앞세워 평탄함과 험함을 하나로 여겼고, 앞과 뒤가 다름이 없었으니, 모든 사람들이 훌륭하게 여겼다.

중국에 사신으로 갔을 때 중국 사람들이 우리나라 역관에게, "정사(正使)가 당신 나라 조정의 재상인가, 초야에 있는 사람을 기용한 것인가?"라고 물었다. 역관은 "우리 조정의 재상이다."라고 하였다. 그러자 중국 사람은, "아니다. 반드시 초야에 있는 사람을 기용하였을 것이다."라고 하였으니, 아마도 중국 사람들도 당시 우리나라가 혼란스러웠음을 들었기 때문이었을 것이다.

일본으로 사행(使行)을 다녀온 후, 왜국의 사신이 우리나라 사람에게 묻길, "당신네 조정에 오모(吳某)와 같은 분이 몇 사람이나 있는가?"하니, "이루 다 셀 수가 없다."라고 대답하였다.

---

7 본문의 서명(胥命)은 여기에서는 대명(待命)과 같은 말로 명을 기다린다는 뜻이며, 교차(郊次)는 교외의 뜻으로 썼다. 서명교차(胥命郊次)는 벼슬에서 물러나 교외에서 처분을 기다린다는 의미이다. 오윤겸은 인목대비(仁穆大妃) 폐위론에 반대하여 정청(庭請)에 참여하지 않은 탓에 대간(臺諫)들이 귀양 보낼 것을 청하여 교외에 2년 동안 머물며 명(命)을 기다렸다. 그러나 약천 남구만(藥泉 南九萬)이 지은 '오윤겸 묘지명(墓誌銘)'에 의하면 오윤겸은 실제로 귀양살이를 하지는 않았다.

8 명나라 희종의 즉위를 축하하기 위한 진하사(進賀使)이다.

9 계청을 정지한다는 뜻으로 임금에게 죄인의 죄상을 잇달아 주달하다가, 사실이 틀렸거나 사건이 뒤집힐 경우 주달하기를 정지하는 것, 또는 전계(傳啓) 속에서 죄인의 이름을 삭제하는 것을 뜻한다.

10 1622년 당시 명나라로 가는 육로가 후금에 의해 폐쇄되었으므로 바닷길을 택한 것이다.

11 고대에 관원을 임명할 적에 길한가 길하지 아니한가를 점을 쳐 뽑는 것을 말한다. 여기서는 판서 등 고위 관직에 선발된 것을 뜻하는 말로 쓰였다.

12 자매의 손자, 즉 생질의 아들을 뜻한다.

왜국의 사신은 웃으며 말하기를 "나를 속이는구나. 오모와 같은 분은 결코 한 사람 뿐일 것이다."라고 하였다.

이 내용들은 모두 국승(國乘, 국가의 역사)과 비석의 글로 전해져 사람들의 이목을 끌게 된 것이다.

중윤(仲潤)[13]이 옛 간찰을 좋아하여 많이 모아서 첩으로 만들었다. 그 중에 황각첩(黃閣帖)이 있었다. 선조(先祖)의 친필을 가리키면서, "그대가 아래쪽에 소지(小識, 짧은 글)를 따로 쓸 수 있겠는가?"하였다.

이에 감히 간략하게 기록하여 이와 같이 칭하고, 앞서 발문을 쓰면서 빠뜨렸다고 한 부분을 보완하려고 글을 쓴다.

기미(1739)년 늦은 봄 오수원(吳遂元)이 삼가 쓰다.

제발자2

오수원 吳遂元

1682년(숙종 8)~미상

조선후기 사간원 헌납, 교리 등을 역임한 문신이다.

본관은 해주(海州). 자는 자장(子長), 영의정 오윤겸(吳允謙)의 증손으로, 할아버지는 오달천(吳達天)이고, 아버지는 오도일(吳道一)이다.

생애 및 활동사항

1712년(숙종 38)에 정시에 합격하여 사간원 헌납을 역임하였다.

13 송질(宋瓆, 1676~1741)의 자이다. 앞서 이준경(李浚慶) 간찰에서 언급하였다.

발신자

오윤겸 吳允謙

1559년(명종 14) ~ 1636년(인조 14)

조선시대 첨지중추부사, 대사헌, 좌의정 등을 역임한 문신이다. 본관은 해주(海州). 자는 여익(汝益), 호는 추탄(楸灘) 또는 토당(土塘). 할아버지는 감찰 오경민(吳景閔)이고, 아버지는 선공감역 오희문(吳希文)이다. 어머니는 연안 이씨(延安李氏)로, 군수 이정수(李廷秀)의 딸이다. 성혼(成渾)의 문인이다.

생애 및 활동 사항

1582년(선조 15) 사마시에 합격하고 1589년 전강에서 장원해 영릉참봉(英陵參奉)·봉선전참봉(奉先殿參奉) 등을 역임하였다. 1592년 임진왜란에 양호체찰사(兩湖體察使) 정철(鄭澈)의 종사관으로 발탁되었고, 평강현감으로 5년간 봉직하면서 1597년 별시 문과에 병과로 급제하였다.

1602년(선조 35) 스승 성혼을 변호하다가 경성판관으로 출보(黜補)된 후 수년간 외직을 전전하였다. 1610년(광해군 2)에 내직의 호조참의·우부승지·좌부승지 등을 역임하였다. 계축옥사 등 정계가 혼란하자 부모 봉양을 구실로 광주목사(廣州牧使)를 자원하였다. 1617년 첨지중추부사가 되어 회답겸쇄환사(回答兼刷還使)의 정사로 일본을 다녀왔다. 1618년 폐모론에 반대하고 정청(庭請)에 불참하여 탄핵을 받자 사직하고 광주의 토당(土塘)으로 물러났다.
1623년 인조반정 후 대사헌을 거쳐 이조·형조·예조의 판서를 역임하였다. 1626년 우의정에 올랐으며, 좌의정을 거쳐 1628년(인조 6) 70세로 영의정에 이르렀다. 이듬해 정원군(定遠君)의 원종(元宗) 추숭을 반대해 영돈녕부사로 물러났다. 1633년(인조 11) 좌의정에 재임되고 기로소에 들었으나 인열왕후(仁烈王后)의 상에 총호사(摠護使)로서 과로하여 세상을 떠났다.

만년에 연해공물(沿海貢物)의 작미(作米)와 대동법의 시행을 추진하고, 서얼의 등용을 주장하였다. 1663년(현종 4) 충간(忠簡)이라는 시호가 내려졌다. 광주(廣州)의 구암서원(龜巖書院)에 배향되고, 평강의 산앙재영당(山仰齋影堂)에 제향되었다. 저서로는 『추탄문집』·『동사일록(東槎日錄)』·『해사조천일록(海槎朝天日錄)』 등이 있다.

26

김류金瑬 문안 편지와 음식에 대한 감사 답신

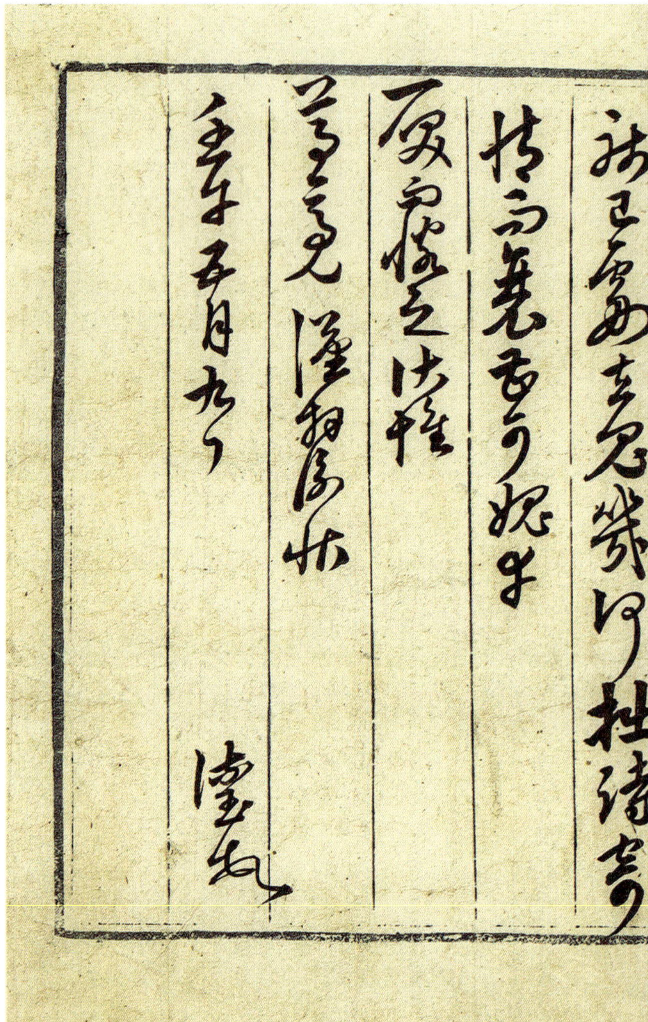

김류 金瑬: 문안 편지와 음식에 대한 감사 답신
(좌)14.0 (우)14.4 x 21.7cm

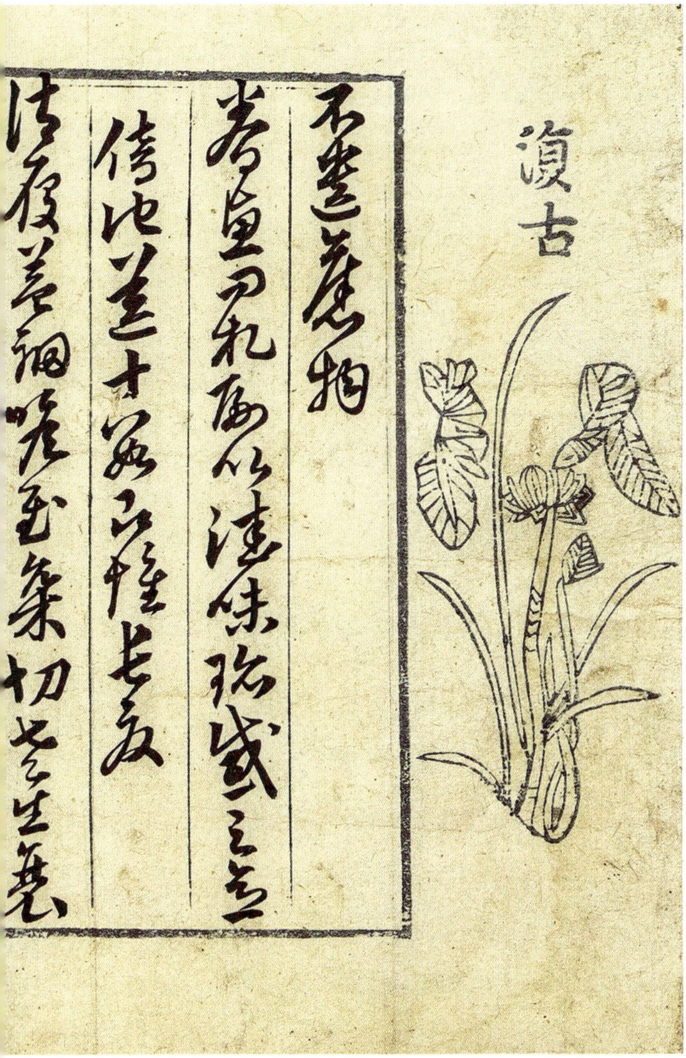
復古

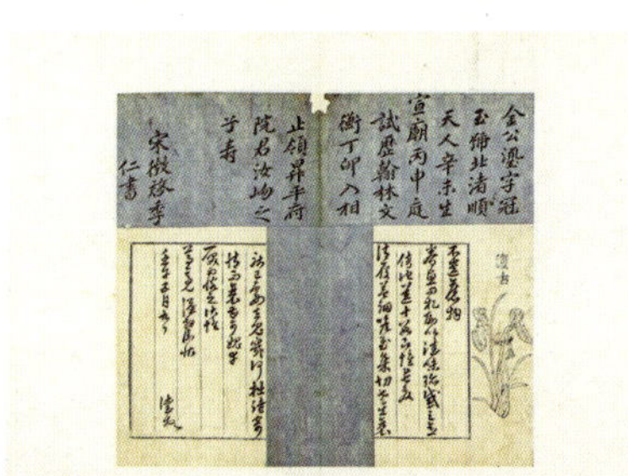
金公瑬字冠
玉號北渚順
天人辛未生
宣廟丙申庭
試歷翰林文
衡丁卯入相
止領昇平府
院君汝昉之
子壽
宋徵啓季
仁書

원문

不遺舊物 眷惠問札 副以佳味 珍感之意 倍他逘十數
卽惟長夏 淸履益福 瞻慰采切

老生 衰病已劇 在見幾何
拙詩寄情 而衰甚可媿 幸一笑而憐之

伏惟尊亮 謹拜謝狀
壬午 五月 九日 鎏 頓

낡은 고물을 잊지 않고 은혜로운 문안 편지와 아울러 맛난 음식을 보내주시니 감사하는 마음이 여느 때 보낸 것보다 열 배는 더하였습니다.
이 긴 여름철에 맑게 지내며 더욱더 복을 누리시리라 생각하면서 그리움과 위로가 더욱 간절합니다.

늙은 이 몸은 병으로 너무나 쇠약해졌습니다. 살아서 볼 날이 얼마나 있겠습니까?
서툰 시에 마음을 실어 보내지만, 노쇠함이 심하여 부끄럽기만 합니다.
한 번 웃으시고, 불쌍하게 여겨주시기만 바랍니다.

그대께서 살펴주시기 바라며 삼가 답장을 보냅니다.
임오(1642)년 5월 9일 류(瑬) 올림

제발

金公 瑬 字 冠玉 號 北渚 順天人 辛未生
宣廟 丙申 庭試 歷 翰林 文衡 丁卯 入相 止領 昇平府院君
汝岉之子 壽
宋徵啓 季仁 書

김(金)공 류(瑬)의 자는 관옥(冠玉), 호는 북저(北渚)이다. 본관은 순천(順天)이다. 신미(1571)년 태어나 선조 조 병신(1596)년 정시 문과에 급제하여 한림(翰林)을 거쳐 문형(文衡 대제학)을 지냈다. 정묘(1627)년 정승의 반열에 올라 영의정을 역임하였으며, 승평부원군(昇平府院君)에 봉해졌다. 김여물(金汝岉)의 아들로 장수를 누렸다.

송징계(宋徵啓) 계인(季仁) 쓰다.

제발자

송징계 宋徵啓

1690년(숙종 16)~미상

조선후기 호조참의 등을 역임한 문신이다.
본관은 여산(礪山), 자는 계인(季仁)이다. 증조부는 송극인(宋克訒)이고, 할아버지는 승정원 승지 송시철(宋時喆)이며, 아버지는 송광속(宋光涑)이다.

생애 및 활동사항

경종 3년 계묘년 식년시에 34세의 나이로 병과에 4위로 급제하였다. 홍문관교리, 호조참의, 세자시강원설서 등의 관직을 하였다.

발신자

김류 金瑬

1571년(선조 4) ~ 1648년(인조 26)

조선시대 우의정, 좌의정, 영의정 등을 역임한 문신이다. 본관은 순천(順天). 자는 관옥(冠玉), 호는 북저(北渚). 할아버지는 찰방 김훈(金壎)이고, 아버지는 증영의정 김여물(金汝岉)이며, 어머니는 현감 박수강(朴壽岡)의 딸이다.

생애 및 활동 사항

음사(蔭仕)로 참봉에 제수되었다가 1596년(선조 29) 정시 문과에 을과로 급제해 승문원권지부정자(承文院權知副正字)에 임명되었다.

1598년(선조 31) 사헌부의 탄핵으로 파면되었으나 1601년 예문관검열로 복직되어 대교(待教) · 주서(注書) · 봉교(奉教) 등을 역임하였다. 1602년 형조좌랑을 거쳐 충청도도사 · 전주판관 등을 역임하고, 1610년(광해군 2) 시강원사서(侍講院司書) · 부교리를 지내고 강계부사로 갔다. 1614년(광해군 6) 가선대부(嘉善大夫)로 승진되었으나 1617년 대간의 탄핵을 받아 사직하였다.

1623년 인조반정으로 병조참판에 제수되고 곧 병조판서 겸 대제학으로 승평부원군(昇平府院君)에 봉해지고 이듬해 이조판서가 되었다. 1627년(인조 5) 정묘호란 때 부체찰사로서 강화도로 인조를 호종하였다. 환도 후 우의정으로 승진 후 좌의정이 되었다. 1630년(인조 8) 정원군(定遠君)의 추숭 문제를 반대해 관직에서 물러났다가 1633년 좌의정으로 복귀해 우의정이 되었으나 다시 추숭 문제를 반대해 1634년 면직되었다. 1637년 청에 강화도가 함락되자 삼전도에서 맹약을 맺는 데 주도적 역할을 하였다. 1644년(인조 22) 심기원(沈器遠)의 모역을 평정한 공으로 다시 영의정이 되어 영국공신(寧國功臣) 1등에 녹훈되고 순천부원군(順天府院君)에 책봉되었다. 1646년 소현세자빈 강씨의 옥사를 반대하여 사직하고 벼슬을 하지 않았다. 문장이 기묘해 공경(公卿)의 비문을 많이 썼다.

저서로는 『북저집(北渚集)』이 전한다. 시호는 문충(文忠)이다.

27 이정귀李廷龜 통천군수安景容의 편지에 대한 답신

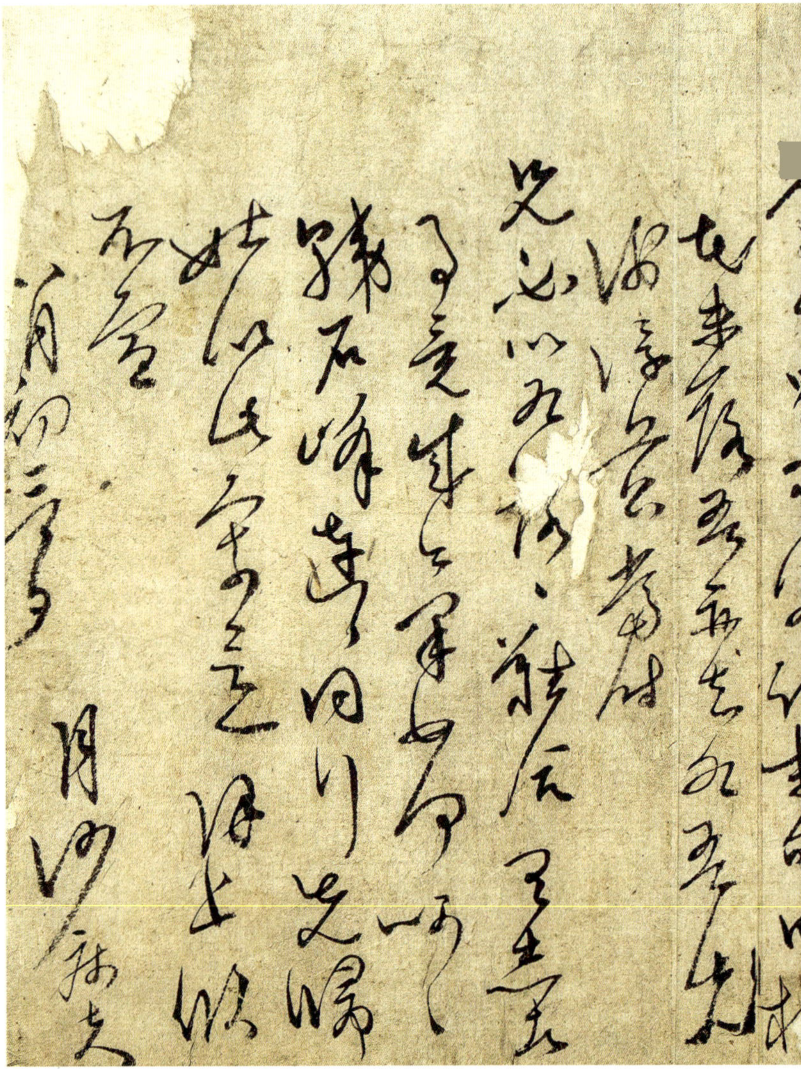

이정귀李廷龜: 통천군수 安景容의 편지에 대한 답신
32.8x23.7cm

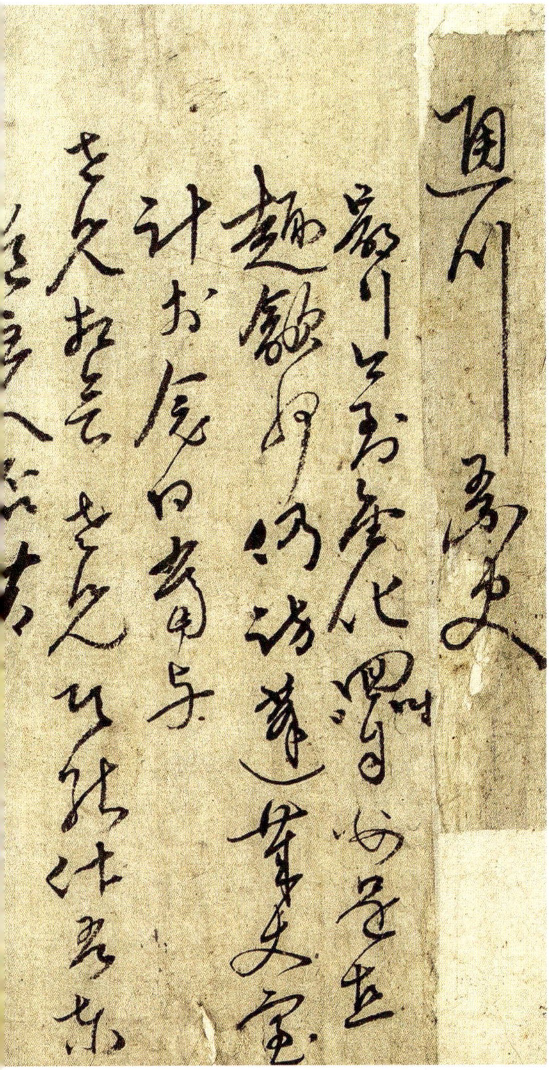

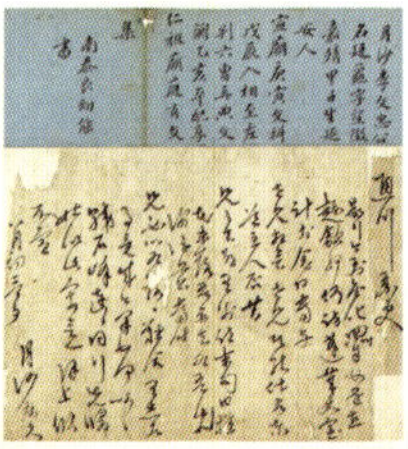

원문

通川衙史

鄙行今到 金化 回時自必是直趣歙州 仍訪蓬萊丈室
計於念日 當與老兄相會 老兄其能計吾東道主人否

昔兄之去 鄙有別詩末句曰
桂花未落吾亦去 爲吾先謝浮雲
當時 兄必以爲落落難合 有志者 事竟成
今果如何 呵呵

韓石峰 連日同行 先歸姑以此寄還

謹上謝 不宣
八月 初三日 夕　月沙 病夫

통천(通川) 아사(衙史)[1]에게

저의 행차는 지금 현재 금화(金化)에 도착하였습니다.
돌아올 때 필시 흡주(歙州)로 곧장 갔다가 그대로 봉래(蓬萊)[2]의 장실(丈室)[3]을 방문하려고 합니다.

1 아사(衙史: 지방의 수령을 일컫는 말이다.) 이어 나오는 시를 볼 때, 이 편지는 당시 통천 군수(通川郡守)를 지낸 안경용(安景容, 1552～?)에게 보낸 것이다.

2 봉래(蓬萊)는 신선이 사는 곳의 통칭이다. 여기서는 편지의 수신인이 사는 곳을 가리킨다.

3 장실(丈室)은 사방이 한 발쯤 되는 방. 옛날 유마거사(維摩居士)의 거실이 사방 한 발이었던 데에서 비롯한 것이다. 편지 수신인의 처소를 미화한 표현이다.

스무날에 노형(老兄)과 만나 함께 하려고 하는데, 노형께서는 저의 동도주인(東道主人)[4]이 되어 주실 수 있으시겠지요?

예전 형께서 떠나실 적에 제가 이별시[5]의 마지막 구절을 이렇게 썼었습니다.

계수나무 꽃 지기 전에 나 또한 갈 테니　　桂花未落吾亦去
나를 위해 먼저 부구공(浮丘公)[6]에게 말해 주구려.　　爲吾先謝浮丘公

당시 형의 뜻이 너무 커서 성공하기 어려울 것 같다[7]고 생각했으나, 뜻이 있는 자는 반드시 성공하게 되어 있는 법입니다. 지금 과연 어떠신지요? 껄껄

한석봉(韓石峰)이 연일 동행하였습니다.
먼저 돌아가므로 우선 이렇게 부칩니다.

이만 줄이며 삼가 답장을 올립니다.
8월 3일 저녁에　월사(月沙) 병부(病夫)

---

4 동도주인(東道主人)은 주인의 처지가 되어 손님을 안내하고 보살피는 사람을 말한다. '용재수필(容齋隨筆)'에 "진(秦) · 진(晉)나라가 정(鄭)나라를 에워싸므로, 정 나라 사람이 말하기를, '진(秦)이 어찌 정을 버리고서 동도주(東道主)가 되지 않는가?' 한 것은 아마도 정나라가 진나라의 동쪽에 있기 때문이라 하거니와, 지금 세간에서 주인을 동도라고 함은 이 때문이다." 하였다.

5 이 시는 "월사집(月沙集) 제17권 권응록(倦應錄)"에 나오는 "통천 군수 안경용을 보내며(送通川郡守安景容)"의 일부이다.

6 부구공(浮丘公)은 고대 전설상의 신선으로, 주(周)나라 영왕(靈王)의 태자 왕자교(王子喬)가 그를 만나 숭산(嵩山)으로 들어가 도술을 배웠다고 한다.

7 『후한서(後漢書)』「경엄열전(耿弇列傳)」에 보인다. 후한(後漢) 때에 대장군(大將軍) 경엄(耿弇)이 축아(祝阿)를 공격하여 성공을 거두자, 광무제(光武帝)가 경엄에게 말하기를 "장군이 앞서 남양에서 이 대책을 세우자, 뜻이 너무 커서 성공하기 어려울 것이라고 여겼었는데, 뜻이 있는 사람은 일을 끝내 성취하는구나(將軍前在南陽建此大策 常以爲落落難合 有志者事竟成也)"라고 한 데에서 온 말을 인용한 것이다.

제발

月沙 李文忠公 名 廷龜 字 聖徵

嘉靖 甲子生 延安人 宣廟 庚寅 文科 戊辰 入相 至左

判六書 再典文衡 乙亥 卒 配享 仁祖廟庭 有 文集

南泰良 幼能 書

월사(月沙) 이 문충공(李 文忠公)의 이름은 정귀(廷龜), 자는 성징(聖徵)이다.

가정(嘉靖) 갑자(1564)년에 태어났다. 본관은 연안(延安)이다.

선조(宣祖) 조 경인(1590)년 문과에 급제하고, 무진(1628)년 정승의 반열에 들어 좌의정에 올랐다.

6조의 판서를 역임하고 대제학을 두 번 지냈다.

을해(1635)년 세상을 떠났으며, 인조(仁祖)의 묘정에 배향되었다. 문집을 남겼다.

남태량(南泰良) 유능(幼能) 쓰다.

제발자

남태량 南泰良

1695년(숙종 21)~1752년(영조 28)

조선후기 대사간, 도승지, 이조참판 등을 역임한 문신이다.
본관은 의령(宜寧)이며, 자는 유능(幼能)이고, 호는 광릉거사(廣陵居士)이다.
증조부(曾祖父)는 남훤(南翧)이고, 조부(祖父)는 남지훈(南至熏)이다. 생부(生父)는 남효명(南孝明)이며 부(父)는 남제명(南悌明)이다. 외조부(外祖父)는 청천군(淸川君) 이렴(李濂)이고, 처부(妻父)는 이하원(李夏源, 1664~1747)의 숙부인 이의만(李宜晩, 1650~1736)이다.

생애 및 활동사항

1717년(숙종 43) 정유(丁酉) 식년시(式年試) 진사(進士) 2등 2위로 합격하고, 1727년(영조 3) 정미(丁未) 증광시(增廣試) 병과(丙科) 19위로 급제하였다. 1729년(영조 5) 사간원정언(正言)으로 벼슬길에 올랐다. 다음 해에 지평과 헌납이 되었다. 1745년(영조 21)에는 대사간(大司諫)을, 1753년(영조 29)에는 도승지(都承旨)를 지내고 이후에 이조참판(吏曹參判) 등을 역임하였다. 이조판서에 추증되었으며, 영정이 후손에 의해 이천군에 전해지고 있다. 『대동휘찬(大東彙纂)』을 편찬하였다. 『대동휘찬』은 조선 태조(1335~1408)부터 숙종(1661~1720)까지 역대 군주와 명사(名士)의 사적(事蹟), 조정의 제도 등을 엮은 책이다. 서두에 저자의 서문이 있다.

발신자

이정귀 李廷龜

1564년(명종 19) ~ 1635년(인조 13)

조선시대 예조판서, 우의정, 좌의정 등을 역임한 문신이자 문인이다. 본관은 연안(延安). 자는 성징(聖徵), 호는 월사(月沙) · 보만당(保晩堂) · 치암(癡菴) · 추애(秋崖) · 습정(習靜)이다. 세조 때 명신인 이석형(李石亨)의 현손으로 아버지는 현령 이계(李啓)이고, 어머니는 김표(金彪)의 딸이다. 윤근수(尹根壽)의 문인이다.

생애 및 활동 사항

이정귀는 문장으로 유명한 가문에서 출생해 가풍의 가르침 속에서 성장하였다. 1577년(선조 10) 14세에 승보시(陞補試)에 장원을 하며 명성을 떨치기 시작해 1585년(선조 18) 진사에 합격하고 1590년에는 증광문과에 병과로 급제했다.

1592년(선조 25) 임진왜란에 왕의 행재소(行在所) 설서(設書)가 되었다. 중국어에 능하여 어전통관(御前通官)으로 1593년 명의 사신 송응창(宋應昌)을 만나 『대학』을 강론해 그로부터 높은 평가를 받았다. 1598년(선조 31)에 명 병부주사 정응태(丁應泰)가 임진왜란은 조선이 왜병을 끌어들여 명을 침범하려고 한다고 무고하자 이정귀는 「무술변무주(戊戌辨誣奏)」를 작성하고 진주부사(陳奏副使)로 명에 가서 변론하여 정응태를 파직시켰다.

1601년(선조 34) 동지사의 서장관으로 명에 다녀온 후 대제학에 올랐다. 여러 차례 명과의 관계에서 중요한 역할 수행으로 병조판서 · 예조판서와 우의정 · 좌의정 등 중요한 직책을 두루 역임했다.

그의 문장은 장유(張維) · 이식(李植) · 신흠(申欽)과 더불어 이른바 한문사대가로 일컬어지게 됐다. 장유도 그의 문학적 재능을 높이 칭찬함과 아울러 고문대책(高文大册)의 신속한 창작 능력을 높이 평가했다. 이정귀의 문학은 이웃 나라와의 돈독한 관계를 위한 외교에서 문학이 가지는 쓸모를 십분 발휘한 것으로 의의를 갖는다. 시호는 문충(文忠)이다.

시문집으로는 그의 문인인 최유해(崔有海)가 편간한 『월사집(月沙集)』 68권 22책이 전한다.

28 김상용金尙容 방문과 보내준 시詩에 대한 감사

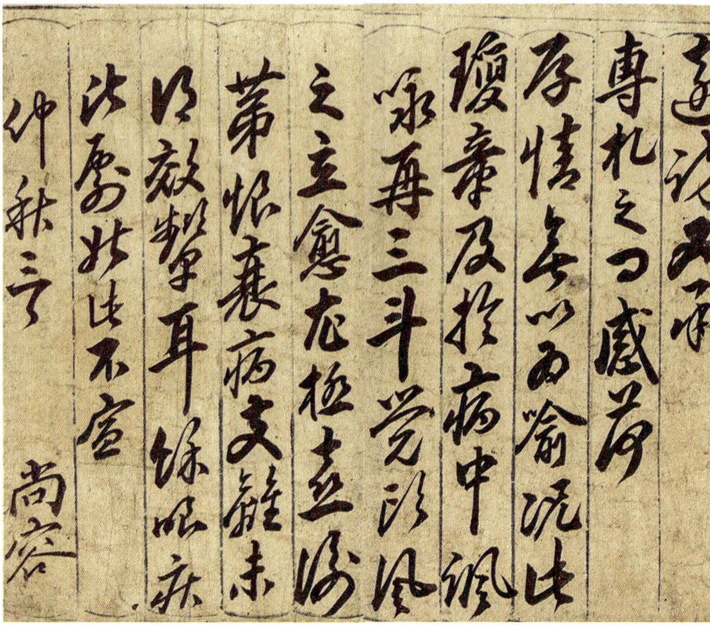

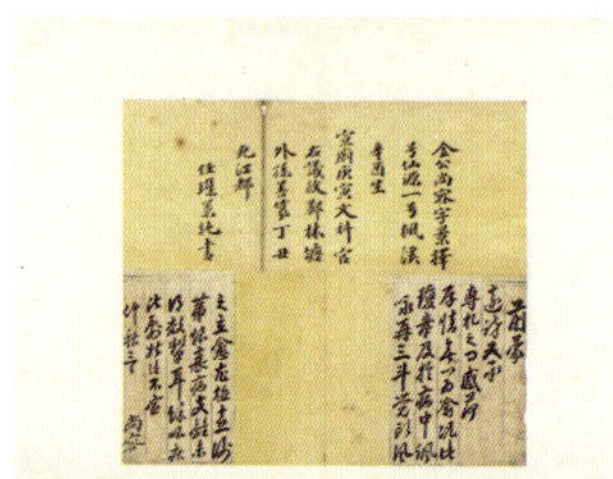

김상용 金尙容: 방문과 보내준 시詩에 대한 감사
(좌)10.2 (우)12.5x16.9cm

원문

前蒙遠訪 又承專札之問 感荷厚情 無以爲喩
況此瓊章 及於病中 諷詠再三 斗覺頭風之立愈
尤極喜謝 第恨衰病支離 未得效顰耳

餘眼疾比劇 姑此不宣
仲秋 三日 尙容

지난 번 멀리서 찾아주시고 또 심부름꾼을 시켜 보낸 문안편지를 받아 보게 하시니 그 도타운 정에 어떻게 감사드려야 할지 모르겠습니다. 게다가 이토록 아름다운 시편을 병중에 보내주셔서, 두세 번 읊조리고 나자 바로 두풍(頭風)[1]이 나았습니다. 더욱더 기쁘고 감사드립니다. 다만 늙고 병들어 어줍잖은 흉내[2]조차 내지 못함이 안타까울 따름입니다.

눈병이 지독하게 걸려 더 쓰지 못하고 줄입니다.
음력 8월 3일 상용(尙容)

1 삼국(三國) 시대 위(魏)의 조조가 평소 두풍(頭風)을 앓아 오다가, 한번은 누워서 진림(陳琳)이 쓴 글을 보고는 갑자기 일어나서 말하기를, "이 글이 내 병을 치유해 주었다(此愈我病)" 한데서 온 말이다. "삼국지(三國志) 위서(魏書) 진림전(陳琳傳)"에 나온다.

2 원문의 효빈(效顰)은 춘추 시대 미인 서시(西施)가 속병을 앓으면서 이맛살을 찌푸리자 그 찌푸린 그 모습도 매우 아름답게 보였으므로, 이웃의 추녀(醜女)가 그 모습을 흉내 내었다는 고사에서 온 말이다.

제발

金公 尙容 字 景擇 號 仙源 一號 楓溪
辛酉生 宣廟 庚寅 文科 官 右議政
鄭林塘 外孫 善篆 丁丑 死 江都
任㙫　景純 書

김(金)공 상용(尙容)의 자는 경택(景擇), 호는 선원(仙源)이며 풍계(楓溪)라는 호도 있다.
신유(1561)년에 태어나 선조(宣祖) 조 경인(1590)년 문과에 급제하였으며 우의정을 지냈다.
임당 정유길(林塘 鄭惟吉)의 외손으로, 전서를 잘 썼다. 정축(1637)년 강화도에서 죽었다.
임집(任㙫) 경순(景純) 쓰다.

제발자

임집 任㙫
1696년(숙종 22)~미상

조선후기 승지, 대사간, 도승지 등을 역임한 문신이다.
본관은 풍천(豊川)이며, 자는 경순(景純)이다. 임양(任量)의 증손으로, 할아버지는 참판 임윤원(任胤元)이다. 아버지는 승지 임수적(任守迪)이며, 어머니는 유이정(柳以井)의 딸이다.
임집은 임정(任珽)의 아우로 송질의 소북 후배이다.

생애 및 활동사항

1728년(영조 4) 정시문과에 을과로 급제하여 지평 · 정언 등을 지냈다. 1741년 지평으로 국왕 부름을 거부하여 외직에 보임된 오광운(吳光運) 등을 구원하였고, 1743년에는 언로의 개방과 국왕의 수성(修省)을 주장하였으며, 곧 도당록(都堂錄)에 선발되었다. 1746년 교리로 국가에서 금하는 교단(校緞)을 몰래 가져온 재자관(齎咨官) 이명직(李命稷)의 처벌을 가벼이 할 것을 주장하였다가 파직되었다.
1749년 장령으로 비변사 인견(引見: 왕이 신하를 불러서 봄)에 참석하여 중외 초기(草記, 정무상 그렇게 중요하지 않은 업무를 간단히 기록한 것)를 지체시키지 말고 비변사에 즉시 회계할 것, 외방 옥사가 적체되지 않도록 할 것, 송사를 방해하는 수령을 논죄할 것 등을 주장하였으나 하찮은 사안으로 대간의 책임을 면하려 한다는 탄핵을 받았다.
이후 교리 · 겸필선 · 사간 · 응교 · 겸우익선 · 집의 · 응교 등을 지냈고, 1752년 존숭도감(尊崇都監)의 공로로 통훈대부에 올랐다. 곧 승지로 승진하여 혐의를 받고, 처치 규례를 두고 대간과 논란을 벌였으며, 대사간 · 도승지를 지냈다.

발신자

김상용 金尙容

1561년(명종 16)~1637년(인조 15)

조선시대 판돈녕부사, 이조판서, 우의정 등을 역임한 문신이다. 본관은 안동(安東). 자는 경택(景擇), 호는 선원(仙源) · 풍계(楓溪) · 계옹(溪翁). 김번(金璠)의 증손으로 할아버지는 군수 김생해(金生海)이고, 아버지는 돈녕부도정(敦寧府都正) 김극효(金克孝)이며, 어머니는 좌의정 정유길(鄭惟吉)의 딸이다. 좌의정 김상헌(金尙憲)의 형이다.

생애 및 활동 사항

1582년(선조 15) 진사가 되고 1590년 증광 문과에 병과로 급제, 승문원부정자(承文院副正字) · 예문관검열(藝文館檢閱)이 되었다. 임진왜란이 일어나자 양호체찰사(兩湖體察使) 정철(鄭澈)의 종사관이 되었다. 1601년(선조 34) 대사간이 되었으나 북인의 배척을 받아 정주목사로 좌천되었다. 이후 지방관을 전전하다가 1608년(광해군 즉위년) 잠시 한성우윤 · 도승지를 지낸 뒤 계속 한직에 머물렀다. 1617년(광해군 9) 폐모론(廢母論)에 반대해 사직하고 원주로 거처를 옮겼다.

인조반정 후 판돈녕부사(判敦寧府事)에 기용되었고, 이어 병조 · 예조 · 이조의 판서를 역임했으며, 정묘호란 때는 유도대장(留都大將)으로서 서울을 지켰다. 1630년(인조 8) 기로사(耆老社)에 들어가고 1632년 우의정에 발탁되었으나 바로 사퇴하였다. 병자호란 때 1637년 강화도가 함락되자 남문루(南門樓)에 있던 화약에 불을 지르고 순절하였다. 후에 정려문(旌閭門)이 세워지고 1758년(영조 34) 영의정에 추증되었다.

성혼(成渾)과 이이(李珥)의 문인으로서 시와 글씨에 뛰어났다. 황신(黃愼) · 이춘영(李春英) · 이정귀(李廷龜) · 오윤겸(吳允謙) · 신흠(申欽) 등과 친밀했으며, 당색이 다른 정경세(鄭經世)와도 도학으로 사귀었다. 강화 충렬사(忠烈祠), 양주석실서원(石室書院), 정주봉명서원(鳳鳴書院), 안변옥동서원(玉洞書院), 상주서산서원(西山書院), 정평모현사(慕賢祠)에 제향되었다. 문집으로 『선원유고(仙源遺稿)』 7권이 전해지고, 판본은 안동봉정사(鳳停寺)에 보관되어 있다. 시호는 문충(文忠)이다.

29

홍서봉洪瑞鳳 사신 임무의 험난함을 대감께 토로

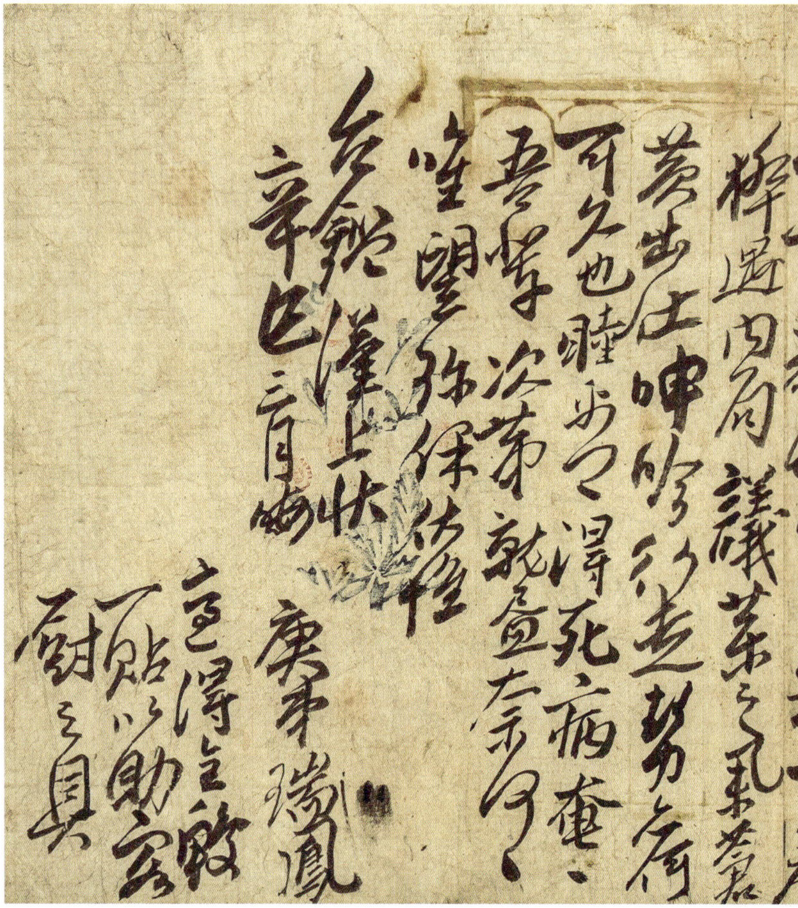

홍서봉洪瑞鳳: 사신 임무의 험난함을 대감께 토로
46.5x25.8cm

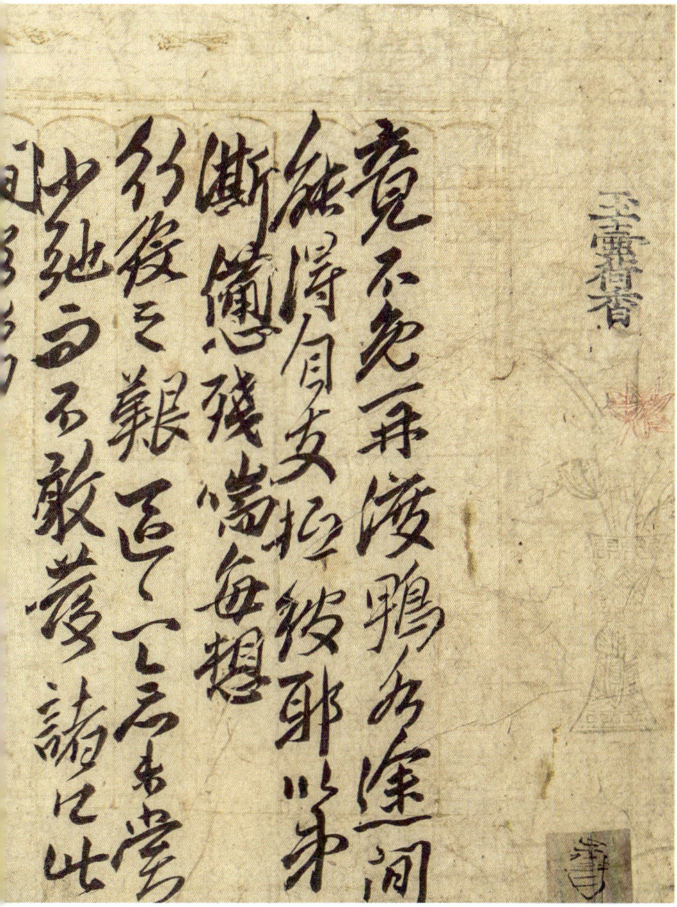

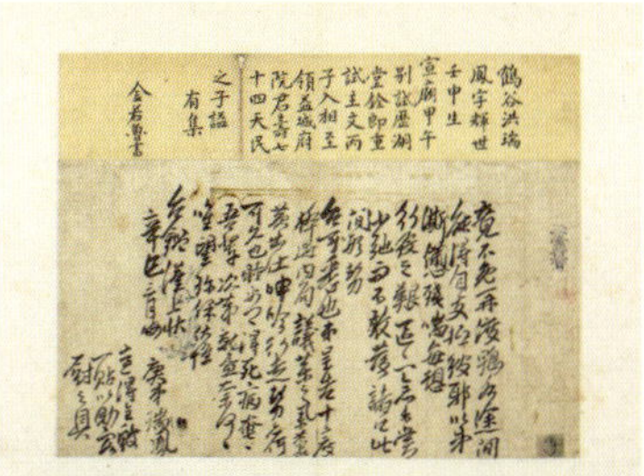

원문

竟不免再渡鴨水

途間能得自支抵彼耶

以弟澌憊殘喘 每想行役之艱 區區一念未嘗少弛 而不敢發諸口

此間形勢 台可悉也

弟呈告十三度 猝遇內局議藥之擧 蒼黃出仕 呻吟行走 勢亦何可久也

睦禹卿 得死病奄奄 吾輩次第 就盡奈何奈何

唯望珍保 伏惟台鑑 謹上狀

辛巳 三月 晦 庚弟 瑞鳳

適得全鰒一貼 以助客廚之具

마침내 다시 압록강을 넘게 되었습니다.
저곳까지 가는 도중에 잘 버텨낼 수는 있으시겠습니까?

저는 기력이 떨어지고 지쳐서 근근이 목숨만 이어가고 있습니다.
늘 사행길이 험난할 것을 생각하고 있었으며 잠시라도 잊은 적도 없지만, 감히 입 밖에 낼 수 없었습니다. 이런 형편을 대감께서 잘 아실 것입니다.
저는 13차례나 정고(呈告)[1]하고, 갑자기 내국(內局)[2]에서 약을 의논하다가 정신없이 내몰려 출사하게 되었습니다. 끙끙 앓는 소리 내면서 달려나가보지만 이런 상태로는 또한 어찌 오래갈 수 있겠습니까?

목우경(睦禹卿)[3]이 죽을병에 걸려 죽어가고 있는 것 같습니다. 우리 벗들이 차례차례 세상을 떠나가고 있으니 어쩔 도리가 있겠습니까?
다만 몸을 소중하게 보전하시기만 바랄 뿐입니다.

대감께서 살펴보시기 바라며, 삼가 글을 올립니다.
신사(1641)년 3월 그믐 경제(庚弟)[4] 서봉(瑞鳳)

마침 전복 한 첩(貼)이 생겨서, 객관(客館)의 부엌에 보탭니다.

1 정고(呈告)는 관리가 사직서를 올리는 것을 의미한다.

2 내국(內局)은 궁중의 의약에 관한 일을 맡아보던 관아이다.

3 목우경(睦禹卿)은 목장흠(睦長欽, 1572~1641)이다. 우경(禹卿)은 그의 자(字)이다. 본관은 사천(泗川), 호는 고석(孤石)이다. 1599년(선조 32) 정시 문과에 급제하여 도승지를 지냈다.

4 경제(庚弟)는 동갑사이에 자신을 일컫는 말이다.

제발

鶴谷 洪瑞鳳 字 輝世 壬申生 宣廟 甲午 別試 歷 湖堂 銓郞
重試 主文 丙子 入相 至領 益城府院君
壽 七十四 天民之子 諡 有集
　金若魯 書

학곡(鶴谷) 홍서봉(洪瑞鳳)의 자는 휘세(輝世)이다.
임신(1572)년에 태어나 선조(宣祖) 조 갑오(1594)년 별시에 급제하여 호당(湖堂)을 거쳐 이조좌랑을 역임하였고, 중시문과에 급제하여 대제학을 지냈으며, 병자(1536)년 재상의 반열에 올라 영의정이 이르렀다.
익성부원군(益城府院君)에 봉해졌으며 74세까지 살았다.
홍천민(洪天民)의 아들로 시호를 받았으며 문집이 있다.
　김약로(金若魯) 쓰다.

제발자

김약로 金若魯

1694년(숙종 20)~1753년(영조 29)

조선후기 좌의정, 약방도제조, 판중추부사 등을 역임한 문신이다.
본관은 청풍(淸風). 자는 이민(而敏, 而民), 호는 만휴암(晩休庵)이다. 할아버지는 김징(金澄)이고, 아버지는 대제학 김유(金楺)이며, 어머니는 송박(宋搏)의 딸이다.
김약로는 송질의 4촌으로 송질의 고모가 김취로, 김약로, 김상로의 아버지인 김유와 혼인하였다.

생애 및 활동사항

1727년(영조 3) 증광 문과에 병과로 급제하여 승문원정자(承文院正字)가 되었고, 그 뒤 『숙종실록(肅宗實錄)』 보충의 잘못을 논하다가 유배당하였으나 이듬해에 석방되었다. 1731년 정언(正言)이 되었다.
지평(持平) · 교리(校理) · 수찬(修撰)을 거쳐 1736년 승지, 1740년 개성유수 등을 역임하였다. 또한, 병조참판 · 예조참판을 거쳐 1742년 평안도관찰사가 되었으며, 1744년 공조 · 호조 · 병조의 판서가 되었다.
1746년 우참찬, 이듬해 판의금부사(判義禁府事)를 거쳐 1749년 우의정, 그 뒤 좌의정이 되었다. 1752년 약방도제조(藥房都提調)가 되었는데, 왕세손이 죽자 파직당하였으나 판중추부사(判中樞府事)로 다시 기용되었다. 한때 형 김취로(金取魯), 아우 김상로(金尙魯)와 함께 높은 관직에 있으면서 세도를 부리기도 하였다. 시호는 충정(忠正)이다.

발신자

홍서봉 洪瑞鳳

1572년(선조 5)~1645년(인조 23)

조선시대 우의정, 좌의정, 영의정 등을 역임한 문신이다. 본관은 남양(南陽). 자는 휘세(輝世), 호는 학곡(鶴谷). 예문관대교 홍계정(洪係貞)의 증손으로 할아버지는 황해도관찰사 홍춘경(洪春卿)이고, 아버지는 도승지 홍천민(洪天民)이며, 어머니는 제용감주부 유당(柳樘)의 딸이다.

생애 및 활동 사항

1590년(선조 23) 진사가 되고, 1594년 별시문과에 병과로 급제하였다. 1600년 사서가 된 뒤 정언 · 부수찬에 이어 1602년 이조좌랑과 성주목사를 역임하였다. 경기도 암행어사로 다녀와 1606년(선조 39) 사예가 되었다. 1608년(광해군 즉위년) 중시문과에 갑과로 급제한 뒤 사성 · 응교 등을 역임하였다.

1610년(광해군 2) 강원도관찰사를 거쳐 이듬해 동부승지로 재직 중 김직재옥사(金直哉獄事)로 삭직되었다. 1623년 인조반정으로 정사공신(靖社功臣) 3등에 책록되고 익녕군(益寧君)에 봉해졌다. 병조참의 · 이조참의 · 대사간 · 동부승지 · 부제학 · 대사헌 · 병조참판 등을 차례로 역임한 뒤 1626년(인조 4)에는 도승지가 되었다. 1628년 유효립(柳孝立)의 모반을 고변해 영사공신(寧社功臣) 2등에 책록되고 지의금부사가 되었다. 예조판서를 거쳐 1630년 대사헌이 되고 이어서 우참찬 · 이조판서 · 좌빈객 · 병조판서 등을 역임한 뒤 1634년 예조판서와 부묘도감제조(祔廟都監提調)를 겸하였다. 이듬해 좌참찬 · 대제학을 지내고, 1636년(인조 14) 우의정을 거쳐 좌의정에 올랐다.

병자호란 때 화의(和議)를 주장하며 최명길(崔鳴吉) · 김신국(金藎國) · 이경직(李景稷) 등과 화의를 위한 실무를 수행하였다. 1639년(인조 17) 부원군(府院君)에 봉해지고 1640년에 영의정에 올랐다. 이후 1645년(인조 23)까지 영의정과 좌의정을 번갈아 역임하였다.

저서로 『학곡집(鶴谷集)』이 있고, 문장과 시(詩)에 능했으며, 『청구영언』에 시조 1수가 전한다. 시호는 문정(文靖)이다.

30 이홍주李弘胄 최참의댁 영감께 최집 추천

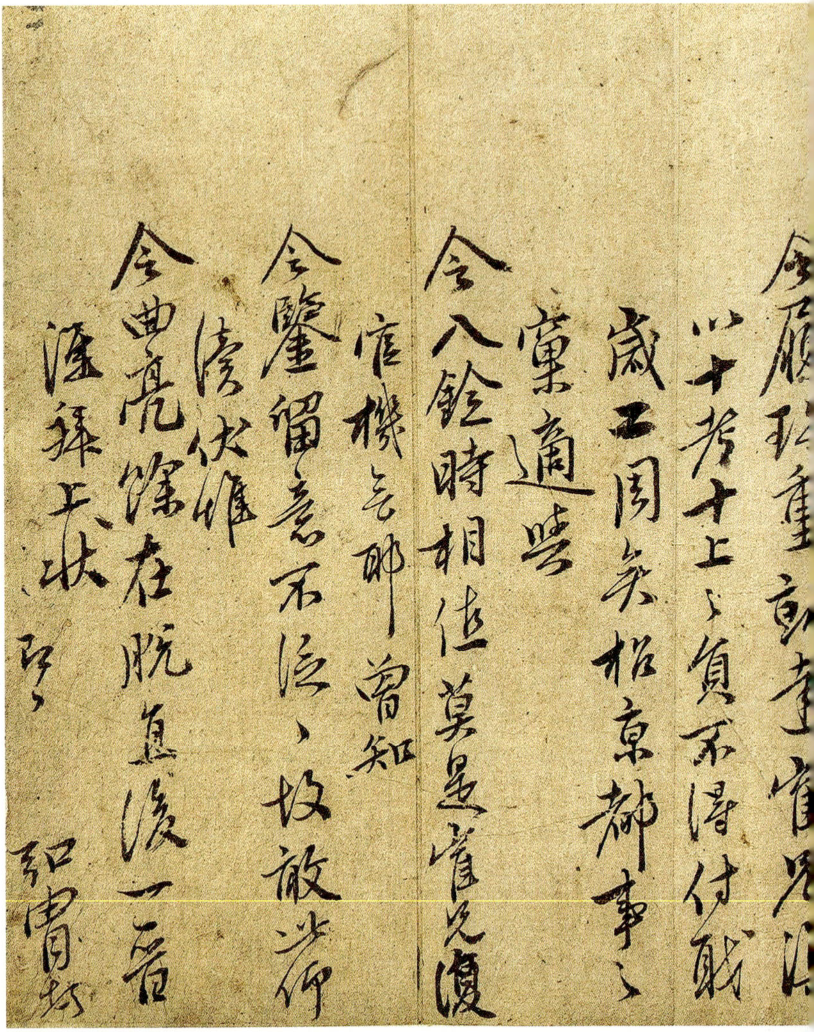

이홍주 李弘胄: 최참의댁 영감께 최집 추천
29.3x21.8cm

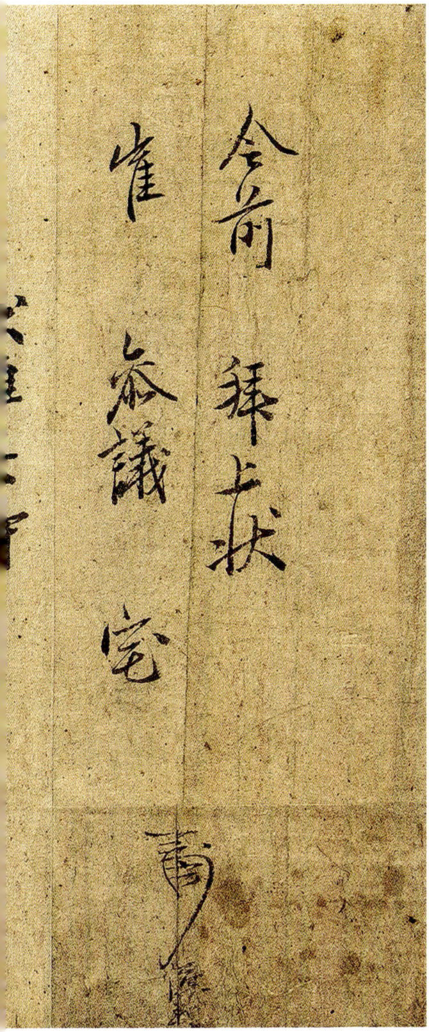
令前 拜上狀
崔 叅議 宅

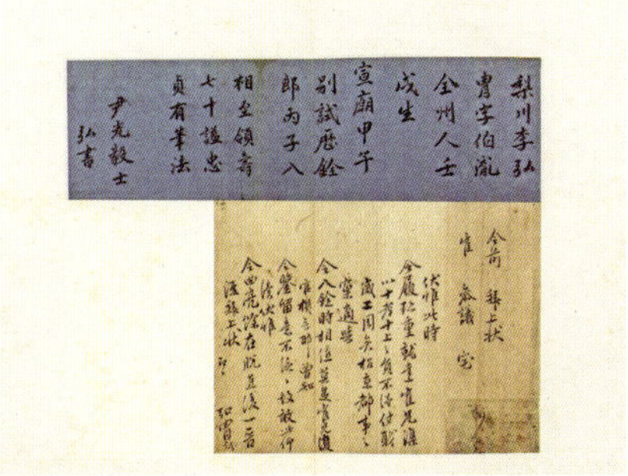
梨川李弘
胄字伯胤
全州人壬
戌生
宣廟甲午
別試歷銓
郎丙子入
相至領壽
七十諡忠
貞有筆法
尹光毅士
弘書

令前 拜上狀
崔 叅議 宅

원문

令前 拜上狀

崔 參議 宅　　手決

伏惟 此時 令履珍重

就達 崔兄 溎 以十考十上之員 不得付職 歲二周矣

松京都事之窠 適與 令入銓時相値 莫是崔兄復官機會耶

曾知令鑒留意 不泛泛 故敢此仰瀆

伏惟令曲亮 餘在脫直後一晉

謹拜上狀

即日　弘冑 頓

영감께 올리는 글

최 참의(參議) 댁　　　수결(手決)

요즈음 영감께서 건강히 잘 계시리라 생각합니다.

드릴 말씀은 최집(崔潗)[1] 형이 십고십상(十考十上)[2]의 관원으로 자리를 잡지 못하고 있은 지 2년이 되었습니다.

마침 개성 도사(都事) 자리가 났습니다.

영감께서 이조에 들어가서 서로 만나게 되면, 최 형에게는 관직을 회복할 기회가 있지 않겠습니까?

일찍이 영감께서 살피시고 생각하심이, 허투루 하지 않으셨음을 알기에 감히 이렇게 부탁을 올리는 것입니다.

영감께서 곡진히 도와주시기 간절히 바랍니다.

나머지 얘기는 당직이 끝난 후 한 번 찾아뵙고 말씀드리겠습니다.

삼가 글을 올립니다.

편지를 받은 날에, 홍주(弘胄) 올림.

---

1 최집(崔潗, 1556년 (명종 11)~?): 본관은 해주. 자는 심원(深遠)이다. 삼당시인(三唐詩人) 고죽 최경창(孤竹 崔慶昌, 1539~1583)의 아들로 1579년 식년시에 합격하여 생원이 되었고, 연기현감, 호조좌랑 등을 거쳤다. 이 외에는 알려진 행적이 없다.

2 십고십상(十考十上): 매년 2회에 걸쳐 관원의 근무 성적을 평가하는 것을 고(考)라 하고, 그 성적을 상·중·하로 표시하였는데, 동일한 직에 있는 사람이 다섯 해 동안 10회 평가에 모두 상급의 성적을 얻는 것을 말한다.

제발

梨川 李弘胄 字 伯胤 全州人 壬戌生
宣廟 甲午 別試 歷 銓郎 丙子 入相 至 領 壽 七十 諡 忠貞 有 筆法
　尹光毅 士弘 書

이천(梨川) 이홍주(李弘胄)의 자는 백윤(伯胤), 본관은 전주이다. 임술(1562)년에 태어났다. 선조(宣祖) 조 갑오(1594)년 별시문과에 급제하여 전랑(銓郎)을 역임하고, 병자(1636)년 정승이 되었으며, 영의정에 올랐다. 70세를 일기로 세상을 떠났고, 시호는 충정(忠貞)이다. 필법(筆法)이 전한다.

　윤광의(尹光毅) 사홍(士弘) 쓰다.

제발자

윤광의 尹光毅

1697년(숙종 21)~ 미상

조선후기 대사간, 이조참의, 형조참판 등을 역임한 문신이다.
본관은 파평(坡平)이며, 자는 사홍(士弘)이다. 참판 윤집(尹鏶)의 증손으로, 할아버지는 지돈녕부사 윤심(尹深)이다. 아버지는 윤휘성(尹彙成)이며, 어머니는 정도현(鄭度玄)의 딸이다. 양부는 윤휘양(尹彙敭)이다.

생애 및 활동사항

사마시에 합격하여 생원이 되고, 1725년(영조 1) 정시문과에 병과로 급제하여 관직에 나갔다. 1729년(영조 5) 정언으로 재직 시 인재등용을 고르게 하고 탕평의 도리를 다해야 한다는 소를 올렸으나, 영조의 미움을 받아 영의정 이집(李㙫)의 만류에도 불구하고 삭출당하였다. 그 뒤 1733년(영조 9) 정언으로 재임용되었고, 사서 · 부수찬 · 수찬 · 부교리 · 정언 등을 역임하다가 지방관으로 자청하여 용강현령(龍崗縣令)이 되었다. 그러나 관직(館職)에 있으면서 지방고을로 나간 것은 기름진 고을을 점유하려는 욕심때문이라는 집의 정희보(鄭熙普)의 탄핵을 받기도 했다. 1742년(영조 18) 교리에 제수되었으나 조경(趙璥)의 처치를 옥당(玉堂)과 대간이 서로 미룬다는 이유로 파직되었으나, 다시 부수찬으로 복귀하였다. 이 때 혜성이 나타나자 측후관에 임명되어 임무를 수행하였고, 그 뒤 장령 · 교리 · 부응교 · 사간 · 집의 · 사인 · 응교 등을 거쳐 승지로 발탁되었다. 대사간 · 대사성을 역임한 뒤 특지로 이조참의에 제수되었다가 또다시 승지 · 이조참의 · 형조참판 · 대사간을 두루 거쳤다. 승지 재직 시 당습의 폐단을 상서하여 왕세자의 신임을 받았다. 궁인문씨(宮人文氏)를 소원(昭媛)으로 제수하려는 교지에 어보를 끝까지 거절하였으나 영조는 윤광의의 정직함을 가상히 여겼다. 정조 때 판중추부사 윤숙(尹塾)에 의해 청백리에 추천, 선발되었다.

발신자

이홍주李弘冑

1562년(명종 17)~1638년(인조 16)

조선시대 전주부윤, 도승지, 병조판서 등을 역임한 문신이다. 본관은 전주(全州). 자는 백윤(伯胤), 호는 이천(梨川). 이옥형(李玉荊)의 증손으로, 할아버지는 부령(副令) 이주(李珠)이고, 아버지는 군수 이극인(李克仁)이며, 어머니는 이조참의 유환(兪煥)의 딸이다.

생애 및 활동 사항

1582년(선조 15) 진사시에 합격, 의금부낭관이 되고, 1594년 별시 문과에 병과로 급제, 주서 · 교산찰방을 거쳐 예조 · 병조 · 이조좌랑을 역임하였다. 1609년(광해군 1) 부수찬 · 교리 · 의주부윤 · 안동부사를 거쳐, 1618년 전라도를 순찰하고 돌아와 형조참판이 되었다. 1619년 사은사로 명나라에 다녀왔으며, 다시 진주사(陳奏使)가 되었으나 병으로 사직하였다. 이 해 병조참판이 되었으며, 1621년 함경도 관찰사로 나갔다가 예조참판에 이어 1624년(인조 2) 도승지가 되었다. 이 해 이괄(李适)의 난이 일어나자 도원수 장만(張晩)을 도와 큰 공을 세웠고, 이괄의 난이 진압된 후 장만의 병이 위독해지자 그의 후임으로 도원수가 되었다. 같은 해 대사헌, 1624년 우참찬이 되어 지경연사(知經筵事)를 겸임했으며, 이어 호태감접반사(胡太監接伴使) · 대사헌 · 전주부윤 · 도승지 · 병조판서를 지냈다. 1632년 인목대비(仁穆大妃)가 죽자 애책문(哀冊文)을 짓고 숭정대부에 오른 뒤 예조 · 병조의 판서를 역임하였다. 1635년 왕이 여러 대신들에게 왜의 정세에 관해 묻자 모두들 왜인들은 침범할 힘이 없다고 대답했으나, 그는 병선과 군사를 정비해 환란에 대비하자고 청하였다. 1636년 이조판서를 거쳐 우의정이 되어 여러 번 사직을 청했으나 허락되지 않았다. 병자호란이 일어나 적들이 서문(西門) 밖까지 이르자 왕의 국서(國書)를 가지고 적진으로 들어가 국서를 전하고 화의 교섭을 벌였으나 항복은 끝까지 반대하였다. 1637년 영중추부사가 되어 사직을 표했으나 허락되지 않고, 이 해 영의정에 올랐다. 법도에 따르고 검소한 생활로 이름이 높았다.
시호는 충정(忠貞)이다.

31 이성구李聖求 안부 편지와 보내준 세의歲儀에 대한 감사

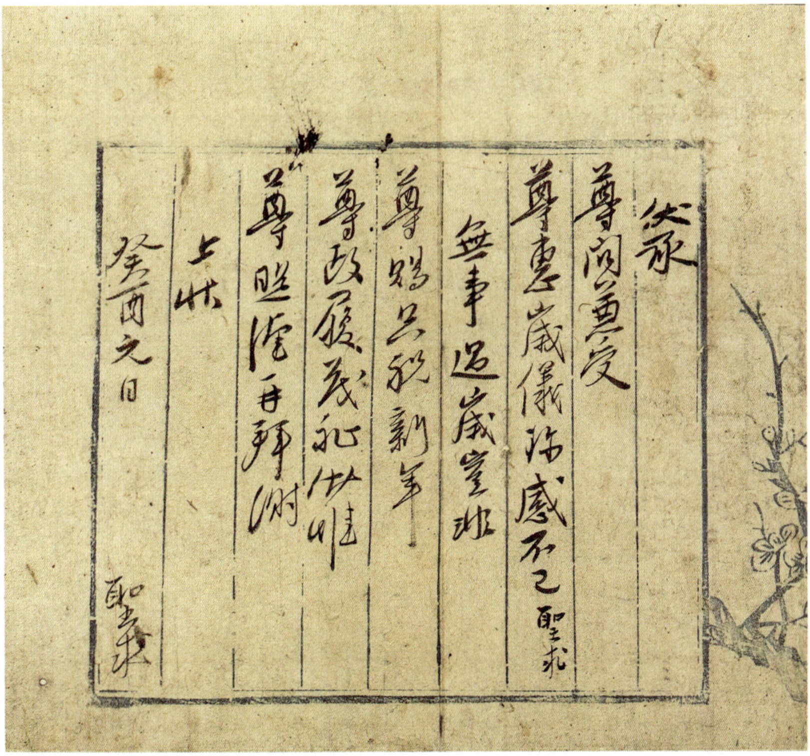

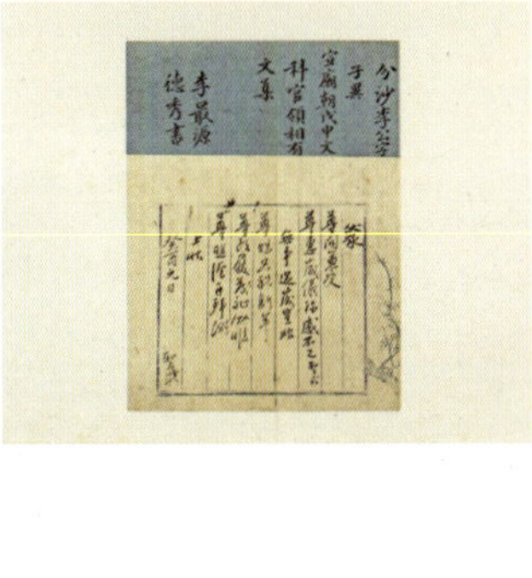

이성구李聖求: 안부 편지와 보내준 세의歲儀에 대한 감사
26.0×23.9cm

원문

伏承尊問 兼受尊惠歲儀 珍感不已
聖求 無事過歲 豈非尊賜
只祝新年 尊政履茂祉

伏惟尊照 謹再拜謝上狀
　癸酉 元日 聖求

안부편지를 받고, 아울러 보내주신 세의(歲儀)[1]를 받았습니다. 고맙기 그지없습니다.
저는 아무 탈 없이 새해를 맞고 있으니, 이 어찌 그대의 은덕이 아니겠습니까?
새해를 맞아 그대께서 정무를 보시며 많은 복을 누리시기만 축원할 뿐입니다.

그대께서 살펴주시기만 바라며, 삼가 두 번 절하고 답장을 올립니다.
　계유(1633)년 정월 초하룻날에. 성구(聖求).

1 세의(歲儀) : 세밑에 선사(膳賜)하는 물건(物件), 즉 세찬(歲饌)을 말한다.

제발

分沙 李公 字 子異
宣廟 朝 戊申 文科 官 領相 有 文集
　李最源 德秀 書

분사(分沙) 이(李) 공의 자는 자이(子異)이다.
선조(宣祖) 조 무신(1608)년에 문과에 급제하여 영의정을 지냈다. 문집이 있다.
　이최원(李最源) 덕수(德秀) 쓰다.

제발자

이최원 李最源
1691년(숙종 17)～미상

조선후기 문신으로 본관은 광주(廣州)이며, 자는 덕수(德秀)이다. 할아버지는 이후징(李厚徵)이고, 아버지는 한성판윤을 지낸 이의만(李宜晩)이다.

생애 및 활동사항

영조 19년 정시에 53세의 나이로 병과 2위에 급제하였다. 종8품 봉사라는 관직을 수여받았다.

발신자

이성구 李聖求

1584년(선조 17) ~ 1644년(인조 22)

조선시대 형조판서, 좌의정, 영의정 등을 역임한 문신이다. 본관은 전주(全州). 자는 자이(子異), 호는 분사(分沙)·동사(東沙). 태종의 아들인 경녕군(敬寧君) 이비(李礻+非)의 후손이며, 신당부령(神堂副令) 이정(李禎)의 증손으로, 할아버지는 병조판서 이희검(李希儉)이고, 아버지는 이조판서 이수광(李睟光)이며, 어머니는 도사(都事) 김대섭(金大涉)의 딸이다.

생애 및 활동 사항

1608년(광해군 1) 별시 문과에 을과로 급제해 한원(翰苑)주 01)에 들어가 관직 생활을 시작하였다. 광해군 초기에 전적·감찰, 예조·병조·형조의 좌랑, 부교리·헌납·병조정랑·교리 등을 역임하였다. 지평으로 있을 때 영창대군(永昌大君)의 옥사가 일어나자 시론(時論)에 반대했으며, 영의정 이항복(李恒福)이 정협(鄭浹)을 천거해 종성판관으로 삼자 이를 문제 삼는 간당(奸黨)들을 저지하다가 파직되었다. 1614년 이천현감(伊川縣監), 1616년 영평판관(永平判官)이 되어 포천도 함께 다스렸다. 이 때 이항복이 북청 유배지에서 죽자 포천의 향민들이 운구해 장사지내고 서원을 세워 봉사한 일로 무고당해 대간의 탄핵을 받아 파면되었다. 1623년 인조반정 때에는 사간으로 기용되었고, 강화부윤·부승지·예조참의를 거쳐 1625년(인조 3) 대사간, 이듬해 병조참지가 되었다. 1627년 정묘호란 때에는 이조참의로서 왕세자를 전주로 호종하고, 가선대부(嘉善大夫)로 승진되어 이듬 해 전라감사에 부임하였다. 그 뒤 대사간·좌승지·도승지·병조참판·대사헌·형조참판·경기감사 등을 지냈으며, 1636년 형조판서·이조판서·병조판서와 체찰부사(體察副使)를 겸했고, 병자호란 때에는 왕을 남한산성으로 호종하였다. 1638년 영돈녕부사가 되고, 1640년 사은사(謝恩使)로 청나라에 가서 명나라를 칠 원군을 보낼 수 없음을 전하고 왔다. 1641년 영의정이 되었으나 이듬해 사직했다가 곧 영중추부사가 되었다. 그런데 다시 선천부사 이계(李烓)가 청나라에 기밀을 누설한 사건을 논하다가 파직되어 양화강(楊花江) 부근에 만휴암(晩休菴)을 지어 소요하며 지냈고, 향인(鄕人)을 권장해 「서호향약기(西湖鄕約記)」라는 향약을 만들기도 하였다. 다시 영중추부사에 서용되었으나 나오지 않고 강호에 살다 죽었다. 저서로는 『분사집(分沙集)』이 있다. 시호는 정숙(貞肅)이다.

32

최명길崔鳴吉 아들에게 보내는 편지

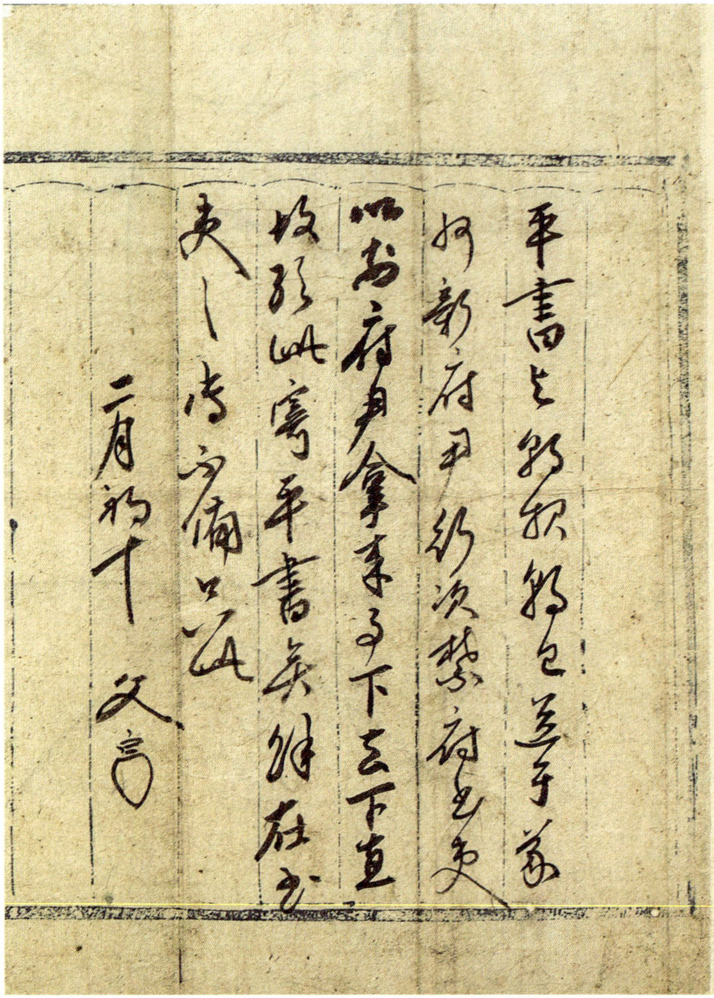

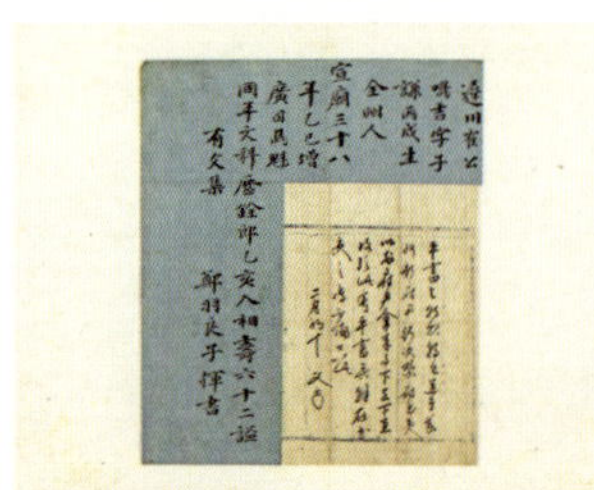

최명길崔鳴吉: 아들에게 보내는 편지
18.0×24.8cm

원문

平書與朝服 朝已送于義州新府尹行次
禁府書吏 以前府尹 拿來事 下去 下直
故敢此寄平書矣

餘在書吏之傳 不備 只此
　二月 初十　父　手決

편지와 조복(朝服)[1]은 아침 이미 새 부윤(府尹)의 행차 편에 의주로 보냈다.
의금부 서리(義禁府書吏)는 전(前) 부윤을 잡아오는 일로 내려가려고 하직(下直)[2]하였다.
그러므로 감히 이 편지를 부치는 것이다.
나머지는 서리 편으로 전하마.

대충 쓰고 이만 줄인다.
　2월 10일　애비가　수결(手決)

1 조복(朝服)은 관원이 조정에 나아가 의식을 행할 때 입는 예복을 말한다.

2 하직(下直)은 숙직이나 일직에서 풀려 나오는 것을 말하나, 여기에서는 물러갈 것을 고하고 나간다는 말로 쓰여 있다.

제발

遲川 崔公 鳴吉 字 子謙 丙戌生 全州人

宣廟 三十八年 乙巳 增廣 司馬 魁 同年 文科 歷 銓郎 乙亥 入相

壽 六十二 諡 有文集

鄭羽良 子揮 書

지천(遲川) 최(崔)공 명길(鳴吉)의 자는 자겸(子謙)이다.

병술(1586)년에 태어났다. 본관은 전주(全州)이다.

선조(宣祖) 38년 을사(1605)년 증광 사마시에서 장원을 하였으며, 같은 해 문과에 급제하였다. 이조정랑을 지냈고 을해(1635)년 재상의 반열에 올랐다.

62세까지 살았으며 시호를 받았다. 문집이 있다.

정우량(鄭羽良) 자휘(子揮) 쓰다.

제발자

정우량 鄭羽良

1692년(숙종 18)~1754년(영조 30)

조선후기 병조판서, 우의정, 판중추부사 등을 역임한 문신이다.

본관은 연일(延日)이며, 자는 자휘(子翬)이고, 호는 학남(鶴南)이다. 정시성(鄭始成)의 증손으로, 할아버지는 정인빈(鄭寅賓)이고, 아버지는 판서 정수기(鄭壽期)이며, 어머니는 윤희수(尹希壽)의 딸이다. 좌의정 정휘량(鄭翬良)의 형이다.

생애 및 활동사항

1723년(경종 3) 증광문과에 병과로 급제한 뒤 1727년 정언이 되어 당시 백성들을 효유(曉諭)하는 왕의 교서를 한글로 번역하여 각도에 반포하였다. 부수찬으로 시독관(侍讀官)을 겸임할 때 왕에게 이황(李滉)과 이이(李珥)의 문집을 인판(印版)하기를 주청하여 간행하게 하였다. 지평·대사성을 역임하고 좌승지 때에는 공종수(孔宗洙)를 선성(先聖)의 후예로 추대하고 반궁(泮宮)에 두어 녹(祿)을 지급할 것을 소청하여 시행하기도 하였다. 이조참판 당시 민통수(閔通洙)와 사이가 좋지 못하여 이천부사로 좌천되었으나, 이어 우참찬이 된 뒤에는 한성부에 있는 서북인을 등용하여 인심을 수습할 것을 주청하였다.

1749년(영조 25) 병조판서를 거쳐 우의정에 올랐으며 그 뒤 판중추부사에 전임되었다. 글씨에 능하여 작품으로 개성계성사비문(開城啓聖祠碑文)을 남겼다. 시호는 문충(文忠)이다.

발신자

최명길 崔鳴吉

1586년(선조 19) ~ 1647년(인조 25)

조선시대 이조판서, 우의정, 영의정 등을 역임한 문신이다. 본관은 전주(全州), 자는 자겸(子謙), 호는 지천(遲川) · 창랑(滄浪), 최업(崔業)의 증손으로, 할아버지는 최수준(崔秀俊)이고, 아버지는 영흥부사 최기남(崔起南)이다. 어머니는 참판 유영립(柳永立)의 딸이다.

생애 및 활동 사항

1605년(선조 38) 생원시에서 장원하고, 그 해 증광문과에 병과로 급제하여 승문원을 거쳐 성균관전적이 되었다. 1614년(광해군 6) 병조좌랑이 되었으나 관직을 삭탈 당하였다.

1623년 인조반정에 가담하여 정사공신(靖社功臣) 1등이 되어 완성부원군(完城府院君)에 봉해졌다. 이어 이조참판으로 비변사 유사당상을 겸한 뒤 홍문관부제학 · 사헌부대사헌 등을 거쳤다. 1627년(인조 5) 정묘호란 때 화의를 주장하여 후금군이 돌아간 뒤에도 많은 지탄을 받았다. 그 후 우참찬 · 부제학 · 예조판서 · 이조판서 겸 대제학 · 호조판서를 역임하였다.

1636년(인조 14) 병자호란 때 척화론 일색인 조정에서 홀로 강화론을 펴 극렬한 비난을 받았다. 다음 해 정월 인조가 청 태종에게 항복할 때 김상헌(金尙憲)이 조선 측의 강화문서를 찢고 통곡하니, 이를 주워 모으며 "조정에 이 문서를 찢어버리는 사람이 반드시 있어야 하고, 또한 나 같은 자도 없어서는 안 된다."라고 말했다고 한다. 청군이 물러간 뒤 우의정 · 좌의정을 거쳐 영의정에 올랐으나 조선의 반청적(反淸的)인 움직임이 청에 알려져 청에 불려가 김상헌 등과 함께 고초를 겪고 1645년(인조 23)에 귀국하여 인조를 보필하였다.

성리학과 문장에 뛰어나 일가를 이루었으며, 글씨로는 동기창체(董其昌體)로 이름이 있었다. 양명학(陽明學)을 독수(獨修) 하였다고 하며 교우 장유나, 계자(系子) 후량(後亮) 및 손자 석정(錫鼎) 등도 양명학을 공부하여 강화학파의 기틀을 이루었다. 저서로 『지천집』 19권과 『지천주차(遲川奏箚)』 2책 등이 있다. 시호는 문충(文忠)이다.

33

장유 張維 수신자 가족의 병환 위로와 부탁을 거절

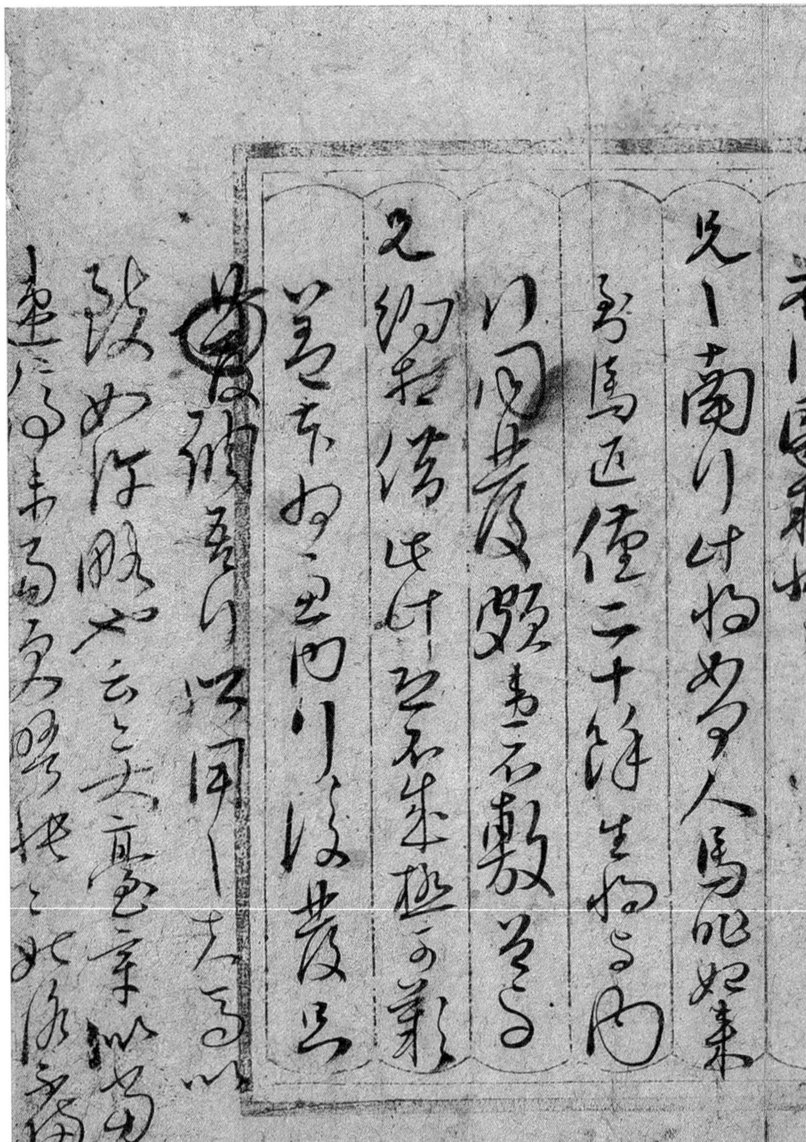

장유 張維: 수신자 가족의 병환 위로와 부탁을 거절

24.2x21.1cm

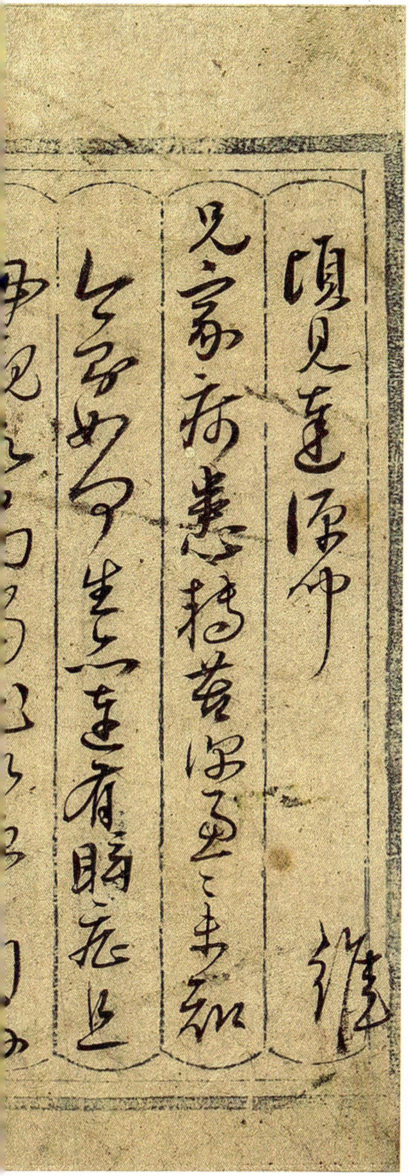

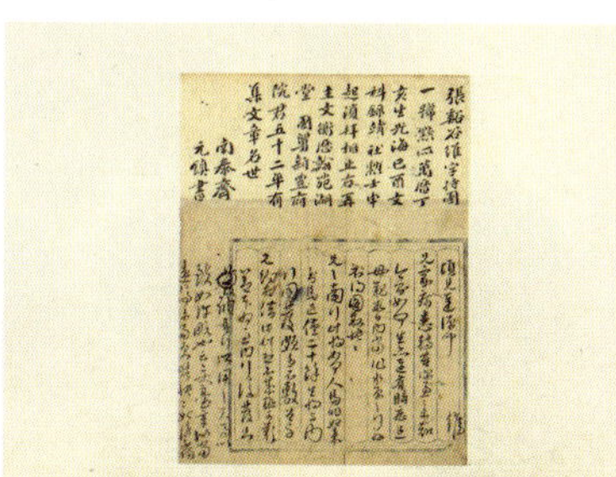

원문

頃見逢源 聞兄家病患轉苦 深慮深慮 未知今則如何
生亦逢有眩症 且母親 數日內 當作水原之行 玆不得圖叙悵悵
兄之南行計將如何

人馬昨始來到 馬匹僅二十餘 生將與內行同發 頗患不敷
曾與兄約相借 此計恐不成 極可歎
着本州 慮內行後發 只調吾行所用之夫馬 以致如許略也云矣

臺章似當速停 未易更晤 悵悵

姑謝不備
　維

접때 봉원(逢源)[1]을 만나 형의 집안이 병환으로 고통을 당하고 있다는 얘기를 들었습니다.
무척이나 걱정스럽습니다. 지금은 어떠신지 궁금합니다.
저도 현증(眩症)[2]이 생겼습니다. 게다가 어머니께서는 며칠 내로 수원에 가시게 되었습니다.

이로써 만날 수 있는 방도가 없습니다. 안타깝고 안타깝습니다.
형께서 남쪽으로 가시려는 계획은 어떻게 되고 있습니까?

사람과 말은 어제 비로소 도착했습니다. 말은 겨우 20여필에 불과합니다.
저는 내행(內行)[3]과 함께 떠나려고 하는데, 넉넉하게 배치되지 못하여 자못 걱정스럽습니다.
일찍이 형과 서로 빌려 쓰기로 약조하였으나, 계획대로 될 수 없을 것 같아 한탄스럽기 짝이 없습니다.

본주(本州)에 도착해도 내행 뒤 떠날 일이 걱정스럽습니다.
단지 저의 행차에 소용되는 부마(夫馬)[4]는 이렇게 대략 보낼 것이라고 합니다.

1 봉원(逢源)은 조봉원(趙逢源, 1608~1691)으로 여겨진다. 조봉원의 본관은 함안(咸安). 자는 사달(士達), 호는 파서(坡西)이다. 김상헌(金尙憲)의 문인(門人)으로 동지중추부사를 지냈다. 장유는 김상헌의 형인 우의정 김상용(金尙容)의 사위이다.
2 현증(眩症)은 어지럽고 가슴이 답답하면서 정신이 혼미해지는 증상을 말한다.
3 내행(內行)은 부녀자의 행차를 이르는 말이다.
4 부마(夫馬)는 인부와 쇄마(刷馬)를 말한다. 쇄마는 지방 관청에 준비해 두는 말이다.

대장(臺章)[5]은 빠른 시간 내에 정계(停啓)[6]될 것 같습니다.
다시 만나기는 쉽지 않아 매우 서운합니다.

우선 이렇게 대충 써서 답장에 대합니다.

유(維)

5 대장(臺章)은 사헌부와 사간원에서 올리는 상소문 등을 이른다. 죄를 주고 귀양을 보내라는 등의 내용이 대부분을 차지한다.

6 정계(停啓)는 왕이 윤허할 때까지 논쟁하지 않고 중간에서 계(啓)를 정지하는 것을 뜻한다.

제발

張谿谷 維 字 持國 一號 默所

萬曆 丁亥生 光海 己酉 文科 錄靖社勳 壬申起復拜相 止右 再主文衡 歷翰苑湖堂

國舅 新豐府院君 五十二 卒 有集 文章名世

南泰齊 元鎭 書

장(張) 계곡(谿谷) 유(維)의 자는 지국(持國)이다. 또 다른 호는 묵소(默所)이다.

만력(萬曆) 정해(1587)년에 태어나 광해군 기유(1609)년 문과에 급제하였으며, 정사공신(靖社功臣)[7]에 녹훈되고 임신(1632)년 기복(起復)[8]하여 정승에 임명되어 우의정에 이르렀다. 두 차례 문형(文衡 홍문관대제학)을 역임하였으며, 한원(翰苑 예문관), 호당(湖堂)을 거쳤다.

국구(國舅)[9]로 신풍부원군(新豐府院君)에 봉해졌고 52세로 세상을 떠났다. 문집을 남겼으며 문장으로 세상에 이름을 떨쳤다.

남태제(南泰齊) 원진(元鎭) 쓰다.

7 장유는 1623년 인조반정에 가담해 정사공신(靖社功臣) 2등에 녹훈되었다.

8 기복(起復)은 상중(喪中)에 있는 사람을 출사(出仕)케 하는 것을 일컫는다.

9 장유는 효종비 인선왕후(仁宣王后)의 아버지이다.

남태제 南泰齊

1699년(숙종 25)~1776년(정조 즉위년)

조선후기 경기감사, 홍문관제학, 이조판서 등을 역임한 문신이다.
본관은 의령(宜寧)이며, 자는 원진(元鎭)·관보(觀甫)이고, 호는 담정(澹亭)·학야(鶴野)이다. 할아버지는 도승지 남치훈(南致熏)이고, 아버지는 공조좌랑 남필명(南弼明), 어머니는 한성판윤 신후재(申厚載)의 딸이다.

생애 및 활동사항

1723년(경종 3)에 사마시에 합격하고, 1727년(영조 3)에 증광 문과에 병과로 급제, 1728년 『숙종실록(肅宗實錄)』 편찬에 참여했다. 그 해 이인좌(李麟佐)의 난이 일어나자 죄인 국문 등에 신속히 대처한 공으로 양무원종공신(揚武原從功臣) 1등에 녹훈되었다.
그 뒤 전적·예조좌랑·지평·병조좌랑 등을 거쳐, 1734년 정언에 이르러 당시 영상인 심수현(沈壽賢)을 탄핵하다가 진도군수(珍島郡守)로 좌천되었다. 뒤에 조현명(趙顯命)의 주청으로 1735년 장악원첨정을 시작으로 필선·장령·정언·지제교·헌납·집의·수찬·교리 등의 대각(臺閣)을 두루 역임했다.
당시 기강퇴폐(紀綱頹廢), 재용 낭비, 풍속 괴패, 시파(時派)와 벽파(僻派)의 논쟁 등에 대한 시정을 요구하는 상소를 많이 올렸으나 제대로 받아들여지지 않고 오히려 유배당하는 일이 많았다. 그런 가운데 능력을 인정받아, 1743년 병조참의·동부승지·대사간·이조참의·형조참의·강화유수·형조참판·호조참판·한성부윤·대사헌·대사성·개성유수를 역임했다.
그 뒤 1760년에 자헌(資憲)으로 승계해 지돈녕부사·한성판윤·내의원제조를 거쳐 정헌(正憲)으로 승계, 형조판서·예조판서·세자우빈객·도총관·경기감사·홍문관제학을 거친 뒤, 1767년 이조판서에 이르렀다.
나이 70이 되자 모든 벼슬을 사양하고 숭록(崇祿)으로 승계한 뒤 기로소에 들어갔다. 성품이 단정하고 스스로 행동을 잘 지켜 관직 생활 50년 동안 파당적인 논쟁에 휩쓸리지 않았다.
문장이 우아하고 시문에 화실(華實)이 구비되었으며, 제자백가에도 통달했다. 저서로는 『담정유고』가 있다. 시호는 청헌(淸獻)이다.

발신자

장유 張維

1587년(선조 20)~1638년(인조 16)

조선시대 좌부빈객, 예조판서, 이조판서 등을 역임한 문신이다. 본관은 덕수(德水). 자는 지국(持國), 호는 계곡(谿谷)·묵소(默所)이다. 할아버지는 목천현감 장일(張逸)이고, 아버지는 판서 장운익(張雲翼)이며, 어머니는 판윤 박숭원(朴崇元)의 딸이다. 우의정 김상용(金尙容)의 사위로 효종비 인선왕후(仁宣王后)의 아버지이다. 김장생(金長生)의 문인이다.

생애 및 활동 사항

1605년(선조 39) 사마시를 거쳐 1609년(광해군 1) 증광 문과에 을과로 급제하여 호당(湖堂)에 들어갔다. 1612년 김직재(金直哉)의 무옥(誣獄)에 연루되어 파직되었다. 1623년 인조반정으로 정사공신(靖社功臣) 2등에 녹훈되고 봉교를 거쳐 전적과 예조·이조의 낭관을 지내고 그 뒤 대사간·대사성·대사헌 등을 역임하였다. 1624년(인조 2) 이괄(李适)의 난 때 왕을 공주로 호종한 공으로 1625년 신풍군(新豊君)에 책봉되고 이조참판·부제학·대사헌 등을 지냈다. 1627년 정묘호란이 일어나자 강화도로 왕을 호종하였다. 그 뒤 대제학으로 동지경연사(同知經筵事)를 겸임했다. 1629년 나주목사로 좌천되었으나 1630년(인조 8) 대사헌·좌부빈객(左副賓客)·예조판서·이조판서 등을 역임했으며, 원종추숭론(元宗追崇論)에 반대하였다. 병자호란 때 공조판서로 최명길(崔鳴吉)과 더불어 강화론을 주장하였다. 1637년(인조 15) 예조판서를 거쳐 우의정에 임명되었으나 어머니 상을 당해 사퇴했고 장례 후 과로로 병사하였다.
그는 당시의 주자학(朱子學) 풍토를 비판하여 양명학적 사고방식을 가졌다. 천문·지리·의술·병서 등 각종 학문에 능통했다. 서화와 특히 문장에 뛰어나 이정구(李廷龜)·신흠(申欽)·이식 등과 한문사대가(漢文四大家)로 일컬어 졌다. 많은 저서가 있다고 하나 대부분 없어지고 현재 『계곡만필』·『계곡집』·『음부경주해(陰符經注解)』가 전해진다. 신풍부원군(新豊府院君)에 봉해졌으며 영의정에 추증되었다. 시호는 문충(文忠)이다.

34

신경진申景禛 대감의 편지에 답신

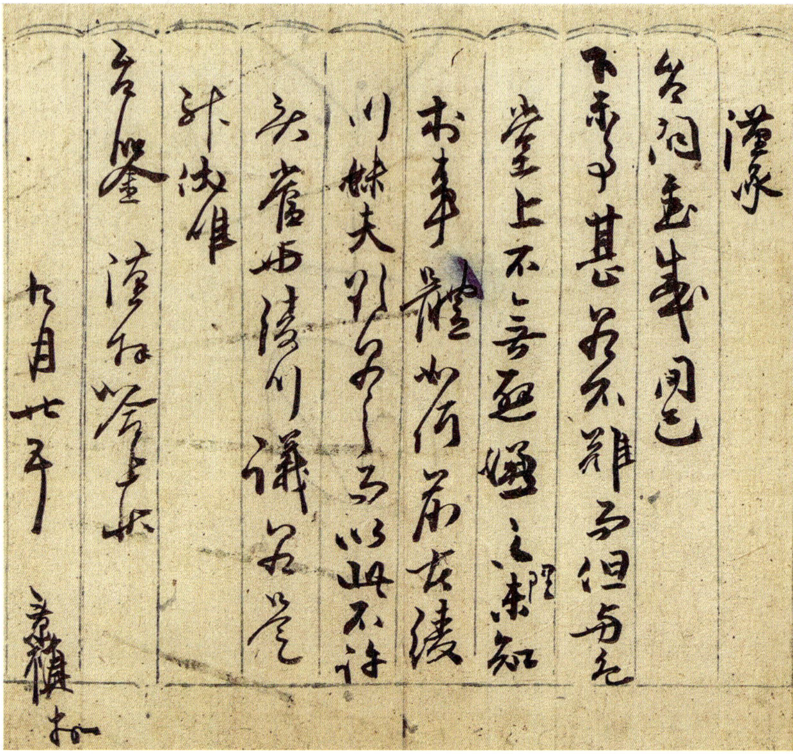

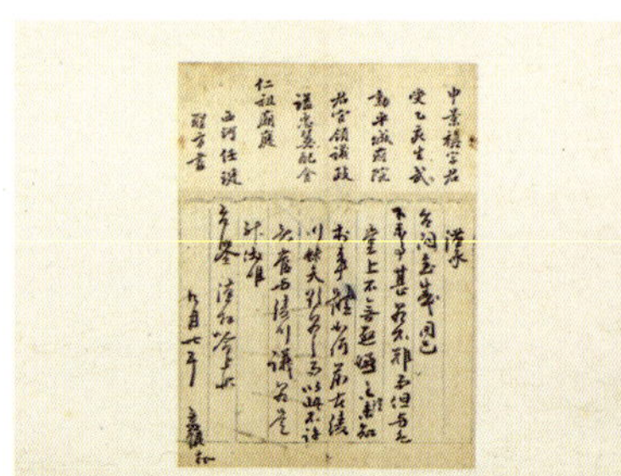

신경진 申景禛: 대감의 편지에 답신

24.1 x 21.9cm

원문

謹承台問 慰感罔已
下示事 甚若不難 而但與各堂上 不無避嫌之理 未知於事體如何
前者綾川妹夫欲若之 而以此不許矣 當與綾川議若是計

伏惟台鑒 謹拜答上狀
九月 卄五日 景禛 頓

삼가 대감의 편지를 받아 위로와 감사가 끝이 없습니다.

말씀하신 일은 그리 어렵지는 않을 것 같으나, 다만 각 당상관(堂上官)[1] 사이에 피혐(避嫌)[2]할 수도 있으므로 사태(事態)가 어떻게 전개될 지는 잘 모르겠습니다.
지난 번 능천(綾川)[3]의 매부(妹夫)가 그렇게 하려고 하였으나, 이 때문에 허락받지 못하였습니다.
응당 능천(綾川)과 상의하여 이와 같이 할 계획입니다.

대감께서 살펴주시기 바라며 삼가 답장을 올립니다.
9월 25일 경진(景禛) 올림.

1 당상관(堂上官) : 일반적으로 문신은 정3품 통정대부, 무신은 정3품 절충장군 이상의 품계를 가진 자를 지칭하나, 넓게는 명선대부(明善大夫) 이상의 종친, 봉순대부(奉順大夫) 이상의 의빈(儀賓)을 포함한다.

2 어떤 사건에 관련되어 다른 사람에게 혐의를 받으면 그 혐의를 피하기 위해 사건과 관련 있는 모든 언행과 관직을 삼가는 일을 말한다.

3 능천(綾川) : 능천군(綾川君) 구인후(具仁垕)와 연관이 있어 보이나 확실하지 않다. 신경진은 이서(李曙), 구굉(具宏), 구인후(具仁垕) 등과 함께 인조반정을 모의하였다. 참고로 신경진은 인조 큰어머니의 남자 형제이고, 구굉은 인조의 외삼촌이다.

제발

申景禛 字 君受 乙亥 生
武勳 平城府院君 官 領議政
諡 忠翼 配食仁祖廟庭
西河 任珽聖方書

신경진(申景禛)의 자는 군수(君受)로 을해(1575)년에 태어났다.
무공(武功)으로 평성부원군(平城府院君)에 봉해졌으며, 영의정을 지냈다.
시호는 충익(忠翼)이다. 인조(仁祖)의 묘정에 배향되었다.
서하(西河)[4] 임정(任珽) 성방(聖方) 쓰다.

제발자

임정 任珽
1694년(숙종 20)~1750년(영조 26)

조선후기 대사간, 이조참의, 대사성 등을 역임한 문신이다.
본관은 풍천(豊川)이며, 자는 성방(聖方)이고, 호는 호재(扈齋)이다. 임양(任量)의 증손으로, 할아버지는 임윤원(任胤元)이고, 아버지는 형조참판 임수적(任守迪)이며, 어머니는 유이정(柳以井)의 딸이다.
임정은 송질의 소북 후배이며, 18세기 초반 소북의 주요 문인으로, 최성대(崔成大, 1691~1762)와 함께 안산(安山)의 남인(南人), 소북(小北) 사단(詞壇)을 개창한 인물이다. 임정의 장인 강현(姜鋧, 1650~1733)은 당시 소북의 영수로, 그의 아들이 표암(豹菴) 강세황(姜世晃, 1713~1723)이다.

생애 및 활동사항

숙종 때에 진사시에 합격하고, 1722년(경종 2) 황감시(黃柑試)에서 일등하여 전시에 직부(直赴)되고, 이듬해에 증광문과에 병과로 급제하였다. 문한관을 역임하다가 1728년(영조 4) 지평에 올랐다. 다음해 도당록(都堂錄)에 올랐고, 그 뒤 수찬 · 부수찬 · 정언 · 교리 · 부교리 등을 번갈아 역임하였다. 1731년 수찬으로 탕평책에 따른 시정의 폐단을 건의하여 왕의 칭찬을 받았다. 1735년 사간이 되었고, 다음해에 응교로서 중시문과에서 병과로 급제하였다. 곧 승지가 되고, 1740년 대사간에 올랐다. 그 뒤 대사간 · 승지 · 이조참의 등을 거듭 역임하다가 1748년 곡산도호부사가 되어 외직에 나갔고 2년 후에 대사성이 되었다. 고금의 시가에 능했으며 글씨도 뛰어났다고 한다. 저서는 『호재집』, 글씨는 해주축성비(海州築城碑), 개성의 계성사비(啓聖祠碑) 등이 남아 있다.

4 서하(西河) : 황해도에 있었던 옛 지명, 풍천(豊川)의 별칭이다.

발신자

신경진 申景禛

1575년(선조 8)~1643년(인조 21)

조선시대 형조판서, 병조판서, 좌의정 등을 역임한 무신이다. 본관은 평산(平山). 자는 군수(君受). 서울 출신. 할아버지는 생원 신화국(申華國)이고, 아버지는 도순변사(都巡邊使) 신립(申砬)이다. 신경유(申景裕)·신경인(申景禋)의 형이다.

생애 및 활동 사항

임진왜란 때 선전관으로 기용되었고, 오위도총부도사로 전보되어 무과에 급제하였다. 그 뒤 태안군수·담양부사·부산첨사가 되었으나 왜사(倭使)의 접대를 거부하여 체임되었다. 이어 갑산부사를 거쳐 함경남도병마우후(咸鏡南道兵馬虞候)로 전보되자, 체찰사 이항복(李恒福)의 요청으로 경원부사와 벽동군수가 되었다. 인조반정 직후 왕의 특명으로 공조참의·병조참지에 임명되었고, 곧 병조참판이 되어 훈련도감(訓鍊都監)·호위청(扈衛廳)·포도청의 대장을 겸하여 왕실 안전의 책임을 맡았다. 반정에 따른 논공행상 때 제일 먼저 반정계획을 세웠다 하여 분충찬모입기명륜정사일등공신(奮忠贊模立紀明倫靖社一等功臣)에 녹훈되고, 평성군(平城君)에 봉해졌다. 1624년 (인조 2)이괄(李适)의 난 때는 훈련대장으로 어가(御駕)를 호위하였다. 평정 후 역도에 의하여 추대되었던 흥안군 제(興安君瑅)를 처형하여 대간의 탄핵을 받기도 하였다. 그 뒤 형조판서가 되었으며, 정묘호란 때 왕을 호종(扈從)하여 이듬해 부원군(府院君)에 봉해졌다. 1635년(인조 13)에는 파직당했다가 곧 복직되어 형조판서에 훈련대장을 겸하였다. 1636년(인조 14) 병조판서를 겸하도록 했으나 질병을 이유로 사양하였다. 병자호란시 적의 선봉부대를 차단, 왕이 남한산성으로 피난할 여유를 주었으며, 청나라와의 화의 성립 후 다시 병조판서에 임명되었다. 1637년(인조 15) 우의정이 되어 훈련도감제조를 겸했고, 이듬해 사은사(謝恩使)로 청나라에 파견되었다 돌아와 좌의정으로 승진하였다. 1641년(인조 19) 다시 사은사로 청나라에 들어가 김상헌(金尙憲) 등을 옹호하였다. 1642년(인조 20) 최명길이 파직되자 이어 영의정에 올랐으나 병으로 사퇴한 후 이듬해 재차 영의정에 임명, 열흘도 못 되어 죽었다. 항상 훈련도감·호위청 등의 친병(親兵)을 장악했으며 왕의 신변을 책임졌다. 1651년(효종 2) 인조 묘정에 배향되었고 송시열이 찬한 신도비문이 전한다. 시호는 충익(忠翼)이다.

35

심열沈悅 퇴임 인사 겸 세자의 귀국 소식과 옛 간찰 인쇄 요청

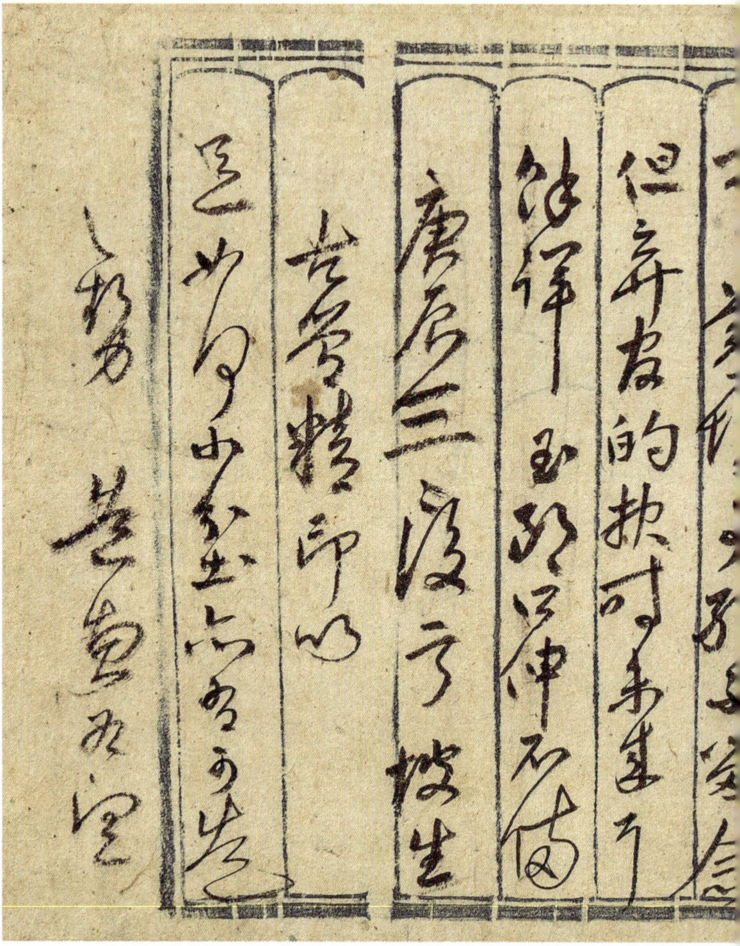

심열沈悅: 퇴임 인사 겸 세자의 귀국 소식과 옛 간찰 인쇄 요청
40.6x21.8cm

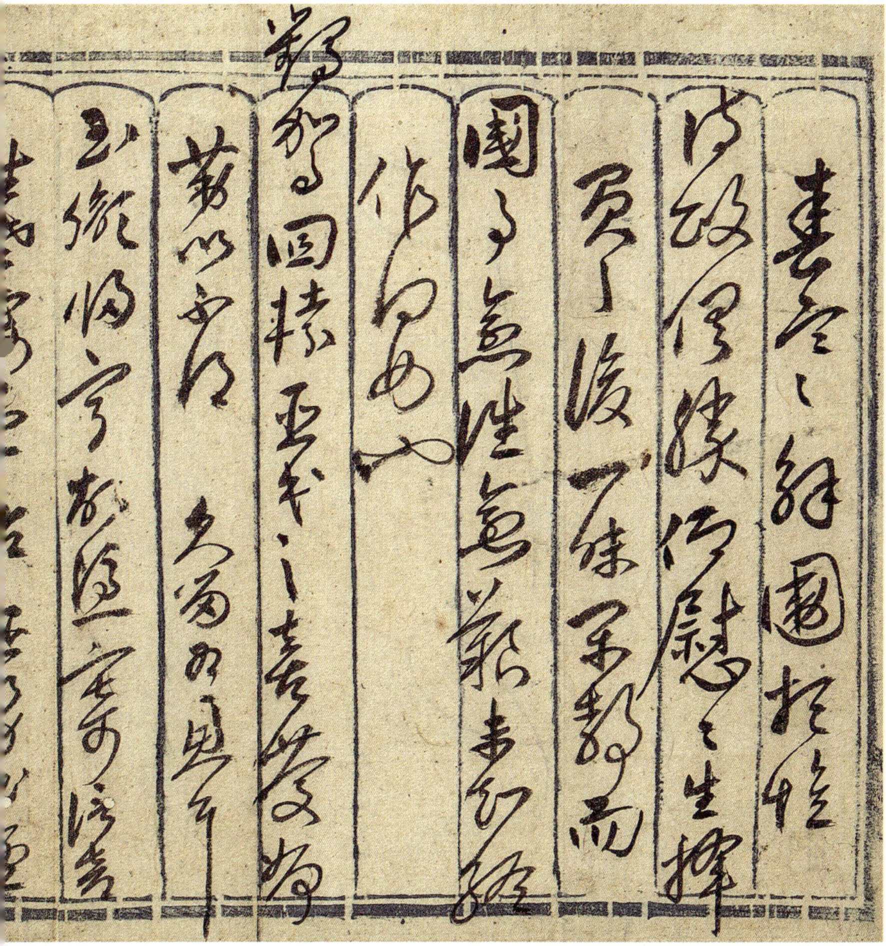

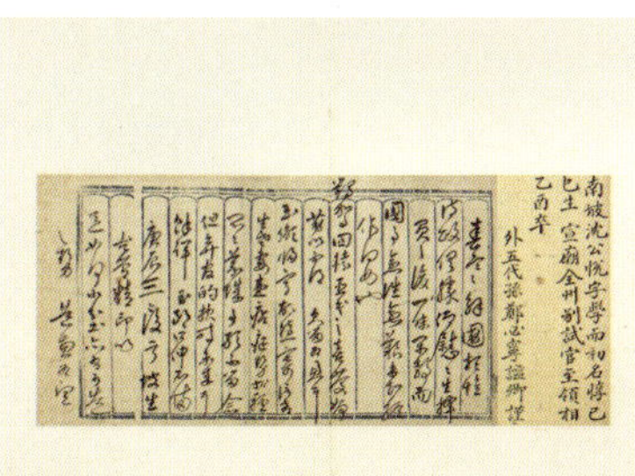

원문

春寒解凰 想惟侍政俱勝 仰慰仰慰
生 釋負之後 一味閑靜
而國事愈往愈艱 未知終作何如也

鶴駕回轅 臣民之喜慶如何
第以不得久留 爲慮耳

玉胤歸寧 故憑寄信音
生老妻患痁 症勢非輕 悶悶
義城事 敢不留念 但棄官 的報 時未來耳

餘詳 王郎口伸
不備
庚辰 三三 後二日 坡生

古簡精印以送如何
小分出亦有可造之勢
造惠爲望

봄추위가 풀리고 있는 이즈음, 부모님 모시면서 정무까지 모두 잘 보고 계시리라 생각하니 우러러 위로가 됩니다.
저는 의정(議政)의 자리에서 물러난[1] 후 내내 고요히 한가롭게 지내고 있습니다.

1 원문의 석부(釋負)는 크고 무거운 책임을 벗는다는 뜻이다. 여기서는 의정(議政)의 자리에서 물러나는 것을 의미한다. 이 편지를 쓴 경진(1640)년 1월, 심열은 우의정 자리에서 물러나 판중추부사로 제수되었다.

그러나 나랏일이 갈수록 더욱 어려워지니 결국 어떻게 될는지 알 수 없습니다.

세자의 수레[2]가 돌아왔습니다.
신하와 백성의 기쁨이 얼마나 크겠습니까?
다만 오랫동안 머무를 수 없으니 걱정입니다.

아드님[3]이 댁으로 부모님을 문안하러가므로[4] 가는 편에 소식을 전합니다.
저의 늙은 아내의 학질증세가 가볍지 않아 걱정이 많습니다.
'의성(義城)의 일'을 어떻게 감히 유념하지 않겠습니까만, 현직에서 물러나 있으니 지금은 정확한 정보가 없습니다.

나머지 상세한 내용은 아드님[5]이 말로 전할 것입니다.
이만 줄입니다.
경신(1640)년 삼삼일(三三日)[6] 이틀 후 파생(坡生)[7]

옛 간찰은 정갈하게 인쇄하여 보내주심이 어떠신지요?
작게 나누어 인출하는 것도 괜찮을 듯합니다.
출간해서 보내주시기 바랍니다.

---

2 원문의 학가(鶴駕)는 소현세자(昭顯世子)의 행차를 가리킨다. 이 편지를 쓴 1640년(인조18) 3월 인조의 병환 때문에 소현세자(昭顯世子)가 일시 귀국하였다. 학가는 세자의 별칭이다. 주 영왕(周靈王)의 태자인 진(晉)이 도술을 닦아 신선이 된 뒤에 백학(白鶴)을 타고 구지산(緱氏山)에 내려왔다는 전설에서 유래한 것이다. 『열선전(列仙傳)』「왕교전(王喬傳)」에 나온다.

3 원문의 옥윤(玉胤)은 남의 아들에 대한 높임말이다.

4 원문의 귀녕(歸寧)은 보통 부인이 친정집에 가서 문안하는 것을 가리킨다. 『시경(詩經)』「주남(周南) 갈담(葛覃)」에 "돌아가서 부모를 문안하리라(歸寧父母)"라고 구절에서 인용한 것이다. 여기서는 아들이 부모님이 계시는 본가에 문안하러 들어가는 일을 표현하였다.

5 원문의 옥랑(玉郎)은 남의 아들이나 사위를 높여서 일컫는 미칭(美稱)이다. 여기서는 상대방의 아들을 지칭한다.

6 삼삼일(三三日)은 '삼짇날'을 달리 이르는 말이다. 9월 9일 중양절(重陽節)을 지칭하기도 하는데 여기서는 서두에 '봄추위가 풀리는'이라는 내용이 있으므로 삼짇날이다.

7 파생(坡生)은 심열의 호가 남파(南坡)여서 뒤 한 글자를 따서 파생이라고 하였다. 이름이나 호의 앞뒤 한 글자만 따서 '생(生)', '노(老)' 등을 붙이는 경우는 옛 글 속에서 어렵지 않게 발견할 수 있다.

제발

南坡 沈公 悅 字 學而 初名 惇 己巳 生
宣廟 全州 別試 官 至 領相 乙酉 卒
外五代孫 鄭必寧 謐卿 謹(書)

남파(南坡) 심(沈)공 열(悅)의 자는 학이(學而), 초명은 순(惇)이다. 기사(1569)년에 태어났다.
선조(宣祖) 조 전주(全州)에서 열린 별시에 급제하여 관직이 영의정에 이르렀다.
을유(1645)년[8] 세상을 떠났다.
외 5대손 정필녕(鄭必寧) 밀경(謐卿) 삼가 (쓰다).

제발자

정필녕 鄭必寧

1677년(숙종 3)~1753년(영조 29)

조선후기 도승지, 참판을 역임한 문신이다.
본관은 해주(海州)이며, 자는 밀경(謐卿)이고 호는 순암(順庵)이다. 증조부는 정효준(鄭孝俊)이고, 할아버지는 정적(鄭積)이다. 아버지는 정중귀(鄭重龜)며 어머니는 진사 권적(權頔)의 딸이다.

생애 및 활동사항

1714년(숙종 40) 증광별시 문과에서 을과(乙科)로 급제하고 벼슬은 도승지, 호조참판에 이르렀다. 1731년(영조 7) 9월 목사로 제주에 도임하고 1733년 8월에 떠났다. 이 때 제주도에 동행했던 아들 정운경(鄭運經, 1699~1753)은 낯설고 물선 제주도의 문화와 사람들의 삶을 관찰하여 기록하여 『탐라견문록(耽羅聞見錄)』을 남겼다. 목사 정필녕이 부임 이듬해 봄에 황무(黃霧: 짙은 안개)가 들어 퍼져 가을에 흉년이 들었다. 1733년 3월, 조정에서는 제주독운위유어사(濟州督運慰諭御使) 심성희(沈聖希)를 파견, 이전미(移轉米)를 옮겨와서 도민을 진휼하였다. 목민관으로서 도민들에게 일을 번거롭지 않게 하고 또 부역을 덜어주어 뒷날 목사의 기념비를 세웠다.

8 을유(1645)년은 병술(1646)년의 오류로 보인다. 『한국민족문화대백과사전』(한국정신문화연구원, 1988.)에 의하면 심열은 병술(1646)년에 세상을 떠났다. 신최(申最 1619~1658)가 쓴 "영의정 남파 심공 묘지명(領議政南坡沈公墓誌銘)"에는 병술년 정월 24일, 조현기(趙顯期 1634~1685)가 쓴 "영의정 심공 행장(領議政沈公行狀)"에는 병술년 정월 23일로 되어있는 등, 날자가 하루정도 차이가 있지만 문헌에 기재된 몰년은 모두 병술(1646)년이다.

발신자

심열 沈悅

1569년(선조 2)~1649년(인조 24)

조선시대 판중추부사, 우의정, 영의정 등을 역임한 문신이자 학자이다. 본관은 청송(青松). 자는 학이(學而), 호는 남파(南坡). 아버지는 부사 심충겸(沈忠謙)이며, 어머니는 연일정씨(延日鄭氏)로 첨지중추부사 정숙(鄭櫄)의 딸이다. 심예겸(沈禮謙)에게 입양되었다.

생애 및 활동 사항

1589년(선조 22) 진사시에 합격하고, 1593년 별시문과에 병과로 급제, 예문관 검열에 기용되었다. 뒤에 성균관전적 등 삼사의 요직을 역임하고 경기도 · 황해도 · 경상도 · 함경도의 관찰사를 지냈다.

1623년 호조판서로 승진하였으며, 1638년(인조 16) 염철사(鹽鐵使)가 되어 중국 심양(瀋陽)에 가서 물물교환을 하였고, 그 뒤 강화유수 · 판중추부사 · 우상 · 영상 등을 역임하였다.

심열은 관직에 있으면서 탁지(度支, 국가의 재정을 담당한 관청. 호조의 별칭.)에 대한 뛰어난 경륜으로 왕의 총애를 받았다. 또한, 시와 글씨에도 능하였는데, 특히 시는 심오전아(深奧典雅)하면서 호상활달(豪爽豁達)하였다.

저서로는 『남파상국집(南坡相國集)』 6권이 있다.

시호는 충정(忠靖)이다.

36

강석기 姜碩期 안부 편지에 감사하며 약재를 보내는 편지

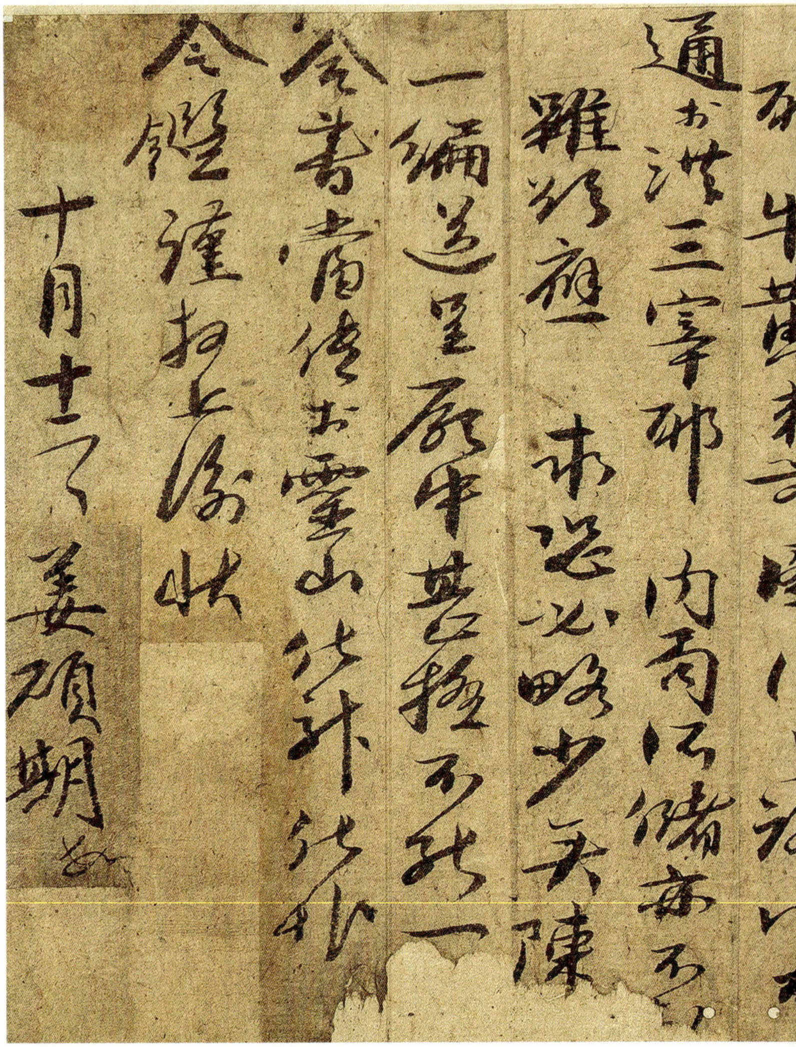

강석기姜碩期: 안부 편지에 감사하며 약재를 보내는 편지
33.9x24.6cm

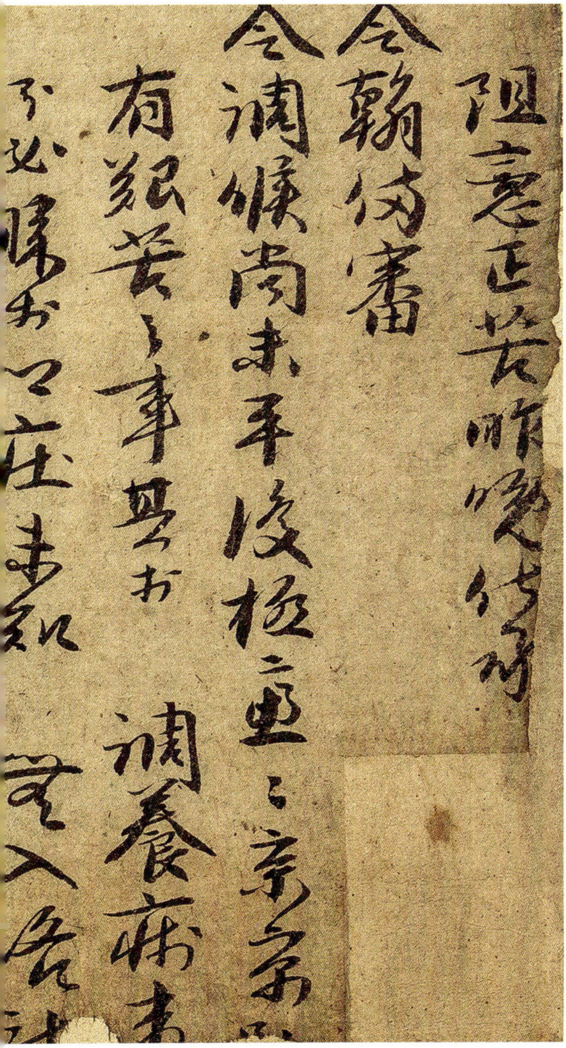

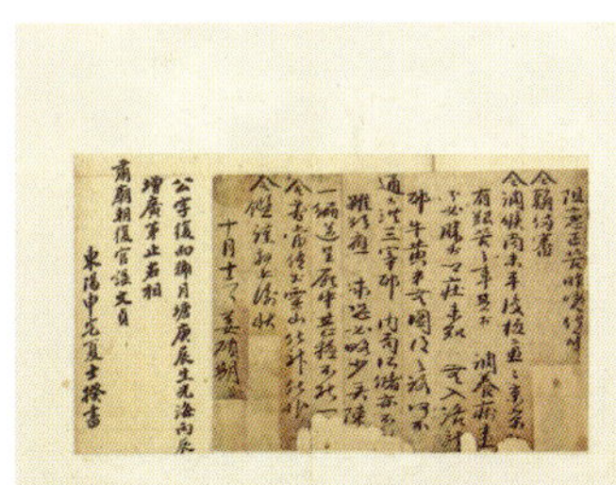

원문

阻戀正苦 昨晩伏承令翰 備審令調候尙未平復 極慮極慮
京寓 雖有艱苦之事 其於調養病患 則必勝於鄕庄 未知無入洛計耶

牛黃 弟無圖得之路 何不通於洪三宰耶
內局所儲 亦不□ 雖欲應求 恐必略少矣
陳□一編 送呈

廳中甚擾 不能一一
答書當傳於靈山伏計

伏惟令鑑 謹拜上謝狀
十月 十二日　姜碩期 頓

소식이 끊겨 그리운 마음으로 괴로워하던 차에 어제 저녁녘 영감의 편지를 받아 영감의 조후(調候)[1]가 여전히 회복[2]되지 않고 있다는 것을 알게 되어 무척 걱정되었습니다.
서울에 거하면 비록 어렵고 고달픈 일이 있을지라도, 병환을 조리(調理)하는 데는 고향집보다는 확실히 나을 것입니다. 서울에 들어오실 계획은 없으신가요?

1 조후(調候) : 병세를 완곡하게 표현하는 말이다.
2 원문의 평복(平復)은 병이 나아서 평상을 회복하다는 뜻이다.

우황(牛黃)은 제가 구하려고 해도 얻을 길이 없습니다.
어찌 홍 삼재(洪 三宰)[3]에게는 알리지 않으셨습니까?
내의원(內醫院)에 비축된 것도 많지 않으므로, 비록 요구에 부응하려고 하여도, 필시 수량이 적고 변변치 못할 것입니다.
진□(陳□)[4] 한 꾸러미 올려드립니다.

대청마루[5]가 매우 소란하여 일일이 다 쓰지 못합니다.
답서(答書)는 당연히 영산(靈山)으로 전달할 계획입니다.

영감께서 살펴주시기 바라며 삼가 답장을 올립니다.
10월 12일 강석기(姜碩期) 올림.

---

3 홍 삼재(洪 三宰) : 삼재(三宰)는 의정부의 좌우참찬(左右參贊)을 이르는 말이다. 미상이다.

4 진□(陳□): 탈자(脫字)가 있어 정확한 내용은 알지 못한다. '~일편(一編) ~송정(送呈)'은 주로 글이나 상소 등을 올릴 때 사용하는 표현이지만, 여기서는 앞 구절과 연관해서 약재로 보는 편이 옳을 것 같다. 진(陳)이 포함되는 약재는 묵은 쑥(陳艾 진애), 말린 귤껍질(陳皮 진피) 등이 있다. "陳□一編"에서 "編"을 단위로 사용하는 용례는 『육전조례(六典條例)』 進上약재 "大殿, ……陳艾一編。水剌間, ……陳艾六編。各殿 · 宮, …… 陳艾四編。……各房大君, 王子, 夫人, 公主, 翁主……陳艾二編。" ; 『만기요람(萬機要覽)』「재용편」5 "……陳艾五級" ; 『증정교린지(增正交隣志)』 제5권 "……陳艾五級" 등으로 "編"과 "級"이 보인다. "진피(陳皮)" 단위 용례는 『육전조례(六典條例)』는 "濟州 陳皮十兩" (중략) "濟州 陳皮四十八斤, ……靑皮三斤"으로 "斤"과 "兩"을 사용하고 있다. 기타 『만기요람(萬機要覽)』은 "兩", 『조선왕조실록(朝鮮王朝實錄)』은 "斤", 『일성록(日省錄)』은 "돈(錢)"으로 단위를 표시하고 있다.

5 원문의 청중(廳中)은 손님이 모인 마루라는 뜻이나, 실록청(實錄廳)이란 의미로도 쓰인다.

제발

公 字 復而 號 月塘 庚辰生
光海 丙辰 增廣 第 止 右相
肅廟 朝 復官 諡 文貞
東陽 申宅夏 士揆 書

공의 자는 복이(復而), 호는 월당(月塘)이다. 경진(1580)년에 태어났다.
광해(光海) 조 병진(1616)년 증광문과에 급제하여 우의정을 지냈다.
숙종(肅宗) 조에 복관되었으며, 시호는 문정(文貞)이다.
동양(東陽)[6] 신택하(申宅夏) 사규(士揆) 쓰다.

제발자

신택하 申宅夏
1683년(숙종 9)~미상

조선후기 승정원승지 등을 역임한 문신이다.
본관은 평산(平山). 자는 사규(士揆)이다. 증조부는 신해(申垓)이고, 할아버지는 신여절(申汝哲)이며, 아버지는 신탁(申琢)이다. 아들은 신성(申晟, 1710~?)이며, 손자는 호조참판 신대우(申大羽, 1735~1809)로 해공 신익희(海公 申翼熙, 1892~1956)의 고조부이다.
신택하와 임정(任珽)은 사돈관계이다. 임정의 딸이 신택하의 아들인 신성(申晠)과 혼인하였다.

생애 및 활동사항

영조 3년 정미년 증광시에 병과 18위로 급제하였다. 홍문관교리 및 승정원승지 등의 직책을 맡았다.

6 동양(東陽) : 황해도 평산(平山)의 옛 이름이다.

발신자

강석기 姜碩期

1580년(선조 13)~1643년(인조 21)

조선시대 대사간, 대사성, 도승지, 이조판서 등을 역임한 문신이다. 본관은 금천(衿川). 자는 복이(復而), 호는 월당(月塘)·삼당(三塘). 강뢰(姜賚)의 증손으로, 할아버지는 현령 강유경(姜惟慶)이고, 아버지는 이조참의 강찬(姜燦)이며, 어머니는 첨지중추부사(僉知中樞府事) 김은휘(金殷輝)의 딸이다. 큰아버지 강돈(姜焞)에게 입양되었다.

생애 및 활동 사항

김장생의 제자로 1616년(광해군 8) 증광문과에 병과로 급제, 승문원에 들어갔으나 시세에 불만을 품고 고향으로 돌아갔다가 인조반정 뒤 교리 등을 역임하고, 대사간·대사성·도승지 등을 거쳐서 1636년(인조 14) 이조판서에 올랐으며, 1640년에는 우의정에 세자부(世子傅)를 겸하였다.

1627년 부승지로 있을 때 딸이 소현세자빈(昭顯世子嬪)이 되었는데, 그 뒤 강빈(姜嬪)은 심관(瀋館)에서의 영리(營利)로 인조의 불평과 역위(易位)를 꾀한다는 의심을 받던 중, 세자가 부왕에 의하여 독살된 뒤 강빈도 저주사건(역모)의 주모자로 모함되어 사사되었다.

그것을 '강빈의 옥'이라 하는데, 앞서 죽은 강석기는 관작을 추탈당하였고, 부인은 처형되었으며, 아들 강문성(姜文星)과 강문명(姜文明)은 장살(杖殺)당하였다.

따라서, 강석기의 가문은 역적 집안으로 멸문의 화를 당했다가 숙종 때 복관(復官)되었다.

저서로는 『월당집(月塘集)』이 있다.

시호는 문정(文貞)이다.

37 이경여李敬輿 흥양興陽 아사衙史에게 이전 선물에 감사와 약재 요청

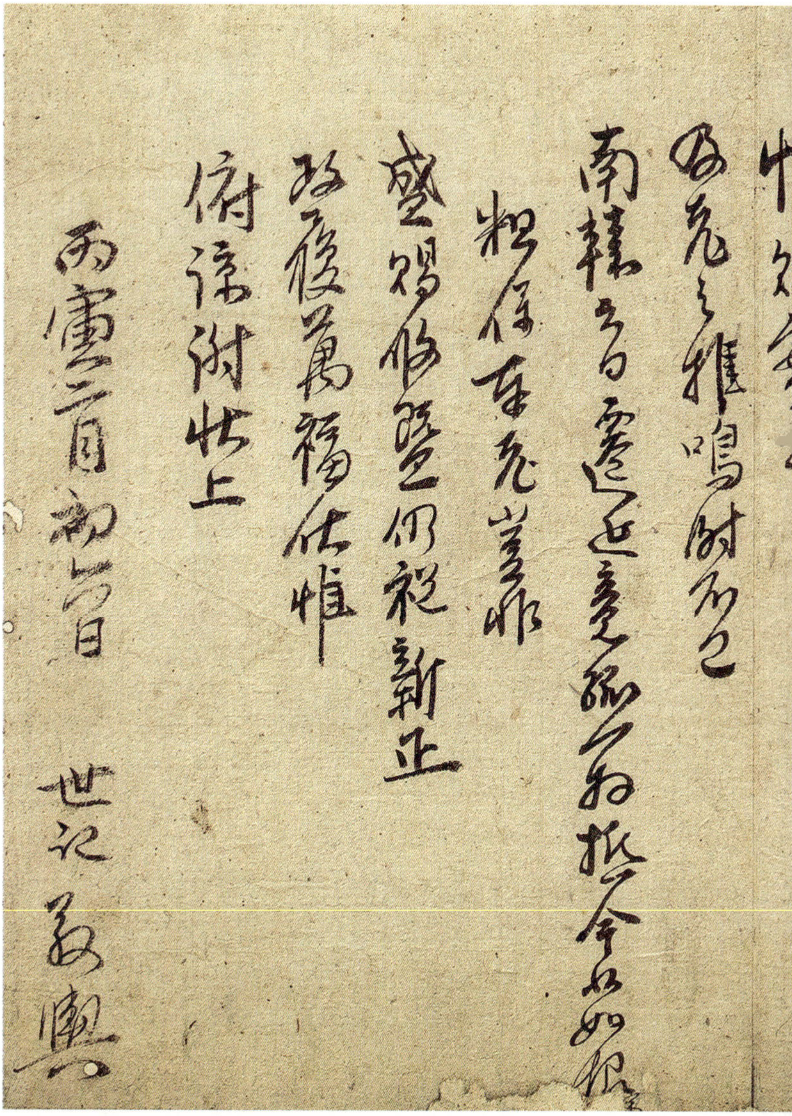

이경여李敬輿: 흥양 興陽 아사 衙史에게 이전 선물에 감사와 약재 요청
27.0x22.2cm

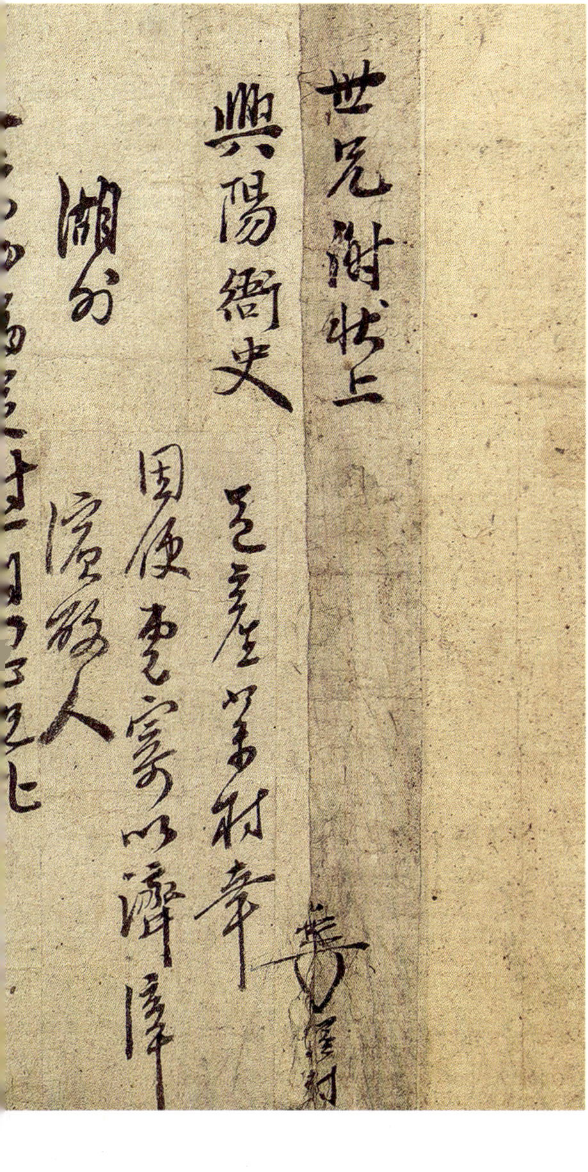
世兄謝狀上
興陽衙史
湖分

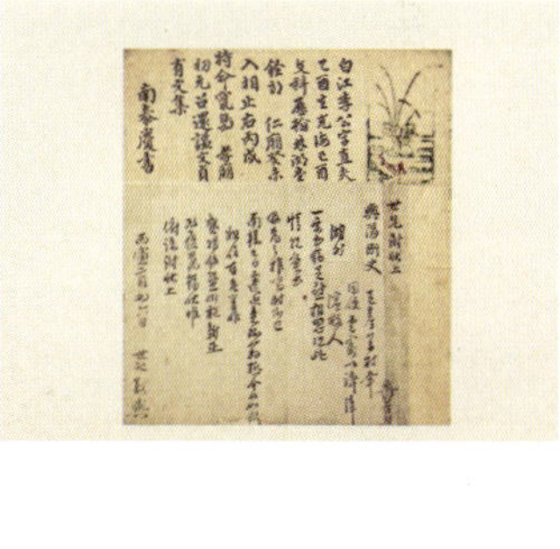

원문

世兄 謝狀上

興陽衙史　　　手決 謹封

湖外一字書 猶足慰相思

況此情貺實書及老之推 鳴謝不已

南轅之日遷延 竟孤一拜 抵今茹恨也

弟 粗保奉老 豈非盛賜攸曁

仍祝新正政履萬福

伏惟俯諒謝狀上

丙寅 二月 初六日

世記 敬輿

足産藥材 幸因便惠寄 以濟潭濱廢人

세형(世兄)[1]께 보내는 답장

흥양(興陽) 아사(衙史)에게　　수결(手決)　근봉(謹封)

호외(湖外 호남지방)에서 보낸 편지를 받으니 그리운 마음에 족히 위로가 되었습니다.
게다가 정 깊은 선물과 실서(實書)[2]를 늙어가는 이에게 보내주시니 고마운 마음 끝이 없습니다. 남쪽으로 가는 일[3]은 미루어졌습니다. 끝내 한 번 뵙지 못하게 된 것이 지금 안타깝기만 합니다.

제가 노친을 모시고 그럭저럭 지내고 있는 것도, 어찌 그대의 성대한 은혜 덕분이 아니겠습니까.
이에 새해를 맞아 정무를 보시면서 만복을 누리시길 축원합니다.

굽어 살피시길 바라며 답장을 올립니다.
병인(1626)년 2월 6일
세기(世記)[4] 경여(敬輿)

약재가 넉넉하게 생산되면, 인편에 부쳐 보내 주셔서 물가에 사는 이 쓸모없는 사람을 구제하여 주시기 바랍니다.

1 세형(世兄)은 대대로 교분이 있는 집안의 같은 세대 아랫사람에 대한 경칭이다.
2 실서(實書)는 실제로 쓴 글이라는 의미인데 필사본 같은 것으로 여겨진다.
3 이경여는 그해 12월, 호패어사(號牌御史)로서 호남을 다녀왔다.
4 세기(世記)는 집안 사이에 대대로 알고 지내던 사람에 대하여 자신을 이르는 말이다.

제발

白江 李公 字 直夫 乙酉生
光海 己酉 文科 歷翰林湖堂銓郎 仁廟 癸未 入相 止右
丙戌 特命竄島 孝廟初元 召還
謚 文貞 有文集
南泰慶 書

백강(白江) 이(李)공의 자는 직부(直夫)이다. 을유(1585)년 태어났다.
광해조 기유(1609)년 문과에 급제하여 한림(翰林 예문관), 호당(湖堂)을 거쳐 이조정랑을 지냈고, 인조(仁祖) 조 계미(1643)년 정승의 반열에 올라 우의정에 이르렀다.
병술(1646)년 특명으로 섬에 유배[5]되었다가 효종(孝宗) 원년에 돌아왔다.[6]
시호는 문정(文貞)이며 문집을 남겼다.
남태경(南泰慶) 쓰다.

제발자

남태경 南泰慶

1682년(숙종 8)~미상

조선후기 호조참판 등을 역임한 문신이다.
본관은 의령(宜寧)이며, 자는 선여(善餘)이다. 증조부는 남훤(南翧), 조부는 남치훈(南致熏)이고, 아버지는 남보명(南輔明)이다.

생애 및 활동사항

숙종 39년에 증광시를 3등 44위로 합격하고 경종 2년에 정시를 병과 3위로 합격하였다.
정5품 통덕랑의 관직을 수행하였고 호조참판을 역임하였다.

5 이경여는 1646년(인조 24) 2월, 소현세자 빈 강빈(姜嬪)의 사사(賜死)를 반대하다가 삭탈관직, 문외출송(門外黜送)을 당해, 진도로 위리안치(圍籬安置) 되었다.

6 이경여는 1650년(효종 1) 1월에 석방되어 돌아와 그해 3월, 영의정에 올랐다.

발신자

이경여 李敬輿

1585년(선조 18) ~ 1657년(효종 8)

조선시대 전라도관찰사, 우의정, 영중추부사 등을 역임한 문신이다. 본관은 전주(全州). 자는 직부(直夫), 호는 백강(白江) · 봉암(鳳巖). 세종의 7대손으로 할아버지는 첨정(僉正) 이극강(李克綱)이다. 아버지는 목사 이수록(李綏祿)이며, 어머니는 송제신(宋濟臣)의 딸이다.

생애 및 활동 사항

1601년(선조 34) 사마시를 거쳐 1609년(광해군 1) 증광 문과에 을과로 급제해 1611년 검열이 되었으나 광해군의 실정이 심해지자 벼슬을 버리고 낙향하였다.

1623년 인조반정 직후 수찬(修撰)에 취임했고, 이듬해 이괄(李适)의 난이 일어나자 왕을 공주에 호종하였다. 이어 체찰사 이원익(李元翼)의 종사관이 되었으며, 1630년(인조 8) 부제학(副提學) · 청주목사 · 좌승지 · 전라도관찰사를 역임하였다. 1636년 병자호란이 일어나자 왕을 모시고 남한산성에 피란하였다. 이듬해 경상도관찰사가 되고 그 뒤 이조참판으로 대사성을 겸임해 선비 양성의 방책을 올렸다. 이어 형조판서에 승진하였다.

1642년(인조 20) 청의 연호를 사용하지 않음을 이계(李烓)가 청에 밀고하여 심양(瀋陽)에 억류되었다. 이듬해 세자와 함께 귀국해 대사헌을 거쳐 우의정이 되었다. 1644년 사은사로 청에 갔다가 다시 억류되었으나 그동안 본국에서는 영중추부사라는 벼슬을 내렸다.

1646년(인조 24) 민회빈 강씨(愍懷嬪姜氏)의 사사(賜死)를 반대하다가 진도에 유배되고 다시 1648년 삼수에 위리안치 되었다. 이듬해 효종이 즉위하자 풀려 나와 1650년(효종 1)에 다시 영중추부사가 되었다. 이어 영의정으로 다시 사은사가 되어 청에 다녀온 뒤 청의 압력으로 영중추부사로 옮겼다.

시문에 능하고 글씨에도 뛰어났다. 부여의 부산서원(浮山書院), 진도의 봉암사(鳳巖祠)와 흥덕(興德)의 동산서원(東山書院)에 제향되었다. 저서로는 『백강집(白江集)』이 있다. 시호는 문정(文貞)이다.

38

서경우 徐景雨 수신인에게 만남을 고대하며 조정의 근황 전달

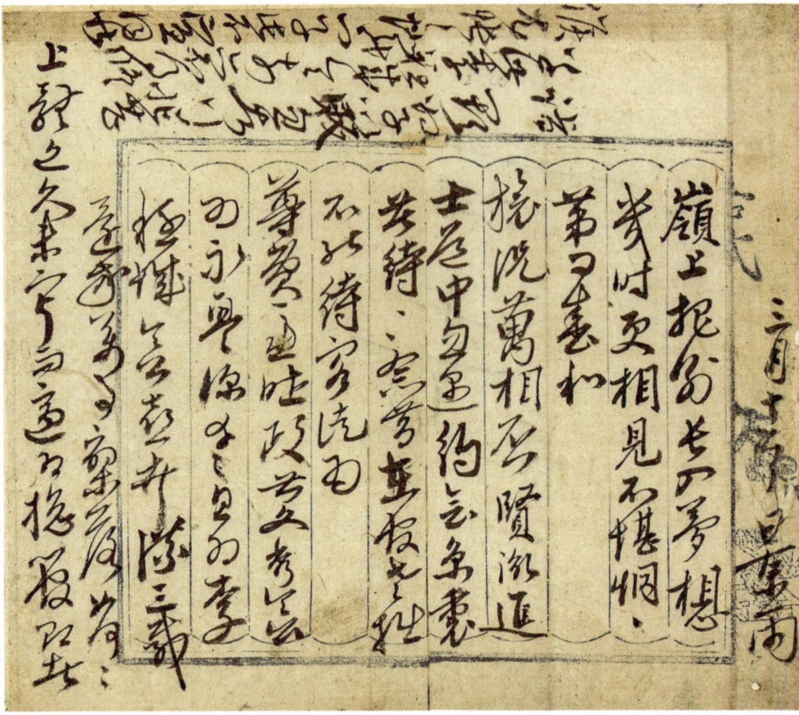

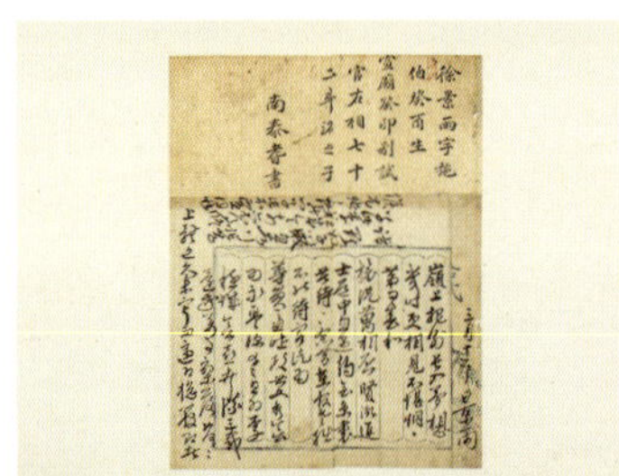

서경우 徐景雨: 수신인에게 만남을 고대하며 조정의 근황 전달
26.0x22.3cm

원문

嶺上把別 長入夢想 幾時更相見 不堪憫憫

第問春和 旅況萬相否

賢胤進士 道中忽遇 約會京裏 苦待苦待

念昔在官 老拙不能待客 徒爲尊費慮

昨政曺文秀令公 爲永興 深幸深幸

且爲李穩城令公 喜幸 滿三載還家 萬事寥落 如何如何

上體近久未寧 而適爲捴管 卽者詣闕

奴子以販忽告行 忙甚送此

李穩城令前 亦不得修候 尤悵悵

燈下草此 不宣 謹狀

三月 十二日 景雨

---

* 이 편지는 1641년(인조 19) 3월에 보낸 편지이다. 편지의 내용 중 조문수(曺文秀)가 영흥 부사(永興府使)로 임명된 내용이 나오는데, 조문수는 1641년 3월 정사에서 영흥 부사(永興府使)로 임명되었다.

잿마루 위에서의 작별은 오랫동안 꿈속에 남았습니다.
언제나 다시 만나게 될까요? 애달픈 마음을 견딜 수 없습니다.
봄기운이 따사로운 지금 객지에서 평안하신지 안부를 여쭈어봅니다.

현윤(賢胤)[1] 진사는 길에서 갑자기 만났습니다.
서울에서의 약회(約會 약속된 모임)는 고대하고 또 고대합니다.
생각하니, 지난날 관직에 있을 때 제가[2] 손님을 잘 대접할 줄 몰라서, 모시느라 부질없이 걱정만 하였습니다.

어제 정사(政事)에서 조문수(曺文秀)[3] 영감이 영흥 부사(永興府使)로 임명되었습니다.
또한 온성(穩城) 이(李) 영감[4]은 기쁘고 다행스럽게도 만 3년 만에 집으로 돌아왔습니다.
세상만사 쓸쓸하기만 하지만 어쩌겠습니까?
임금님의 건강은 근래 오랫동안 몸이 편치 않으시고, 때마침 총관(摠管)[5]을 맡아 바로 예궐(詣闕 궁궐에 이름)하였습니다.

---

1 현윤(賢胤)은 상대방의 아들에 대한 존칭이다.
2 원문의 노졸(老拙)은 '늙고 보잘것없다'는 뜻으로 나이가 많은 사람이 스스로를 겸손하게 이르는 말이다.
3 조문수(曺文秀): 1590년(선조 23)~1647년(인조 25). 본관은 창녕(昌寧). 자는 자실(子實), 호는 설정(雪汀). 1624년 현감으로 문과에 급제하여 좌승지, 호조판서 등을 역임하였으며, 1647년 강원도관찰사로 부임하여 임지에서 죽었다. 당대의 명필이었다.
4 원문의 이온성영공(李穩城令公)은 '온성 부사(穩城府使)를 지낸 이(李) 영감'이라는 뜻이다. 미상이다.
5 총관(摠管)은 이 편지를 쓸 당시 서경우는 형조 판서로서 도총관(都摠管)의 직임을 맡고 있었다.

종 이판(以販)[6]이 갑자기 떠난다고 하여 급히 이렇게 보냅니다.
온성(穩城) 이(李) 영감께는, 또한 안부도 여쭙지 못하였습니다. 너무도 안타깝습니다.

등잔불 아래에서 이렇게 대충 적었습니다.
예의를 갖추지 못하고 삼가 올립니다.
3월 12일 경우(景雨)

6 원문의 노자이판(奴子以販)을 '종(남자 종)이 물건을 팔기 위해'로 해석할 수도 있다. 여기서는 이판(以販)을 종의 이름으로 보았다.

제발

徐景雨 字 施伯 癸酉生 宣廟 癸卯 別試 官 右相 七十二 卒 渻之子
南泰耆 書

서경우(徐景雨)의 자는 시백(施伯)이다. 계유(1573)년에 태어났다.
선조(宣祖) 조 계유(1603)년 별시에 급제하였으며, 우의정을 지냈고 72세로 세상을 떠났다.
성(渻)의 아들이다.
남태기(南泰耆) 쓰다.

제발자

남태기 南泰耆

1699년(숙종 25)~1763년(영조 39)

조선후기 형조참판, 한성부좌우윤, 예조판서 등을 역임한 문신이다.
본관은 의령(宜寧)이며, 자는 낙수(洛叟)이고, 호는 죽리(竹裏)이다. 할아버지는 남상훈(南尙熏)이고, 아버지는 의빈도사(儀賓都事) 남근명(南近明)이며, 어머니는 전의이씨로 '소북오군자' 이정작(李庭綽)의 누이이다. 큰아버지가 남취명(南就明), 남달명(南達明)이며, 남달명에게 입양하였다.

생애 및 활동사항

1732년(영조 8) 정시 문과에 을과로 급제, 주서 · 전적 · 병조좌랑 · 정언을 역임하고 북도병마평사감(北道兵馬評事監)이 되어 북관편의(北關便宜) 13조를 논하여 북관민을 위하여 노력하였다.
이조좌랑으로 『속대전(續大典)』을 수찬하였으며, 보덕 · 집의를 거쳐 1747년 승지로 통신부사(通信副使)가 되어 일본에 다녀왔다. 그 뒤 동부승지 등을 거쳐 1753년 의주부윤으로 백마산외성(白馬山外城)을 수축하고 둔전을 설치하여 많은 곡식을 거두어들였다.
1755년 대사간을 지낸 뒤 소론(少論) 잔당의 괘서사건이 일어나자 상소를 올려 이광좌(李光佐) · 조태억(趙泰億) 등에게 역률(逆律)을 적용하게 하였다. 이어 황해도감사, 도총관, 병조 · 형조의 참판, 한성부좌우윤 등을 거쳐 1762년 예조판서 겸 내의원제조가 되었으나 동생 남태회(南泰會)로 인하여 대간의 지탄을 받고 사직, 고향에 돌아가 제자들을 가르쳤다.
성품이 겸손하고 스스로 봉사하는 태도이었으며, 지론이 공평하여 존경과 질시를 함께 받았다. 문장과 글씨에도 능하였으며, 저서로는 『죽리집』이 있고, 시호는 정희(靖僖)이다.

발신자

서경우李敬輿

1573년(선조 6) ~ 1645년(인조 23)

조선시대 도승지, 형조판서, 우의정 등을 역임한 문신이다. 본관은 달성(達城). 자는 시백(施伯), 호는 만사(晩沙). 아버지는 판중추부사(判中樞府事) 서성(徐渻)이며, 어머니는 여산송씨(礪山宋氏)로 송영(宋寧)의 딸이다.

생애 및 활동 사항

1612년(광해군 4) 정주목사(定州牧使)가 되었으나 다음 해 선조의 유교(遺教)를 받은 신하들이 배척될 때 아버지가 유배당하자 벼슬을 버리고 10년간 은거하였다.

1623년 인조반정으로 다시 기용되어 1625년(인조 3) 예조참의 · 승지 등을 거쳐 이듬해 대사간이 되었다. 1627년(인조 5) 정묘호란 때 강화도로 왕을 호종하였고, 1630년(인조 8) 좌승지를 거쳐 다시 대사간 · 대사헌 · 경기감사 · 대사성 · 도승지 등을 역임하였다. 1643년(인조 21) 형조판서로서 성절 겸 진하사(聖節兼進賀使)가 되어 청에 다녀왔다. 이듬해 우의정에 승진하였고 기로소(耆老所)에 들어갔다. 1645년(인조 23) 병으로 사직을 청원하여 판중추부사의 직을 맡았다.

39

이경석李景奭 수신인 모친의 병환 위로 선물에 감사하며 답례품 송달

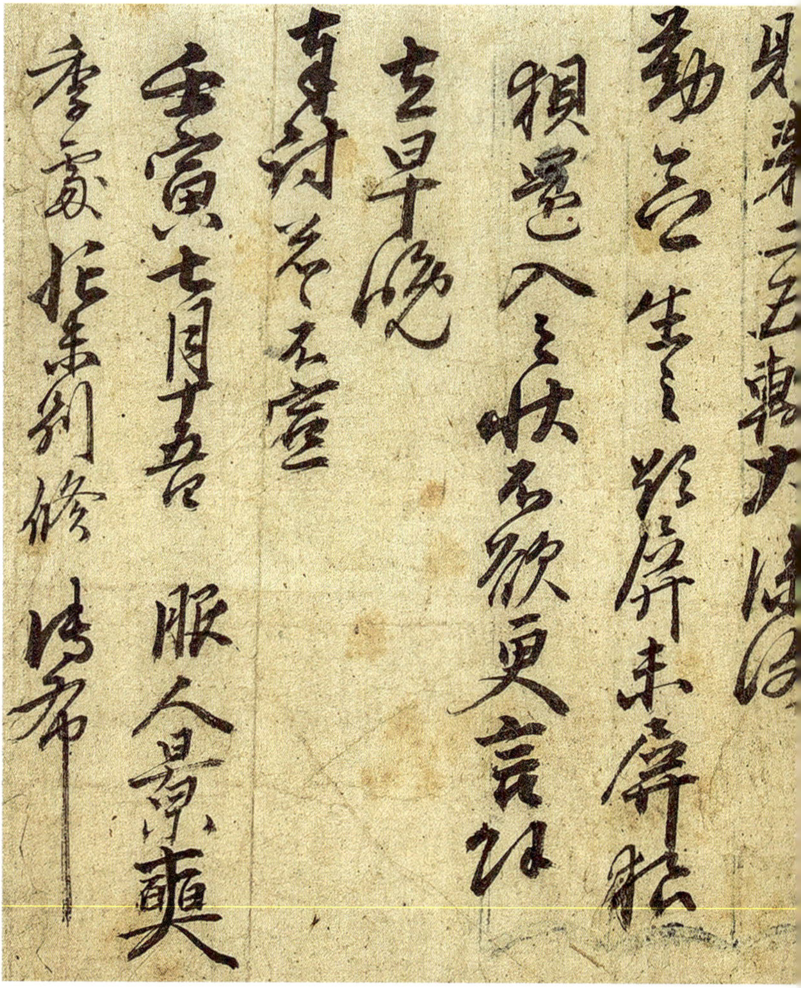

이경석李敬輿: 수신인 모친의 병환 위로 선물에 감사하며 답례품 송달
31.5x17.8cm

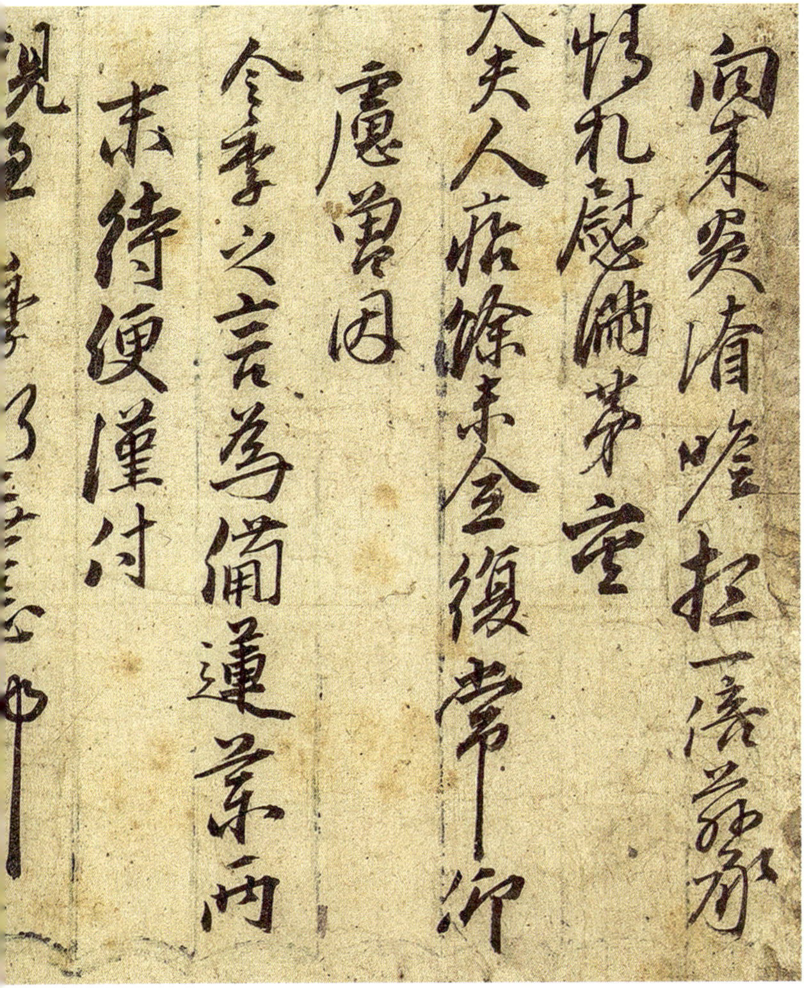

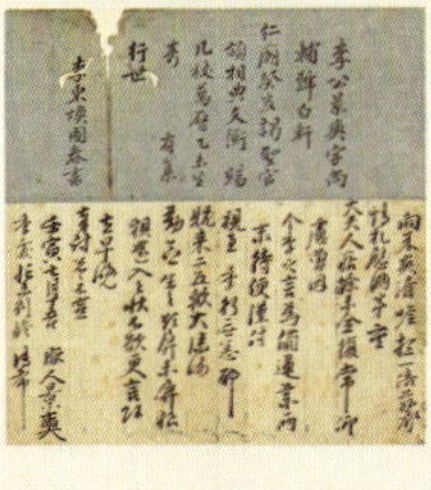

원문

向來炎潦 瞻想一倍 玆承情札 慰滿
第審大夫人痁餘 未全復常 仰慮

曾因令季之言 爲備蓮葉兩末 待便僅付 視至 季行無恙耶
貺來二五軟大 深謝勤念
生之欲屛未屛 狼狽 還入之狀 不欲更言

餘在早晚奉討 忩忩不宣
　壬寅 七月 十五日　服人 景奭

季處 忙未別修 傳希

그동안 무더위와 장마 속에 우러러 그리움만 더하였습니다.
이때 정이 담긴 편지를 받고나니 위로가 충만합니다.
다만 대부인(大夫人 남의 어머니에 대한 경칭)께서 학질에 걸리신 이후로 완전히 회복되지 않으셨음을 알게 되어 염려스럽습니다.

지난번 아우님 말씀에 연잎가루 몇 냥 마련하려고 한다고 하여 인편을 기다렸다가 겨우 보냅니다. 도착하거든 보십시오.
아우님의 행차는 별일 없으셨습니까?
보내 주신 10개는 부드럽고 컸습니다. 애써 마음을 써 주신데 대하여 깊이 감사드립니다.

저는 세상일에서 벗어나고 싶지만 벗어나지 못하고 있으니 낭패입니다.
되돌아오는 모습을 다시 말씀드리고 싶지 않습니다.

나머지는 조만간 만나서 말씀드리겠습니다.
바빠서 이만 줄입니다.
임인(1662)년 7월 15일 상중에 있는 경석(景奭)

아우님께는 바쁜 나머지 별도로 편지를 올리지 못하였습니다.
제 마음을 전해주시기 바랍니다.

제발

李公 景奭 字 尙輔 號 白軒
仁廟 癸亥 謁聖 官 領相 典文衡 賜 几杖
萬曆 乙未 生 壽 有集 行世
　李東煥 囿春 書

이(李)공 경석(景奭)의 자는 상보(尙輔), 호는 백헌(白軒)이다.
인조(仁祖) 조 계해(1623)년 알성문과((謁聖文科)에 급제하였으며 영의정, 대제학을 지냈고 궤장(几杖)을 하사받았다.
만력(萬曆) 을미(1595)년에 태어나 장수를 누렸으며 문집이 있어 세상에 전한다.
　이동환(李東煥) 유춘(囿春) 쓰다.

제발자

이동환 李東煥

1681년(숙종 7)~1753년(영조 29)

본관 여주(驪州)이며, 자는 유춘(囿春)이다.
증조부는 이규진(李奎鎭)이며, 할아버지는 이식(李湜)이다. 아버지는 이백휴(李百休)이고, 어머니는 송기상(宋耆相)의 딸이며, 부인은 남양인 진사 홍성령(洪星齡) 딸이다. 아들은 이재후(李載厚)이다.

생애 및 활동사항

1708년(숙종 34) 식년시 3등(三等) 70위로 진사가 되었고, 1729(영조 5)년 황감제(黃柑製)에서 수석을 한 진사(進士) 이동환을 전시(殿試)에 직부(直赴)하게 하여 식년시(式年試) 병과(丙科) 8위로 급제하였다. 사헌부 지평과 부안 현감(扶安縣監)을 역임하였다.
『성호전집(星湖全集)』에 이익(李瀷)의 족손(族孫)으로 같은 신유생(辛酉 1681)이었던 성호의 재종질(再從姪)인 이억휴(李億休, 1681~1755), 족손 이동환, 이양환 4인은 평생 교유하며 친하게 지냈다.
『국조문과방목(國朝文科榜目)』에 거주지가 충주(忠州)였으나 『성호전집』 시에 말년을 양근(楊根)에서 보냈음을 알 수 있다. 그리고 이익은 만사(挽詞) "挽囿春四首"로 애도하고 있다.

발신자

이경석 李景奭

1595년(선조 28) ~ 1671년(현종 12)

조선후기 우의정, 좌의정, 영의정 등을 역임한 문신이다. 본관은 전주(全州). 자는 상보(尙輔), 호는 백헌(白軒). 할아버지는 이수광(李秀光)으로 아버지는 동지중추부사 이유간(李惟侃)이며, 어머니는 개성 고씨(開城高氏)로 대호군(大護軍) 고한량(高漢良)의 딸이다.

생애 및 활동 사항

1613년(광해군 5) 진사가 되고 1617년 증광별시에 급제했으며, 인조반정 이후 알성문과(謁聖文科)에 병과로 급제하였다.

승문원부정자를 거쳐 검열 · 봉교로 승진하여 춘추관사관(春秋館史官)도 겸임하였다. 1624년(인조 2) 봉교(奉敎) · 전적 · 예조좌랑 · 정언 · 교리 등을 역임하고 1626년(인조 4)에는 이조좌랑 · 이조정랑에 올랐다. 이듬해 정묘호란 때 종사관(從事官)으로 강원도의 군사 모집과 군량미 조달에 힘썼다. 이후 다시 이조정랑을 거쳐 승지에 올랐다. 1629년 양주목사로 나갔다가 승지를 거쳐 1632년(인조 10)에는 가선대부(嘉善大夫)로 대사간에 제수되었다.

1636년(인조 14) 병자호란 때 대사헌 · 부제학으로 인조를 호종해 남한산성에 들어갔다. 이듬해 도승지로 예문관제학을 겸하며 「삼전도비문(三田渡碑文)」을 지었다. 1638년 홍문관 · 예문관 양관의 대제학 · 이조참판을 거쳐 이조판서에 발탁되었다. 1641년(인조 19)에는 청에 볼모로 가 있던 소현세자(昭顯世子)의 이사(貳師)가 되어 심양으로 갔다. 1644년에 복직되어 이조판서를 거쳐 우의정 · 좌의정을 역임한 뒤 1645년(인조 23) 영의정에 올랐다. 1646년 북벌 계획이 탄로나 청 황제 명으로 백마산성(白馬山城)에 위리안치되었다. 1659년 영돈녕부사가 된 뒤 기로소(耆老所)에 들어갔다. 1668년(현종 9)에는 궤장(几杖)을 하사받았다.

저서로는 『백헌집』 등 유집 50여 권이 있다. 글씨로는 「좌상이정구비문(左相李廷龜碑文)」 · 「이판이명한비(吏判李明漢碑)」 · 「지돈녕정광성비문(知敦寧鄭廣成碑文)」 등이 있다. 시호는 문충(文忠)이며, 남원의 방산서원(方山書院)에 제향되었다.

40 김상헌金尙憲 안부 편지와 봉여封餘 음식에 대한 답신

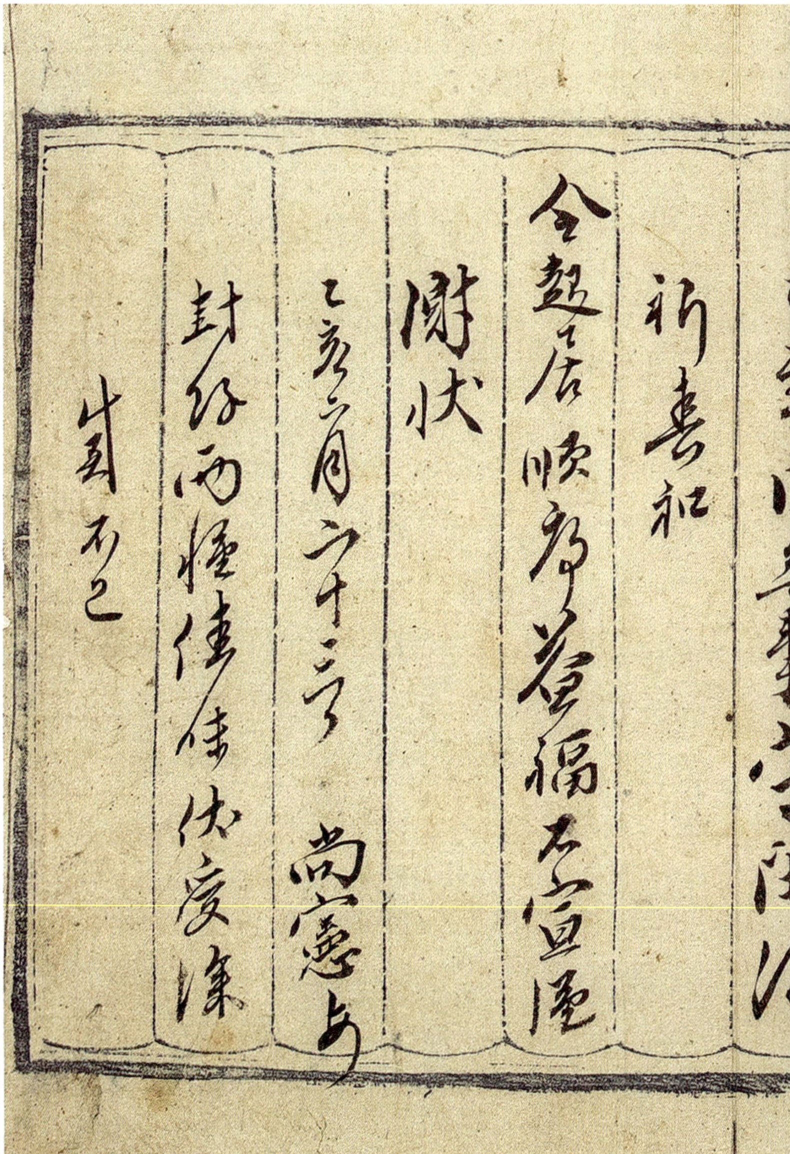

김상헌金尙憲: 안부 편지와 봉여封餘 음식에 대한 답신
24.6x20.8cm

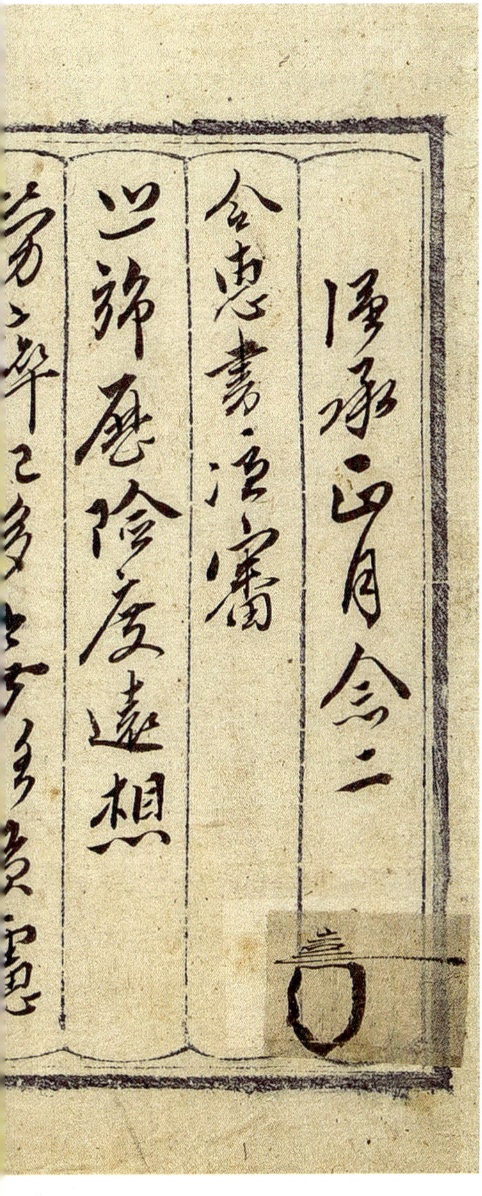

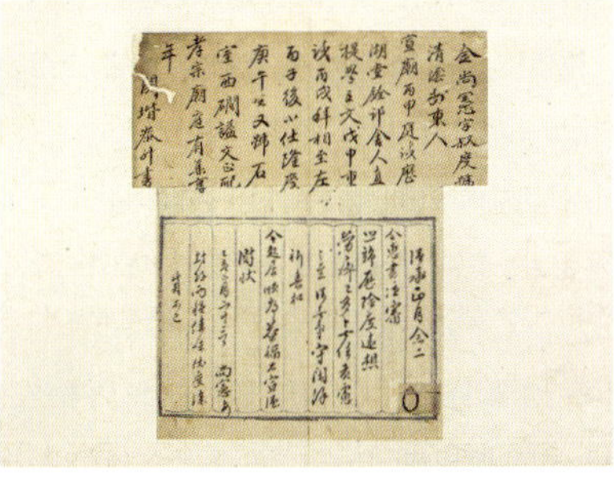

원문

謹承 正月 念二 手決

令惠書 憑審巡旆 歷險度遠

想勞瘁已多 無任貢慮之至

僕 無事守閑

餘祈春和 令起居順序益福

不宣 謹謝狀

乙亥 二月 二十三日 尙憲 頓

封餘兩種佳味 伏受 深感不已

정월 22일에 보내신 영감의 편지를 받아 수결(手決)

순찰사의 깃발이 멀고 험한 길을 거쳐 왔다는 것을 알게 되었습니다.
몹시 고달프고 지쳤을 것이라 생각하니 염려되는 마음을 견딜 수 없습니다.

저는 하는 일 없이 한가롭게 지내고 있습니다.
덧붙여 화창한 봄날에 때를 따라 더욱더 큰 복을 누리시길 기원합니다.

이만 줄이며 삼가 답장에 대합니다.
을해(1635)년 2월 23일 상헌(尙憲) 올림.

봉여(封餘)[1]로 보내신 두 가지 맛있는 음식은 잘 받았습니다.
고맙기 그지없습니다.

---

1 봉여(封餘)는 나라에 진상하고 남은 것을 벼슬아치들이 나누어 가지는 물건을 말한다.

제발

金尙憲 字 叔度 號 淸陰 安東人
宣廟 丙申 庭試 歷 湖堂 銓郎 舍人 直提學 主文
戊申 重試 丙戌 拜相 至左 丙子 後 不仕
隆慶 庚午 生 又號 石室 西磵
謚 文正 配 孝宗廟庭 有集 享年
　閔堦 泰升 書

김상헌(金尙憲)의 자는 숙도(叔度), 호는 청음(淸陰)이다. 본관은 안동(安東)이다.
선조(宣祖) 조 병신(1596)년 정시(庭試)에 급제하여, 호당(湖堂)을 거쳐 이조정랑(吏曹正郞), 사인(舍人), 직제학(直提學), 대제학(大提學)을 지냈다.
무신(1608)년에는 중시(重試)에 급제하였으며, 병술(1646)년 재상의 자리에 올라 좌의정에 이르렀다. 병자(1636)년 이후에는 관직에 나아가지 않았다.
융경(隆慶) 경오(1570)년 생(生)으로, 다른 호(號)로는 석실(石室) · 서간(西磵)이 있다.
시호는 문정(文正)이며 효종(孝宗)의 묘정(廟庭)에 배향되었다.
문집이 전한다. 장수(長壽)하였다.
　민계(閔堦) 태승(泰升) 쓰다.

제발자

민계 閔堦
1693년(숙종 19) ~ 미상

조선후기 사헌부지평, 사간원정언, 사헌부장령 등을 역임한 문신이다.
본관은 여흥(驪興)이고, 자는 태승(泰升)이다. 민명(閔洺)의 증손으로, 할아버지는 민정기(閔挺紀)이고, 아버지는 민진성(閔震煋)이며, 어머니는 이상은(李相殷)의 딸이다.

생애 및 활동사항

1725년(영조 1) 정시 문과에 병과로 급제한 뒤 1732년 사헌부 지평에 임명되었으며, 1738년 사간원정언, 다음 해 사헌부장령, 다음 해 사간원사간을 역임하였다. 1744년 세자시강원보덕, 이듬해 사헌부집의, 1747년 승지 등을 역임하였다.

발신자

김상헌 金尙憲

1570년(선조 3)~1652년(효종 3)

조선시대 부제학, 대사헌, 예조판서 등을 역임한 문신이다. 본관은 안동(安東)이다. 자는 숙도(叔度), 호는 청음(淸陰)·석실산인(石室山人: 중년 이후 楊州 石室에 退歸해 있으면서 사용)·서간노인(西磵老人: 만년에 安東에 은거하면서 사용). 할아버지는 군수 김생해(金生海)이고, 아버지는 돈녕부도정(敦寧府都正) 김극효(金克孝)이며, 어머니는 좌의정 정유길(鄭惟吉)의 딸이다. 3세 때 큰아버지인 현감 김대효(金大孝)에게 출계(出系)하였다.

생애 및 활동 사항

1596년(선조 29) 정시 문과에 병과로 급제해 권지승문원부정자(權知承文院副正字)에 임명되었다. 부수찬(副修撰)·좌랑·부교리(副校理)를 거쳐 고산찰방(高山察訪)과 경성도호부판관(鏡城都護府判官)을 지냈다. 1608년(광해군 즉위년)에 문과 중시에 을과로 급제하여 교리·응교(應敎)·직제학을 거쳐, 1611년(광해군 4) 동부승지가 되었다. 1613년 칠서지옥(七庶之獄) 때 파직되자 안동시 풍산으로 이사하였다.
1623년 인조반정 이후 이조참의·대사간·이조참의·도승지·부제학을 거친 후 판서 및 예문관·성균관제학 등을 지냈다. 1632년(인조 10) 왕의 생부를 원종(元宗)으로 추존하려는 데 반대해 벼슬에서 물러났다. 1636년(인조 14) 병자호란 때 예조판서로 끝까지 주전론을 펴다가 항복하자 안동으로 은퇴하였다. 1639년 명을 공격하기 위한 청의 출병 요구에 반대 소를 올렸다가 청에 압송되어 6년 후 귀국하였다. 1645년(인조 23) 좌의정에 제수되고 기로사에 들어갔다.
김육(金堉)이 추진하던 대동법에는 반대하고 김집(金集) 등 서인계 산림(山林)의 등용을 권고하였다. 이정구(李廷龜)·김유(金楺)·신익성(申翊聖)·이경여(李敬輿)·이경석(李景奭)·김집 등과 교유하였다. 1653년(효종 4) 영의정에 추증되었으며, 1661년(현종 2)효종 묘정에 배향되었다.
양주 석실서원(石室書院) 등 전국 각지의 서원 및 사우에 제향되었다. 『청음전집(淸陰全集)』 40권이 전해진다. 시호는 문정(文正)이다.

41

남이웅南以雄 안부 편지에 감사하며 달력 제공 불가 안내

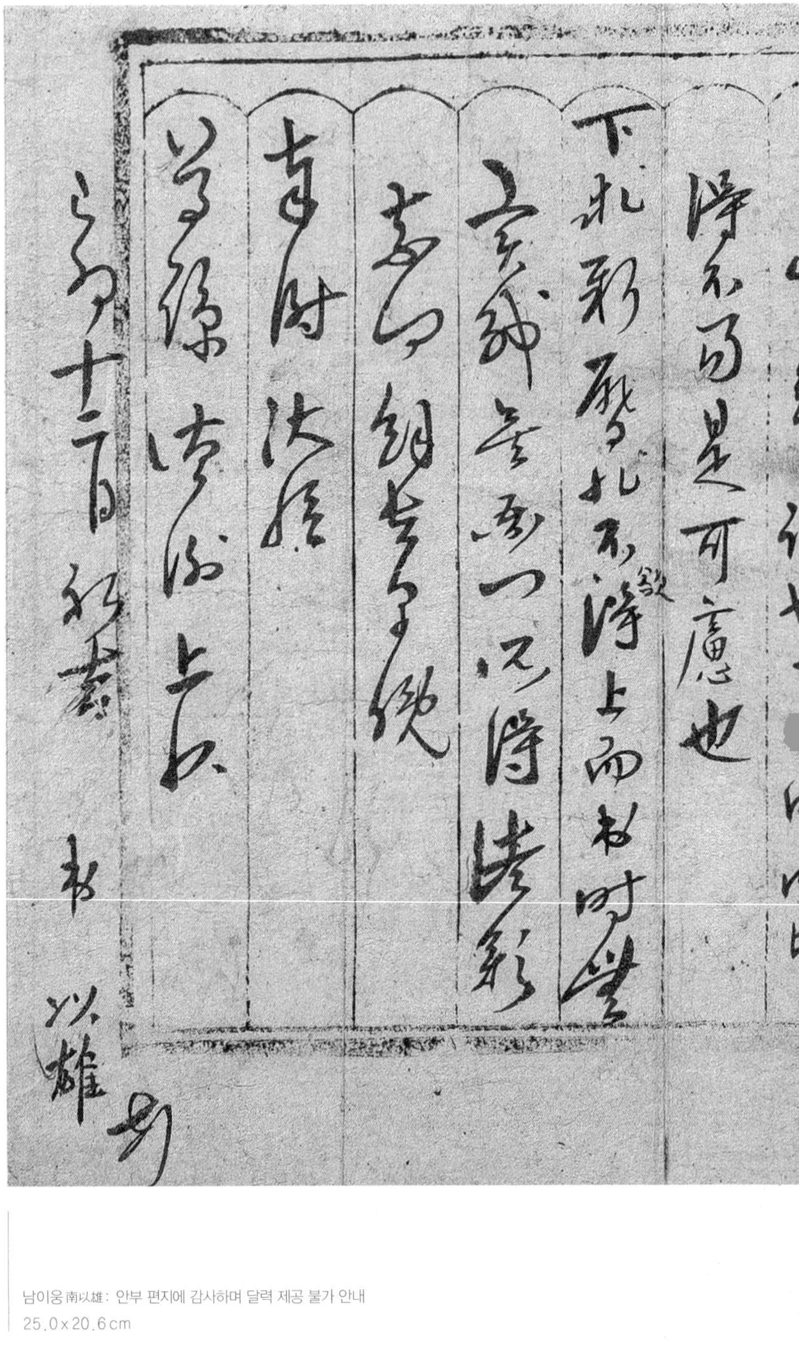

남이웅南以雄: 안부 편지에 감사하며 달력 제공 불가 안내
25.0x20.6cm

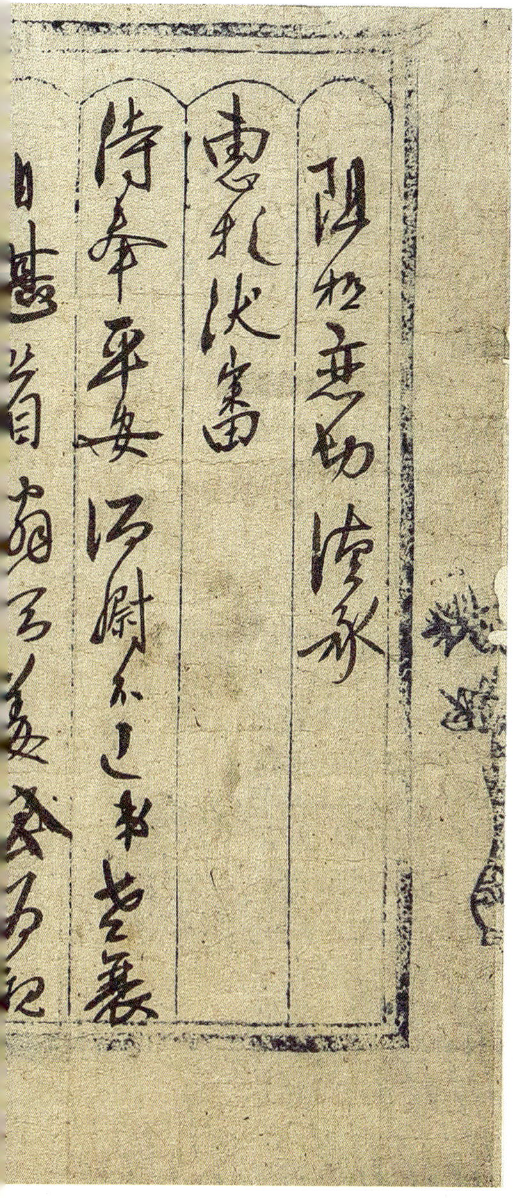

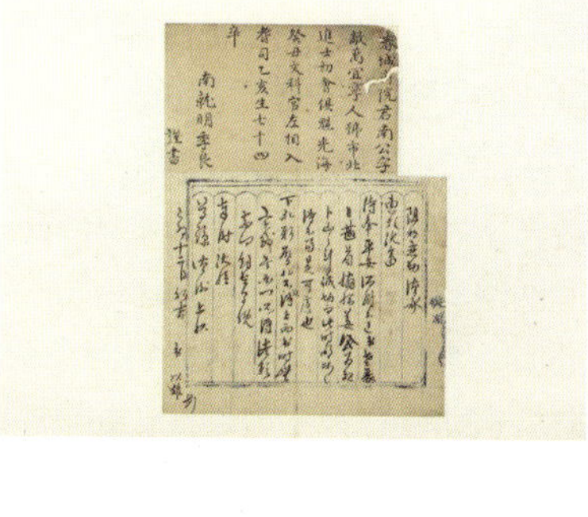

원문

阻極 戀切 謹承惠札 伏審侍奉平安 仰慰不已
弟 老衰日甚 只自憐憫

姜公爲親 卜山之計 誠切 而此時名師之得 不易 是可慮也
下求新曆 非不欲得上 而弟時無實職 無衙門所得 徒歎奈何
餘在早晩奉謝

伏惟尊諒 謹謝上狀
己卯 十二月 初吉
弟 以雄 頓

오랫동안 뵙지 못하여 그리운 마음이 절실하던 차에, 삼가 보내주신 편지를 받아 부모님 모시고 평안하시다는 것을 알게 되었습니다. 우러러 위로가 끝이 없습니다.
저는 늙고 쇠약함이 날로 심하니 그저 스스로 애처로울 뿐입니다.

강(姜) 공이 부모님을 위하여 산소를 잡으려고 합니다.
그 정성은 간절하지만, 요즈음 명사(名師)[1]를 구하기가 쉽지 않으니 걱정스럽기만 합니다.
달력을 구해달라고 하셨는데, 얻어서 보내드리고는 싶지만 제가 현직에 있지 않아 관아로부터 얻을 수가 없습니다. 속절없이 한탄해보지만 어쩌겠습니까.
나머지는 조만간 답을 올리겠습니다.

그대께서 해량하여주시기 바라며 삼가 답장을 올립니다.
기묘(1639)년 12월 초하루
제(弟) 이웅(以雄) 올림

1 명사(名師) : 풍수(風水)를 다루는 이름 있는 사람, 즉 지사(地師)나 지관(地官)을 지칭한다.

제발

春城府院君 南公 字 敵萬 宜寧人 號 市北
進士初會 俱魁 光海 癸丑 文科 官 左相 入 耆司
乙亥生 七十四 卒
南就明 季良 謹書

춘성부원군(春城府院君) 남(南) 공의 자는 적만(敵萬)이다.
본관은 의령(宜寧), 호는 시북(市北)이다.
진사 초시(初試)와 회시(會試)에 모두 장원하였다.
광해(光海) 조 계축(1613)년 문과에 급제하였으며 좌의정을 지냈고 기로소(耆老所)에 들어갔다. 을해(1575)년에 태어나 74세에 세상을 떠났다.
남취명(南就明) 계량(季良) 삼가 쓰다.

제발자

남취명 南就明
1661년(현종 2)~1741년(영조 17)

조선후기 병조참판, 지돈녕부사 등을 역임한 문신이다.
본관은 의령(宜寧)이며, 자는 계량(季良)이고, 호는 약파(藥坡)이다. 할아버지는 감사(監司) 남훤(南翧)고, 아버지는 남상훈(南尙熏)이며, 어머니는 교리를 지낸 이행원(李行源)의 딸이다.
남취명은 남태기(南泰耆)의 큰아버지로 '소북오군자'인 이정작(李庭綽, 1678~1758)의 누이와 혼인한 남근명(南近明)의 형이다.

생애 및 활동사항

1694년(숙종 20) 별시 문과에 병과로 급제하여 사헌부지평을 거쳐 홍문관에 들어갔다. 1704년(숙종 30) 수찬으로 있으면서, 조정에서 박세당(朴世堂)이 지은 『사변록(思辨錄)』을 모두 불태워버리려 하자 그것의 옳지 못함을 극력 상소하였고, 이듬해에는 남구만(南九萬)·유상운(柳尙運)의 신원(伸寃)을 위하여 노력하였다.
왕의 신임이 두터워 오랫동안 승지로 재임하였고, 1717년(숙종 43)에는 예조참판으로 동지부사에 발탁되어 청나라에 다녀왔다. 1722년(경종 2) 왕이 노론(老論) 4대신의 사사(賜死)를 감형하려 하자 승지로 있으면서 그 불가함을 동료들과 함께 역설하였다.
그 뒤 대사간으로 있으면서 소론의 거두 김일경(金一鏡)을 변명하는 한편, 노론의 축출에 일익을 담당하였다. 영조가 즉위하면서 노론이 집권하자 한때 관작을 삭탈당하고 문외출송(門外黜送)되었으나, 1727년(영조 3)에 다시 서용되어 경기도관찰사·병조참판을 거쳐 지돈녕부사를 지냈다. 영조조에 기로소(耆老所)에 들었다.

발신자

남이웅 南以雄

1575년(선조 8) ~ 1648년(인조 26)

조선시대 이조판서, 우의정, 좌의정 등을 역임한 문신이다. 본관은 의령(宜寧), 자는 적만(敵萬), 호는 시북(市北)이다. 할아버지는 증좌찬성 남응운(南應雲)이고, 아버지는 주부 남위(南瑋), 어머니는 좌의정 한확(韓確)의 손녀 딸이다. 종숙 의흥부원군(宜興府院君) 남대우(南大佑)에게 입양되었다.

생애 및 활동 사항

1606년(선조 39) 진사시에 합격하고 이듬해 왕자의 사부(師傅)가 되었고, 세마(洗馬)·위수(衛率)·통례(通禮)를 거쳐 1613년(광해군 5) 증광 문과에 병과로 급제, 예조좌랑·병조좌랑·정언·수찬·응교 등을 지냈다. 당시의 권신 이이첨(李爾瞻)이 보자고 청할 때 응하지 않아 미움을 사기도 했다. 1623년 인조반정 이후 오위장(五衛將)·황해도관향사(黃海道管餉使)·안악군수·의주부윤 등을 역임했다. 이듬해 이괄(李适)의 난이 일어나자 황주수성대장(黃州守城大將)으로 도원수 장만(張晩)을 도와 공을 세워 진무공신(振武功臣) 3등에 춘성군(春城君)으로 봉해졌다. 1626년(인조 4) 형조참판에 부총관을 겸했다. 1632년 인목대비의 상사(喪事)에 수릉관(守陵官)이 되었다. 나이 60이 되었는데도 능을 지키는 예법에 조금도 어김이 없으므로 주위 사람이 모두 탄복했다고 한다. 그 뒤 호조참판·형조판서 겸 지의금부도총관을 역임했다. 1635년 강화도유수를 역임했다. 1636년 병자호란으로 남한산성까지 왕을 호종했고, 그 공으로 좌찬성에 올랐다. 이듬해 소현세자가 볼모로 심양(瀋陽)에 잡혀갈 때 우빈객으로 세자를 극진히 호위했으며, 돌아온 뒤 춘성부원군에 봉해졌다. 1638년 대사헌이 되어 법을 엄하게 집행했으며, 미신을 없애려고 음사(淫祠)를 파괴하고 무당을 학대했다. 1646년 이조판서를 거쳐 우의정이 되어 민회빈 강씨(愍懷嬪姜氏)의 사사(賜死)를 반대하고 사직했다. 그 뒤 1647년 좌의정이 되었다. 본래 세업(世業)이 풍족해 부자라고 일컬었지만, 법제를 준수하며 자손들을 엄하게 단속해 사치를 억제했다고 한다.

시호는 문정(文貞)이다.

42

이행원李行遠 영감의 편지와 부채 선물에 대한 감사

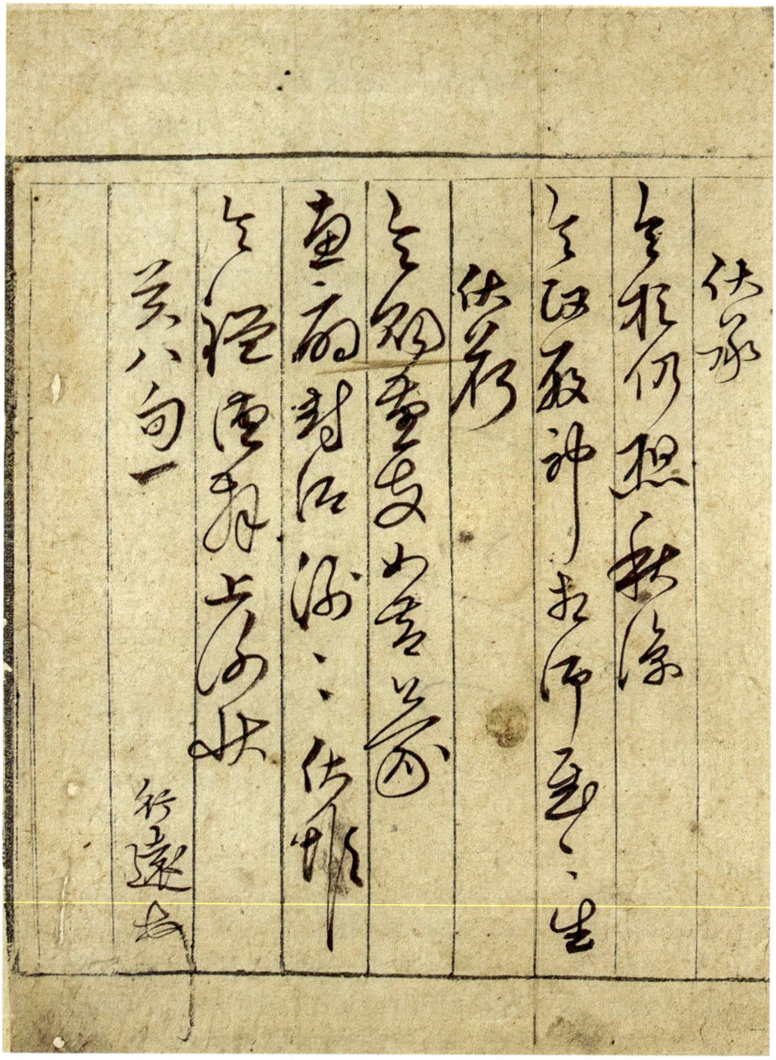

이행원 李行遠: 영감의 편지와 부채 선물에 대한 감사
18.6x24.9cm

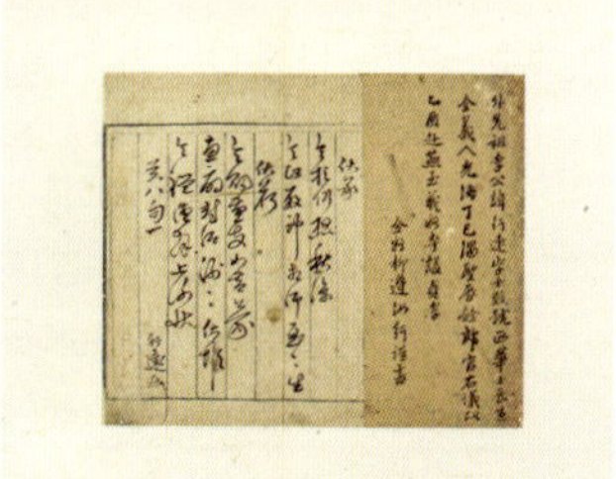

원문

伏承令札 仍想秋凉 令政履神相 仰慰仰慰

生 伏荷令賜 董支如昔

蒙惠扇封 仰謝仰謝

伏惟令鑑 謹拜上謝狀

癸 八 旬一 行遠 頓

영감께서 보내신 편지를 받고, 서늘한 가을 날씨에 정무를 돌보시며 잘 계심을 생각하니 우러러 위로가 됩니다.

저는 영감의 은덕으로 가까스로 예전처럼 지내고 있습니다.

보내주신 선봉(扇封 부채 묶음)은 정말 고맙고 고맙습니다.

영감께서 살펴주시기 바라며 삼가 답장을 올립니다.

계(癸)년 8월 11일. 행원(行遠) 올림.

제발

外先祖 李 公 諱 行遠 字 士致 號 西華
壬辰生 全義人 光海 丁巳 謁聖 歷 銓郎 官 右議政
乙酉 赴燕 至 義州 卒 諡 貞孝
全州 柳遵 汝行 謹書

외선조(外先祖) 이(李) 공의 휘(諱)는 행원(行遠), 자는 사치(士致), 호는 서화(西華)이다.
임진(1592)년에 태어났다. 본관은 전의(全義)이다.
광해(光海)조 정사(1617)년 알성문과에 급제하여 전랑(銓郎)을 역임하였으며, 우의정을 지냈다.
을유(1645)년 연경(燕京)에 가는 길에 의주에서 세상을 떠났다.[1] 시호는 정효(貞孝)[2]이다.
　전주(全州) 유준(柳遵) 여행(汝行) 삼가 쓰다.

제발자

유준 柳遵

1672년(현종 13)~미상

조선후기 문인으로 본관은 전주(全州)이며, 자는 여행(汝行)이다.
아버지는 통훈대부이자 상주진관병마첨절제사 유이승(柳以升)이다.

생애 및 활동사항

1696년(숙종 22) 25세에 식년시 진사 1등으로 급제하였다. 공조 정랑, 평창 · 간성 · 김포 군수 등을 역임하였다.

1 조선왕조실록과 송시열(宋時烈)이 지은 "이행원 비명(碑銘)" 등에 의하면 이행원은 1647년 우의정에 오르고, 이듬해 1648년 사신이 되어 청나라로 들어가던 도중 병을 얻어 의주에서 죽었다.
2 이행원의 시호는 효정(孝貞)이다. 오류이다.

발신자

이행원 李行遠

1592년(선조 25)~1648년(인조 26)

조선시대 대사헌, 이조판서, 병조판서 등을 역임한 문신이다. 본관은 전의(全義), 자는 사치(士致), 호는 서화(西華), 이제신(李濟臣)의 증손으로, 할아버지는 정자 이기준(李耆俊)이고, 아버지는 현령 이중기(李重基)이고, 어머니는 임색(任穡)의 딸이다.

생애 및 활동 사항

어려서부터 재주가 뛰어나고 기량이 넓어 많은 사람들이 대기(大器)로 지목하였다. 1610년(광해군 2) 진사시에 합격한 뒤, 1617년 알성문과에 을과로 급제하여 정자로 기용되었다. 이어서 저작을 거쳐 박사에 올랐다.

1623년(인조 1) 인조반정 후 문장이 왕에게 인정되어 주서로 들어가 왕이 내리는 전교(傳敎)와 교유문(告由文)을 거의 맡아서 지었다. 이어서 홍문관의 교리로 발탁되었고, 1636년 병자호란이 일어나자 왕을 호종(扈從)하여 남한산성에 들어갔다. 최명길(崔鳴吉) 등의 화의론에 반대하여 척화를 주장하였다. 그 뒤 화의가 성립되자 부빈객(副賓客)이 되어 소현세자(昭顯世子)가 인질로 잡혀가는 길을 심양(瀋陽)까지 호종하여 고초를 함께 겪었다. 심양에서 돌아온 뒤에는 대사헌을 지내고 이조판서와 병조판서를 역임하였다.

1647년 우의정에 오르고 이듬해 사신이 되어 청나라로 들어가던 도중 병을 얻어 평안도에서 죽었다. 그림을 잘 그렸으며 지방관으로 나갔을 때 민심을 무마하고 세금을 격감하는 등 치적이 많았으며, 일생을 가난하게 지냈으므로 청백리에 뽑혔다. 시호는 효정(孝貞)이다.

43

정태화鄭太和 대감의 안부 편지에 대한 답신

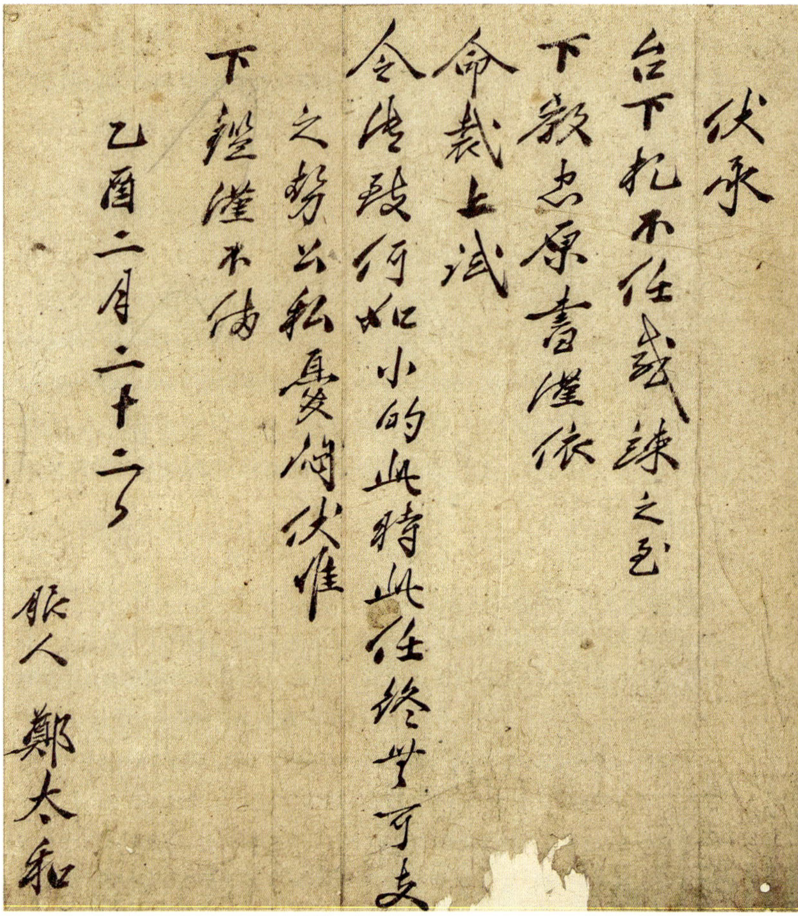

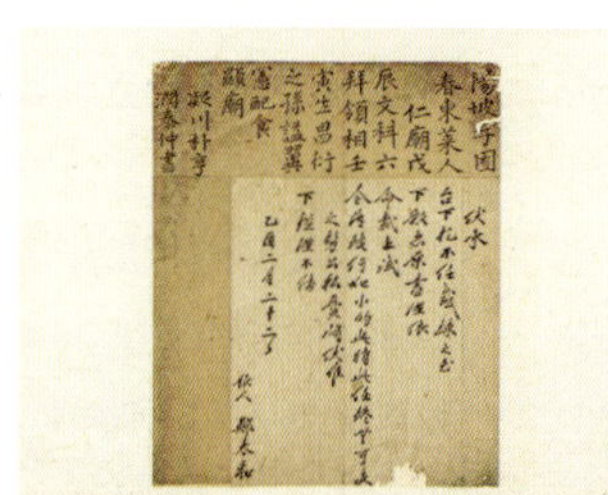

정태화鄭太和: 대감의 안부 편지에 대한 답신
23.0x25.2cm

원문

伏承 台下札 不任感竦之至

下敎 忠原書 謹依命裁上 試令傳致何如
小的 此時此任 終無可支之勢 公私憂悶

伏惟下鑑 謹不備
乙酉 二月 二十二日　服人 鄭太和

대감께서 보내신 편지를 받고 감동과 두려움을 주체할 수 없었습니다.

말씀하신대로 충원(忠原)[1]에 보내는 글은 삼가 명대로 써서 올립니다.
시험 삼아 전해주시는 것이 어떻겠습니까?
이러한 시기에 이런 직임을 제가[2] 맡게 되었으니, 결국에는 버틸 길이 없게 될 것입니다.
공적으로나 사적으로 걱정스럽습니다.

살펴주시기 바라며 삼가 이만 줄입니다.
을유(1645)년 2월 22일　상중에 있는 정태화(鄭太和)

1 충원(忠原)은 충청도 충주의 별칭이다.
2 원문의 소적(小的)은 소인이라는 뜻으로 자신에 대한 겸칭이다.

제발

陽坡 字 囿春 東萊人
仁廟 戊辰 文科 六 拜領相
壬寅生 昌衍之孫 諡 翼憲 配食 顯廟
凝川 朴亨潤 泰仲 書

양파(陽坡)의 자는 유춘(囿春), 본관은 동래(東萊)이다.
인조(仁祖) 조 무진(1628)년 문과에 급제하여 영의정에 6차례나 올랐다.
임인(1602)년에 태어났으며, 창연(昌衍)의 손자이다.
시호는 익헌(翼憲)이다. 현종(顯宗)의 묘정에 배향되었다.
응천(凝川)[3] 박형윤(朴亨潤) 태중(泰仲) 쓰다.

제발자

박형윤 朴亨潤
1683년(숙종 9)~미상

조선후기 통덕랑을 역임한 문신이다.
본관은 밀양(密陽)이며, 자는 태중(泰仲)이다. 박순례(朴純禮)의 증손으로, 할아버지는 박정주(朴廷柱)이고, 생부는 박만종(朴萬鐘)이며, 박만기(朴萬器)에 입적되었다.

생애 및 활동사항

경종 3년 계묘년 신년시에 41세의 나이로 병과 2위에 급제하였다. 함경도사, 보령현감 등을 역임하였으며, 정오품 통덕랑의 관직에 올랐다.
박형윤은 1736년(영조 12) 보령현감에 제수되어 부임하였는데, 송질은 1년 전인 1735년(영조 11) 보령현감에 제수되었다.

3 응천(凝川)은 경상남도 밀양의 옛 이름이다.

발신자

정태화 鄭太和

1602년(선조 35)~1673년(현종 14)

조선후기 우의정, 좌의정, 영의정 등을 역임한 문신이다. 본관은 동래(東萊). 자는 유춘(囿春), 호는 양파(陽坡). 할아버지는 정창연(鄭昌衍)으로 아버지는 형조판서 정광성(鄭廣成)이며, 어머니는 황근중(黃謹中)의 딸이다. 좌의정 정치화(鄭致和)와 예조참판 정만화(鄭萬和)의 형이다.

생애 및 활동 사항

1628년(인조 6) 별시문과에 병과로 급제하여 승문원정자가 되었다. 홍문관에서는 수찬 · 교리 · 응교를, 사간원에서는 정언 · 헌납 · 사간을, 사헌부에서는 집의를, 세자시강원에서는 설서 · 사서 · 필선을, 성균관에서는 사예 · 사성을 각각 지냈다. 또한 예조의 좌랑, 이조의 좌랑 · 정랑, 의정부의 사인, 예빈시(禮賓寺) · 제용감(濟用監) · 장악원정(掌樂院正) 등을 역임하였다.

1637년(인조 15) 세자시강원의 보덕으로 소현세자(昭顯世子)를 따라 심양(瀋陽)에 갔다가 이듬해 충청도관찰사로 발탁되었고 곧 승정원동부승지가 되었다. 이후 육조의 참의 · 참판, 한성부우윤 · 대사간, 평안도 · 경상도의 관찰사, 도승지 등을 거쳐 1649년(인조 27) 우의정에 올랐다.

우의정에 오른 직후 효종이 즉위하자 사은사(謝恩使)로서 연경(燕京)을 다녀온 후 좌의정으로 승진되었으나 어머니의 상으로 취임하지 못하고 향리에 머물렀다. 1651년(효종 2)에 상복을 벗으면서 영의정이 되어 다시 조정에 나아갔다.

1673년(현종 14) 심한 중풍 증세로 사직이 허락되기까지 20여 년 동안 5차례나 영의정을 지내면서 효종과 현종을 보필하였다. 1673년 관직에서 물러난 지 6개월 만에 72세 나이로 세상을 떠났다.

저서로 시 · 문을 모아 엮은 『양파유고』 2권 2책과 1656년(효종 7)까지의 일기인 『양파연기』 2권 2책이 있으며 시조 1수가 전한다. 시호는 익헌(翼憲)이다.(뒤에 忠翼으로 바꿈) 현종의 묘정에 배향되었다.

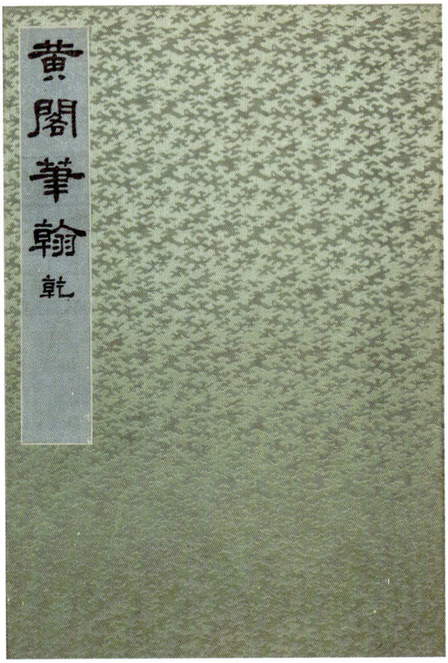

황각필한(乾 · 巛)
44.5 x 29.9 cm

‘소북오군자小北五君子’ 송질宋瓆과 『황각필한黃閣筆翰』

김용은*

조선시대는 인간관계의 네트워크가 무엇보다도 중시되는 사회였다. 하지만 교통과 통신이 미비하여 그들의 소통 채널은 매우 제한적일 수밖에 없었을 것이다. 당대 최고위층이라고 하더라도 이러한 제약을 극복할 수 없었고, 그들의 소통 채널의 매개체는 간찰이 가장 직접적이고 대표적인 수단이었다. 따라서 현존하는 간찰을 통해 그들이 공유한 세계관과 공감대를 살펴볼 수 있을 것이다. 즉, 주고받은 글을 매개로 학문적 · 사상적으로 정치적으로 동지적인 관계를 맺어간 이들에게 인간적인 결과 유대를 강고하게 이끌어 갔을 것이다.

전통시대 편지는 글을 쓰는 배경과 문장의 길이, 목적 등에 따라 척독(尺牘), 서찰(書札), 서신(書信), 수간(手簡) 등 여러 이름으로 불렀다. 이중 종이에 적거나 비단에 적은 편지를 모두 간찰(簡札)이라고 한다. 간찰의 내용은 짧게 안부를 묻거나 필요한 물건을 요청하는 사사로운 부탁에서부터 학문과 경세를 피력하거나 조정에 올라가는 상소문을 의논하는 장문의 글까지 다양하다. 또한 간찰의 글씨뿐 아니라 시전지나 착명(着名)[1], 인장 등의 다양한 사용을 통해서도 그 시대의 문화를 볼 수 있다.

---

* 학예연구실장

• 이 글은 (사)한국대학박물관협회 학술지 『고문화』에 투고되었다.

1 착명 : ‘수결’이라는 용어는 현재 고문서학에서 거의 쓰지 않고, 간찰의 경우 ‘착명’이라고 표기함.

옛사람들은 선현의 글씨나 그림을 간직하려는 마음에서 그들이 쓴 친필인 진적(眞迹)을 모아 첩으로 제작하기도 하였다. 제작된 간찰첩은 목적과 가치에 따라 위세품[2]으로 전해지기도 하며 간찰 쓰기 교본이나 문장 작성용 교본으로 활용하기도 하였다. 우리에게 다양한 형태로 전해진 간찰을 통해 옛사람의 삶을 조금이나마 확인할 수 있을 것이다.

경희대학교 중앙박물관 소장의 서첩[3] 중 『황각필한』(乾 · 巛[4] 2책, 등록번호 700002, 700004, 가로 44.5㎝, 세로 29.9㎝)은 조선 명종, 선조, 광해, 인조 4대에 걸쳐 정승에 임명되었던 43인의 친필을 모은 서첩이다. 이 서신들이 담고 있는 내용을 살펴보는 것은 당대 최고위층들의 일상사 삶을 공유할 수 있는 자료로 의미가 있다. 『황각필한』을 통해 주요 인물들의 친필이 처음으로 공개되는 성과가 있었다. 서첩의 서신을 탈초, 번역하여 공개하는 것은 당시 최고위 관료들의 정서와 감성을 공감하고 그들의 삶과 사상, 그 시대의 문화를 다양하게 읽을 수 있게 해주는 소중한 자료 공유라는 의미있는 작업이다.[5]

2 위세품(威勢品) : 권력자가 자신의 권위, 위신, 위세, 영향력을 과시하기 위해 보여줄 수 있는 상징성의 물품.

3 경희대학교 중앙박물관 소장품 중 주요 서첩으로는 『려선합벽(麗鮮合璧)』 2책(乾 · 巛), 『황각필한(黃閣筆翰)』 2책(乾 · 巛), 『명묵첩(名墨帖)』 8책(一~八), 『열성어필첩(列聖御筆帖)』 1책, 『서간집(書簡集)』 1책 등이다. 『려선합벽(건 · 곤)』과 『황각필한』(건 · 곤)의 시문과 간찰의 탈초 · 번역을 완료하였으며, 이를 통해 2020년 특별전 「옛사람의 글에서 삶을 엿보다」를 진행하였다. 그 결과물로 『려선합벽』은 2020년 출판되어 대중에 소개되었다.

4 『황각필한』곤책의 "巛"표기는 "[illegible]"으로 巛은 팔괘 곤"☷(坤)"의 이체자다.

5 경희대학교 중앙박물관, 『려선합벽』(경희대학교출판문화원, 2020), p.340. 『황각필한』의 탈초 · 번역은 동혼재(東昏齋) 석한남(石韓男) 선생께서 맡아주셨다. 2008년 이후 여러 박물관 소장 고서 1천여 편을 탈초 · 번역한바 있으며, 고문헌 특강 및 저술가로 활동하고 있다. 2019년 경희대학교 중앙박물관 소장 『려선합벽』의 탈초 · 번역도 수행하였다.

1. 송질의 생애와 관직

정승들의 간찰을 수집하고 『황각첩(黃閣帖)』으로 꾸린 송질은 조선 영조조에 활동한 소북(小北)의 중심인물인데[6], 본관은 여산(礪山)이고, 자는 중윤(仲潤)이며 호는 치암(耻菴)으로 이천 출신이다. 그는 1676년(숙종 2) 송정택(宋廷澤, 1644~1692)과 남원 윤씨(윤송(尹松, 1628~?) 의 딸)사이에서 2남 3녀 중 차남으로 태어났다. 19세기 말 해남 윤선도 종가에서 편찬된 필사본 『만가보(萬家譜)』[7] 를 통해 본 송질의 가계는 5대조 송승희(宋承禧, 1538~1592)[8]부터 고조부 송일(宋馹, 1557~1640)[9], 증조부 송시길(宋時吉, 1597~1656)[10]에 이르기까지 3대가 모두 문과에 급제했다. 할아버지 송박(宋搏, 1619~1682)[11]과 아버지 송정택(宋廷澤, 1644~1692)[12]은 문과에 급제하지 못하였고, 송질은 53세에 문과에 급제했다. 송질의 아들 송제노(宋濟魯, 1711~?), 손자 송락(宋樂), 증손 송복순(宋復純)까지 4대가 내리 문과에 급제하였다.(〈삽도 1〉 송질의 가계 참조.)

---

6 송질 성장과 일화 및 소북의 전개 과정에 대해서 윤수진, 2009, 『耻庵 宋瓆의 漢詩 硏究』, 계명대학교대학원 석사논문.; 김영진, 2011, 「조선후기 黨派譜 연구-『北譜』를 중심으로」, 『한국학논집』44집.; 조정윤, 2014, 「『試筆』을 통해 본 소북계 문사의 정치인식과 문학 활동」, 『東洋古典硏究』61.; 임규완, 2021, 「17세기 말~18세기 초 小北 문인에 대한 試探」, 『민족문화논총』77. 등을 참조하였다.

7 『만가보(萬家譜)』7책, 46면(좌측) 4단 2행.(한국학자료센터-인물관계정보 참조.)

8 송승희의 자는 경번(景繁)이며, 호는 국헌(菊軒)이다. 증조부 송자강(宋自剛) 할아버지는 송호지(宋好智)이며, 아버지는 송구(宋枸), 어머니는 성주이씨(星州李氏, 이공추(李公樞)의 딸)이고, 부인은 창원황씨(昌原黃氏, 황린(黃璘)의 딸)이다. 1576년(선조 9) 병자(丙子) 식년시(式年試) 갑과(甲科) 3위로 급제하여 벼슬은 장령에 이르렀으나 55세에 별세하였고, 이조판서에 추증되었다.

9 송일의 자는 덕보(德甫)이며, 호는 반학(伴鶴)이다. 홍문관수찬(弘文館修撰) 송호지(宋好智)의 증손으로, 할아버지는 송구(宋枸)이고, 아버지는 장령 송승희(宋承禧)이며, 어머니는 창원황씨(昌原黃氏, 황린(黃璘)의 딸)이다. 1595년(선조 28) 별시 문과에 병과로 급제하여 예조좌랑, 사헌부장령, 사헌부집의 등을 역임하였으며, 1616년에는 형조참판이 된뒤 이어서 병조참판 · 지중추부사(知中樞府事)를 역임하고, 기로소(耆老所)에 들어갔다.

10 송시길의 자는 중립(仲立). 구(枸)의 증손으로, 할아버지는 송승희(宋承禧)이고, 아버지는 지중추부사(知中樞府事) 송일(宋馹)이며, 어머니는 전주유씨(全州柳氏, 유영성(柳永成)의 딸)이다. 어린 시절에 이미 경사에 통달하였다. 1623년 알성 문과에 을과로 급제하여 호조정랑, 승정원우부승지, 동부승지 등을 거쳐 1648년 형조참판 겸 오위도총부부총관(刑曹參判兼五衛都摠府副摠管) 등을 거쳐 1652년(효종 3) 한성부우윤 · 도승지 · 경기도관찰사 등을 지냈다.

11 송박의 자는 붕거(鵬擧)이며, 송승희의 증손으로 할아버지는 지중추부사(知中樞府事) 송일(宋馹)이며, 아버지는 도승지 송시길이고 어머니는 해평윤씨(海平尹氏, 윤이지(尹履之)의 딸)다. 1642년(인조 20) 임오(壬午) 식년시(式年試) 생원 3등(三等) 42위로 합격하였다.

12 송정택은 송일(宋馹)의 증손으로 할아버지는 송시길이고 아버지는 송박이며 어머니는 문화유씨(文化柳氏, 유시량(柳時亮)의 딸)의 4남 3녀 중 3남으로 송질의 아버지이다.

〈삽도 1〉 송질의 가계(『만가보』10책, 89면 좌측~90면 우측)

						(子)承禧 進文司成 黃璘女
						(子)駬 文吏參 柳永成女
						(子)時吉 文判書 尹履之女
						(子)摶 進郡守 柳時亮女
(子)廷檍 鄭繼胄女	女 金海載 副率	女 金揉 文 監司	女 具夏杜 縣監	(子)廷澤 尹宋女	(子)廷奭 洪玹繼女	(子)廷軾 崔文浩女

			(子)璸 生文校理 李霖女	女 李鳳協	女 朴瑞東	女 李玷	(子)珌 任斗登女
			(子)濟魯 進文判書 嚴慶遐女			女 李世茂	(子)濟愚 進僉正 李廷綽女
	(子)策 進 任命女		(子)樂 生文諫司 朴道在女	女 申顯祿	女 朴長佑	(子)藥 鄭運叙女	(子)來 鄭昭周女
女 姜彝天	(子)致純 朴道賢女	(子)冕純 李儀東女	(子)福純 金翊休女		(子)應龜	(子)應龍 文 初名 晉 純	(子)克純 李始茂女 李趾祥女
	(子)年萬					(子)徹萬 文 承旨	(子)徵萬
							(子)祖勉
							(子)彦會 文

송질의 성장 과정이나 생애 및 일화는 저서인 『치암집(恥庵集)』을 바탕으로 하고 친구인 엄경수(嚴慶遂, 1672~1718)의 『부재일기(孚齋日記)』, 그리고 후대 활동한 소북계 문인들인 임천상(任天常, 1754~1822)의 『쇄편(瑣編)』과 조언림(趙彦林, 1784~1856)

의 『이사재기문록(二四齋記聞錄)』 등을 통해서 살펴볼 수 있다. 송질이 7세 때인 1682년(숙종 8)에 조부가 별세하고 17세 때인 1692년(숙종 8)에 아버지를 잃었으며, 어머니의 별세에 대한 기록은 없지만 29세 때 지은 시 「생일읍서(生日泣書)」에서 "哀哀我父母 丘壟已古木"라며 오래전에 돌아가신 어버이를 그리워하고 있다. 또한 28세 때 처음으로 南川(이천)에 작은 집을 마련하고 지은 시에 "我年垂三十, 元無五畝宅, 汨汨走東西……蝸廬劣容膝"이라며 一家가 머물 일정한 거주지가 없어 삶이 고단했다고 하였다.

문과 급제 이전까지 송질의 과거 응시 과정을 보면 34세 때인 1709년에는 친구 이정작(李庭綽, 1678~1758)과 함께 알성시(謁聖試)에 응시하였는데 합격하지 못했다. 35세 때인 1710년(숙종 36) 경인(庚寅) 증광시(增廣試)에 생원 3등(三等) 36위로 합격하였다.[13] 송질은 48세 때인 1723년(경종 3)에 숙종의 영정을 모신 장녕전(長寧殿) 참봉이 되었으며, 4년 후인 52세 때인 1727년(영조 3년)에는 정릉 봉사(靖陵奉事)에 임명되었다. 그리고 이때 성균관에서 공부할 때 영조의 주목을 받았으며,[14] 참봉을 거쳐 53세 때인 1728년(영조 4) 무신(戊申) 별시(別試) 병과(丙科) 7위로 급제하였다.[15]

『승정원일기(承政院日記)』의 기록을 통해서 본 송질의 관직 활동은 소북파라는 정세도 있겠으나 개인적인 병약함으로 평탄하지만은 않았다. 송질이 병 때문에 관직 수행이 어려웠다는 기록과 함께 『치암집』에 수록된 시에서도 본인의 상태에 대해서 병 때문에 문을 걸어 잠그고 방안에서 책만 읽고 있다고 하였다. 즉, 영조의 총애를 받았다고 하지만 『승정원일기』의 기록에 나타난 송질의 관직 활동은 전도가 양양하지도 평탄했다고도 보기 어렵다.

1729년(영조 5) 10월 사변가주서(事變假注書)에 임명되었는데, 지방에 머물러 있었

13 『경인증광사마방목(庚寅增廣司馬榜目)』(국립중앙도서관[古6024-228])

14 『영조실록』 14권, 1727년(영조 3) 11월 11일 임금이 황감(黃柑)을 성균관(成均館)에 나누어 주고 인하여 대제학(大提學) 윤순(尹淳)에게 명하여 유생(儒生)들을 시험 보이게 하였으며, 송질(宋瓆)에게 급제(及第)를 내렸다.(上頒柑于泮宮, 仍命大提學尹淳試士, 賜宋瓆第.)『승정원일기』649책(탈초본 35책), 영조 3년(1727) 11월 12일.비망기로 이정필에게 전교하기를 "수석을 한 유학 송질(宋瓆)에게는 전시(殿試)에 곧바로 응시할 자격을 주고, ……(以備忘記, 傳于李廷弼曰, 居首生員宋瓆, 直赴殿試, ……)" 하였다.

15 『국조문과방목(國朝文科榜目)』 卷之十五(규장각한국학연구원[奎106])

기 때문에 교체되었으나 바로 재임명되었다. 다음 날 병부의 부사정(副司正)에 단부(單付, 임명)되는데, 탈이 있어 사변가주서는 교체되고, 이조의 찬수청(纂修廳) 낭청(郎廳)에 임명되었으나 송질은 병 때문에 직무를 수행하기 어렵다[16]는 보고가 있었다. 1730년(영조 6) 2월에는 병조의 전적(典籍)과 좌랑(佐郎)에 임명되었으나 병이 위중한 와중에 무고[17]로 곤란한 상황에 놓였다. 그해 9월에 다시 병조 정랑(正郎)이 되었다. 1731년(영조 7)에는 충청도사(忠淸都事)에 임명되었다. 58세 때인 1733년(영조 9)에는 종사(從事)로 홍용조(洪龍祚, 1686~1741, 홍대용 洪大容의 조부)를 따라 약 1년간 관북(關北, 함경도)지역에서 생활했다.

송질은 59세 때인 1734년(영조 10) 1월에 외방(外方)의 겸춘추(兼春秋)에 임명되었고, 5월에는 경상도사(慶尙都事)에 임명되었으나 풍비(風痺)[18] 치료를 위한 침과 뜸의 부작용으로 각종(脚腫, 다리의 종기)이 더해져 임지로 갈 수 없으니 교체를 청하는 보고가 있자 윤허하였다. 그달에 다시 사헌부(司憲府) 지평(持平)이 되었지만 숙배(肅拜)[19]의례는 물론 패초(牌招)[20]에도 나아가지도 못해 파직해야 한다는 주청이 있었다. 8월에는 감시(監試)의 초시(初試) 시관으로서 또한 9월에 식년(式年) 문과(文科) 동당시(東堂試)의 시관으로서 직명이 없으니 군직(軍職)을 붙일 수 있도록 해달라는 이조의 건의로 병조의 부사과(副司果)에 제수되었다. 그해 12월에 보령현감에 제수되고, 1735년(영조 11) 1월에 임지로 떠났다.

송질이 60세 때인 1735년(영조 11) 12월에는 직명이 없는 춘첩자(春帖子)의 제술관

16 『승정원일기』695책(탈초본 38책), 영조 5년(1729) 10월 15일.; 16일.; 21일.; 22일.; 24일.; 25일.; 12월 19일. "…郎廳宋瓆, 以身病受由, 察任無期, 姑爲改差…"

17 무뢰배 정혼(鄭渾)이 어보(御寶)를 위조해 공명첩(空名帖)을 훔쳐 팔다 발각되자 옥사를 늦추기 위해 유건기(兪健基)·송질(宋瓆) 등이 모역하였다고 고발하였으나, 대질을 통해 무고임이 밝혀져 정혼은 사형에 처해졌고, 송질 등은 석방되었다.(『英祖實錄』, 6년 5월 7일.)

18 오늘날의 뇌졸중과 신경통의 일종이다. 양(陽), 즉 몸의 외부와 윗부분에 증상이 있는 것을 풍(風)이라 하고, 음(陰), 즉 몸의 내면과 아랫부분에 증상이 있는 것을 비(痺)라고 한다. 몸의 기가 막혀 잘 통하지 않아 아프고, 가렵거나 마비가 되는 여러 증상이 나타나며, 바람, 한기, 습기 등이 몸에 침입하여 발생한다. (『東醫寶鑑』 雜病篇, 卷2, 風.)

19 숙배의식으로는 사은숙배(謝恩肅拜)가 대표적인 것이었는데, 이는 대소 과거에 합격한 자나 문·무관직에 임명된 자가 방방(放榜 : 합격자 발표)이나 제수(除授) 이튿날 왕·왕비·대비·왕세자 등을 찾아가 절하고 사례하는 의식.

20 왕은 신하를 불러들일 때 패를 사용했다. 이것이 패초다. 조선 시대 임금이 비상사태나 야간에 급히 만나야 할 신하가 있을 경우, 승정원(承政院)에 명하여 패를 써서 입궐하게 하던 제도.

에게 군직을 붙이게 해달라는 건의에 따라 병조 부사과에 명하였다.

61세 때인 1736년(영조 12) 4월 정시(庭試)의 대독관(對讀官)으로서 직이 없으므로 군직을 붙일 수 있도록 건의하자 윤허하였다. 이어 곧 사간원(司諫院) 정언(正言)에 임명되고, 그해 7월에도 정언으로 다시 제수되었는데, 숙배 후 바로 사직 단자를 올리자 파직하라는 상소가 있었는데, 다시 병조의 건의를 받아 사과(司果)에 제수되었다. 8월에는 사헌부(司憲府) 지평(持平)으로 임명되고, 8월 18일부터 25일까지 문이소(文二所)의 감시관(監試官)으로 나아갔으며, 8월 26일 개인 사정으로 정사(呈辭)[21]하였다. 그런데 현감으로 재직하였던 보령현(保寧縣)의 군작미(軍作米)가 창고에 남아 있지 않다는 호서백(湖西伯) 이주진(李周鎭)의 장계에 관련하여 전임 현감이었던 송질을 의금부에 잡아 가두겠다는 보고가 있었다.[22] 그와는 별개로 12월과 1월에 병조의 부사과로 임명되었다.

62세 때인 1737년(영조 13) 3월에는 사헌부의 장령(掌令)에 제수되었으나 정사하였고,[23] 5월에 재차 장령에 임명되었으나 패초에 나아가지 못하고 있다. 그해 8월에

---

21 '정사(呈辭)'는 조선시대 관원이 사정으로 말미암아 국왕에게 사직 · 휴직 · 휴가 등을 청하는 문서인데, 정사의 사유로는 병친(病親) · 신병(身病) · 근친(覲親) · 소분(掃墳) · 가토(加土) · 분황(焚黃 : 관직이 추증될 때 사령장의 副本을 추증자의 무덤 앞에서 불태우던 일) · 영분(榮墳) · 귀장(歸葬) · 성혼(成婚) · 침구(鍼灸) · 목욕(沐浴) 등이 있다. 신병의 사유로 정사를 올릴 경우는 대개 사직을 청하는 내용이 되며, 그 경우 왕의 허락이 잘 내리지 않으면 2번, 3번 계속하여 정사를 낸다. 휴가 신청은 부모가 병환일 때 먼 도는 70일, 가까운 도는 50일, 경기는 30일, 지방관은 관찰사가 그 거리를 헤아려 휴가일을 주되, 그 기한이 경과하여도 돌아오지 않는 자는 모두 관원을 교체한다. 관원 자신이 병이면 곧 관원을 교체한다.

22 『승정원일기』833책(탈초본 46책), 영조 12년(1736) 9월 15일.; 이와 관련하여 송질을 의금부에서 심문하겠다는 보고와(『승정원일기』842책(탈초본 46책), 영조 13년(1737) 2월 3일.) 또한 1737년 3월 29일 전보령현감이었던 정희규(鄭熙揆) · 송질(宋瓆) · 권집(權緝) 등은 의금부에서 명을 기다려 즉시 잡아 가두겠다는 기사와(『승정원일기』845책(탈초본 46책), 영조 13년(1737) 3월 29일.) 그 해 9월에 다시 의금부에서 송질을 명을 기다라 잡아 가두겠다고 하였다.(『승정원일기』857책(탈초본 47책), 영조 13년(1737) 9월 29일.) 그러나 호서백(湖西伯) 이주진(李周鎭)의 장계에 송질(宋瓆), 심필(沈泌), 권집(權緝)이 허록(虛錄)한 일에 대해 보고하였는데, 하리(下吏)의 공초가 전후로 말이 다르고, 권집이 바친 문서 중에는 '어떤 명색의 곡물 몇 섬이 어떤 창고에 들어갔다.'는 뜻으로 명백하게 나열하여 기록해, 그 곡물 수효에 흠축이 없었으며, 문서가 명백하니 권집 이전 두 사람도 무죄로 여겨진다는 보고에 따라 영조도 '권집 등 3인을 용서하여 풀어 주고 문서는 본도에 내려보내서 해당 고을의 색리(色吏)를 엄히 징치하라!'함으로써(『승정원일기』859책(탈초본 47책), 영조 13년(1737) 윤9월 25일.) 무사할 수 있었다.

23 송질의 정사관련 『승정원일기』 기사는 1737년 3월 14일, 16일. 19일, 20일, 21일, 22일, 23일, 24일까지 보이는데, 정사가 받아들여지지 않은 듯하고 이후에는 패초(牌招)하여 입시(入侍)하도록 해야하며, 패초하고, 이에 응하지 않으니 파직해야 한다는 건의가 보인다.(『승정원일기』845책(탈초본 46책), 영조 13년(1737) 3월 26일.)

세자시강원(世子侍講院) 필선(弼善)이 되었는데, 전임 결성(結城)[24] 현감 때의 일로 감처(勘處, 죄를 심리하여 처단함)를 기다리는 중으로 상견례에 불참하였다. 9월에는 병조의 부호군(副護軍)에 임명되고, 10월에 다시 장령(掌令)으로 임명되었으나 패초에 나오지 못하였다. 11월에 사성(司成)에, 그리고 종부시(宗簿寺) 정(正)으로 임명되지만 영접도감(迎接都監)에서 도청(都廳)인 종부시 정인 송질이 의정부 초기(草記)와 관련하여 의금부에 잡혀있는데, 칙사[25]를 맞이하는 습의(習儀)[26]에 도청의 인원을 갖추기 위해 교체를 요청하여 윤허하였다.

63세 때인 1738년(영조 14) 5월에 시강원(侍講院) 문학(文學)에 제수되었는데 병 때문에 제대로 수행하지 못하자 6월에 시강원에서는 패초하여 직임을 살피게 해달라는 초기(草記)에 윤허하였다. 그런데 당일에 송질을 다시 장령으로 임명하자 그를 패초해야 함을 건의하지만 이에 응하지 못하고 있다. 그리고 8월에 종부시의 정(正)에 제수되고 11월에는 사간원(司諫院)의 헌납(獻納)에 임명하였는데, 패초에 응하지 못하자 잡아다 추고(推考)하라 하였다. 그러나 12월에 병으로 패초에 응하기 어려운 경우 용서하고 파직하지 말라고[27] 하고, 그달에 다시 헌납으로 삼자 패초해 입시(入

24 영조 9년(1733) 충청도 결성에서 자식이 아버지를 살해한 사건이 발생하여 결성과 보령을 하나로 합쳐 혁속(革屬)하였다가 다음해 다시 정해진 기한까지 복설하라는 영조가 명하여 영조 12년(1736) 다시 결성 현감이 임명되었다.(『승정원일기』, 영조 9년 2월 15일.; 10년 5월 14일.; 12년 1월 16일.)

25 영조 12년(1736) 3월 15일, 영조는 원자(元子)를 세자로 책봉하고, 다음 해 7월 25일, 세자 책봉을 승인받기 위해 서명균을 정사(正使)로 하는 주청사(奏請使)가 청나라로 떠난다. 영조 14년(1738) 1월 17일, 청나라의 칙사가 세자의 책봉을 승인한다는 내용의 칙서를 가지고 조선으로 출발했다는 소식이 조정에 전해졌다. 조정은 비상 체제에 돌입해 칙사를 맞이할 준비를 하는 한편 하전(賀箋), 즉 세자의 책봉을 축하하는 글을 올리라고 전국에 공문을 보내는 등 책봉 관련 의식 절차를 준비하기 시작했다. 그러나 이때의 칙사는 세자 책봉을 승인이 아닌 청 건륭제의 생모를 황태후로 높이고, 부인을 황후로 책봉했다는 사실을 알리기 위해 보낸 칙사였다.(『영조실록』47권, 영조 14년(1738) 2월 7일.)

26 영조 12년(1736) 3월 15일, 영조는 원자(元子)를 세자로 책봉하고, 다음 해 7월 25일, 세자 책봉을 승인받기 위해 서명균을 정사(正使)로 하는 주청사(奏請使)가 청나라로 떠난다. 영조 14년(1738) 1월 17일, 청나라의 칙사가 세자의 책봉을 승인한다는 내용의 칙서를 가지고 조선으로 출발했다는 소식이 조정에 전해졌다. 조정은 비상 체제에 돌입해 칙사를 맞이할 준비를 하는 한편 하전(賀箋), 즉 세자의 책봉을 축하하는 글을 올리라고 전국에 공문을 보내는 등 책봉 관련 의식 절차를 준비하기 시작했다. 그러나 이때의 칙사는 세자 책봉을 승인이 아닌 청 건륭제의 생모를 황태후로 높이고, 부인을 황후로 책봉했다는 사실을 알리기 위해 보낸 칙사였다.(『영조실록』47권, 영조 14년(1738) 2월 7일.)

27 습의는 나라의 의식(儀式)을 미리 배워 익히는 일이다. 나라에 큰 의식(儀式)이 있을 때에 미리 세 번에 걸쳐 익히며 삼도습의(三度習儀)라고 하였다.

侍)하도록 해야 한다는 건의가 있었다. 송질 또한 병으로 인해 체차(遞差)[28]해 줄 것을 청하는 상소에 대해 영조는 사직하지 말고 속히 직무를 수행하라고 하였는데 연이어 패초하여 처치해야 하며, 패초에 응하지 않는 송질을 파직해야 한다는 건의가 반복되었다.

64세 때인 1739년(영조 15) 1월에 병조의 부사직에 단부되고, 2월에는 집의(執義)에 제수되었다. 3월에 치루어진 알성시(謁聖試) 문과(文科) 시관으로 참여하는데, 직명이 없어 군직을 붙이기를 청하여 병조의 부사과로 삼았다. 4월에 다시 헌납에 제수되었지만 여전히 패초에 응하지 못하여 파직하라는 전지(傳旨)[29]가 있었고, 또한 병조의 부사과로도 단부되었지만 여전히 패초에 응하지 못하는 실정이었다. 5월에는 사복시(司僕寺) 정에도 단부되고, 송질의 사직을 청하는 상소에 영조는 사직하지 말고 직임을 수행하라고[30] 하였는데, 여전히 패초에 응하지 못하였다. 8월에 다시 헌납에 단부하고, 10월에는 사간(司諫)에 임명되었는데도 이천(利川)에 머물러 있으니 속히 상경을 명해야 한다는 건의가 있고 송질도 사직 상소를 올리지만 영조는 조리 후 올라와 직임을 수행하라고[31] 하였다. 11월에는 부호군에 단부하고, 곧 시강원(侍講院) 보덕(輔德)에 임명되었다. 그때 양근(楊根)에 머물러 있는 송질에게 속히 역마를 타고 올라오도록 하유(下諭)해 달라는 시강원 보고에 윤허하였다. 그러나 송질의 사직 상소에는 사직하지 말고 몸조리하고 올라와 직임을 살피라고 하자 시강원에서는 송질을 패초해야 한다는 건의가 계속되었고 송질은 사직 상소를 재차 올렸지만 여전히 조리 후 직임을 수행하라 하였다.

---

28 체차는 관리의 임기가 차거나 부적당할 때 다른 사람으로 바꾸는 일을 이르던 말이다.

29 전지는 승정원의 담당 승지를 통하여 전달되는 왕명서(王命書)이다.

30 『승정원일기』891책(탈초본 48책), 영조 15년(1739) 5월 26일. "獻納宋瓆疏曰, 伏以臣, 年迫桑楡, 病纏膏肓, 五官俱敝, 百骸無完, 宛轉床席之間, 分作癃廢之物. 閑司謾職間, 雖黽勉隨行, 至於身任言責, 生出口氣, 上下言議, 固非臣所自期. 而人亦不以此待臣, 區區微守, 竊附止於不能之義, 前後入臺, 一切逡巡. 不意玆者, 又被薇垣新命, 臣誠驚惶踧踖, 不知置身之所.……伏願聖上, 深留睿意, 特賜裁處, 不勝幸甚。臣無任云云. 答曰, 省疏具悉. 旣諭於承宣之批矣, 爾勿辭速察職."

31 『승정원일기』901책(탈초본 49책), 영조 15년(1739) 11월 2일. "司諫朱瓆上疏曰, 伏以臣之廁跡朝端, 凡幾年所, 而有命輒逋, 不敢冒出者, 又幾遭矣.……若臣迂鈍之性, 本不中用, 膏肓之病, 又成癃癈, 有不得當其所不能當,……將臣職名, 亟許鐫削, 俾得安意調治, 以卒生成之澤, 不勝大願. 臣無任瞻望祈懇之至, 謹昧死以聞. 答曰, 省疏具悉. 爾其勿辭, 調理上來察職."

65세 때인 1740년(영조 16) 3월에 사간(司諫)에 제수되고, 5월에 다시 사간으로 임명되었지만 패초에 응하지 않으니 파직하는 건의가 있었는데, 그달에 병조의 부사과(副司果)에 단부하였다. 7월에는 다시 사간에 임명하지만 패초에 응하지 않으니 파직하라는 건의가 있지만 곧이어 다시 병조의 부사직에 그리고 사성(司成)으로 삼았다. 그리고 8월에는 사헌부(司憲府)의 집의(執義)에 제수되자 역시 송질에 대해 패초하고 파직해야 한다는 건의도 지속되는데 11월에 다시 송질을 집의로 삼았다.

송질은 66세가 되는 1741년(영조 17)에 강원도 삼척(三陟)에 부임하였으며,[32] 그해 세상을 떠났다. 송질의 생애를 보면 어린 나이에 부모를 모두 잃고 경제적으로 궁핍하여 이곳저곳으로 옮겨 다니며 살았다. 그리고 53세라는 나이로 1728년(영조 4)에 급제한 이후 66세인 1741년(영조 17) 사망시까지 소북파 출신이라는 정치적 환경과 병약하여 직임 수행이 곤란하여 연이은 관직 제수에도 거의 패초에 응하지 못하였다. 이때마다 파직해야 한다는 건의에 영조는 윤허하였다. 그런데도 영조는 아랑곳하지 않고 끊임없이 송질에 대한 관직 제수를 단행하였음을 알 수 있다. 송질이 노론 중심의 정세 속에 명맥을 유지하고 있던 소북파 출신의 관료임을 고려한다면 성균관 유학 때부터 받았던 임금의 주목은 변함이 없었으며, 탕평을 위한 영조의 의지를 보여준 것이라 볼 수 있을 것이다.

2. 소북파의 전개와 송질의 교유

조선의 당파가 형성되던 초창기에 동인과 서인으로 분립되고, 동인이 남인과 북인으로 분열하였으며, 또 북인이 다시 대북(大北)과 소북(小北)으로 분리되었다. 광해조에서 정국 운영을 이끌던 대북이 주도한 1613년 영창대군의 살해와 1615년

32 『耻庵集』(권8, 40), 將赴陟州, 歷宿楊根, 留別悔翁, 要作竹樓之遊.; 『試筆』卷1, 25. 宋耻庵[質]與李悔軒[庭綽]爲文章交, 然平日未嘗相下, 及耻庵庵爲三陟, 悔軒東遊過之, 會有民訴債主奪鼎, 耻庵蹙眉撚髭, 苦思語, 良久呼曰, 夫鼎者(只三字), 復沈吟不語. 悔軒乃負手嘖舌曰, 推問次捉來宜當. 耻庵起握手曰, 那知. 卿文真箇適用. 그러나 『승정원일기』, 『영조실록』의 기사 검색에서 송질의 관직 제수 기록은 1740년 집의(執義)가 마지막으로 보인다.

인목대비 폐위를 위한 정청에서 소북이 성립된 결정적 계기라 한다. 그렇지만 소북은 1599년(선조 32) 북인의 소장파였던 남이공(南以恭, 1565~1609), 김신국(金藎國, 1572~1657) 등이 같은 북인 홍여순(洪汝諄, 1547~1609)의 대사헌 임명을 반대하면서 갈등과 분열이 시작되었다는 것을 이원익(李元翼, 1547~1634)이 선조에게 아뢰는 말에서 알 수 있다.

"당초에 동론(東論) · 서론(西論)이 있었는데 이른바 서론은 이미 물러갔으나, 동론 중에서 또 남인(南人) · 북인(北人)으로 갈라졌고, 이 가운데 북론(北論)이 또 대북(大北) · 소북(小北)으로 갈려졌습니다. 그리하여 당론(黨論)이 분분해져 더욱 심하게 구별이 지워졌으니 장차 나랏 일이 어떻게 될지 알지 못하겠습니다.(當初有東西之論, 而所謂西則旣退矣, 而東論之中, 又分爲南北之人, 北論之中, 又分爲大北、小北之人, 黨論紛紜, 區別尤甚, 未知國事, 置於何地乎)"[33]

1623년 인조반정으로 대북은 몰락했으나 소북은 살아 존속하면서 집권한 서인과 남인의 사이에서 면면히 그 명맥을 이어 왔다. 1657년(효종 8)에 30여명의 소북 인사들이 모여 '팔약조(八約條)'[34]를 확정하고, 소북은 '28성(姓)69가(家)'가 결속을 다짐하며 '칠학사[35]', '소구칠학사보외(疏救七學士補外)'[36], '팔문장'[37], '오군자' 등 특정시기 특출한 행의(行誼) 또는 문학(文學)을 보인 이들을 묶어 지칭하였다.

33 『선조실록』119권.

34 '팔약조'는 소북의 생활지침으로 다음과 같다.

① 입조사군동심(立朝仕君同心)–벼슬하면 같은 마음으로 임금을 섬긴다.

② 노인잠거교손(老人潛居敎孫)–노인이 되면 물러나 자손을 가르친다.

③ 소년폐문독서(少年閉門讀書)–어린 사람은 문을 닫고 공부에 열중한다.

④ 위재불매전토(爲宰不買田土)–벼슬하고 있을 때는 땅이나 밭을 사지 않는다.

⑤ 가취불계연고(嫁娶不計榮枯)–혼인은 상대 가문의 영화와 쇠락을 가리지 않는다.

⑥ 사거물언공사(私居勿言公事)–사사로운 곳에서 공적인 말을 하지 않는다.

⑦ 거불이안국방(居不移安國坊)–권력자들이 주로 거주하는 안국동으로는 이사하지 않는다.

⑧ 향불하충청도(鄕不下忠淸道)–낙향해도 충청 이남으로는 가지 않는다.

〈표1〉 28성(姓)69가(家)[38]

姓	家	姓	家
李氏	完山 全州 廣州 延安 咸平 全義 韓山 星州 龍仁 德水 陽城 原州 固城 安城 (光州)	南氏	宜寧
金氏	清風 慶州 慶州 彦陽 光山 安山	任氏	豊川
尹氏	坡平 南原 漆原 (咸安)	柳氏	全州 文化 晋州 興陽
鄭氏	海州 河東 東萊 草溪	朴氏	密陽 高靈 順天 (務安) 蔚山
閔氏	驪興	宋氏	礪山 恩津 鎮川
洪氏	南陽 南陽	崔氏	全州 朔寧 江華 江陵 和順 慶州
嚴氏	寧越	成氏	昌寧
沈氏	青松 豊山	許氏	陽川
姜氏	晋州	慶氏	清州
申氏	高靈	具氏	綾城
趙氏	白川 楊州	蔡氏	平康
盧氏	豊川	吳氏	寶城
黃氏	昌原 昌原	裴氏	星山 達城
權氏	安東	愼氏	居昌

35 '칠학사'는 소북 1세대로 1599년 청의로써 대북에 저항하다 대신들의 미움을 받아 7~8년각 삭탈관직을 당하였는데, 대체로 16세기 후반기~17세기 전반기의 인사들이다. 즉 남이공(南以恭 1564~1640), 김신국(金藎國, 1572~1657), 이필형(李必亨, 1572~1617), 박이서(朴彛敍, 1561~1621), 송일(宋馹, 1557~1640), 최동립(崔東立, 1557~1611), 박경업(朴慶業, 1560~1626) 등 7인이다.

36 '소구칠학사보외'는 7학사와 함께 소북파의 핵심 인물로 7학사를 구하려고 상소하다가 지방으로 좌천된 이필영(李必榮, 1573~? 이필형 동생), 이덕형(李德泂, 1566~1645), 경섬(慶暹, 1562~1620) 등 3인이다.

37 '팔문장'은 소북 2세대로서 대체로 17세기 인사들이며, 문학으로 이름이 높아 그 문집들이 대부분 현존하고 있다. 즉 심제(沈齊, 1597~1660), 강백년(姜栢年, 1603~1681), 박수현(朴守玄, 1605~1674), 정창주(鄭昌胄, 1606~1754), 이휴징(李休徵, 1607~1677), 이한백(任翰伯, 1605~1664), 남훤(南翧, 1609~1656), 신유(申濡, 1610~1665) 등 8인이다.

38 『북보(北譜)』(청풍김씨본)의 28姓 68家에는 완산이씨와 전주이씨가 분리되어 있고, 光州李氏(계명대본)와 咸安尹氏(단국대 청풍김씨본, 계명대본)가 빠져있으며, 務安朴氏는 추가되어 있다.

소북 3세대로 활발한 활동을 보여주는 인물들은 송질과 친밀하게 교유한 윤휘정(尹彙貞), 엄경수(嚴慶遂), 이정작(李庭綽), 엄경하(嚴慶遐) 등으로 '소북오군자'[39]라 칭하였다. 이들은 18세기 소북문단을 이끌었던 중심이며 대표라고 할만하다. 이들의 교유 내용은 이수봉(李壽鳳, 1710~1785)의 「치암집서(耻庵集序)」(1767)를 통해 당대 사람들이 치암 송질과 그 벗 네 사람을 '오군자'라고 지칭하였던 사실을 알 수 있다. 이들은 모여 독서하면 심오한 것을 탐구하여 上下의 평의(評議)가 맞지 않으면 멈추지 않고, 일에 임해서는 시비에 대해 논의를 나누어 양단(兩端)을 다해 합치된 이후에야 멈췄다. 독서와 일을 대하는 태도가 다섯 사람이 마치 한 사람인 것처럼 같이하였음을 알 수 있다.[40] 『치암집』에 실린 상당한 분량의 송질의 자작시들을 통해 '오군자'들과의 교유관계를 살펴볼 수 있다.

특히 소북인들은 여느 붕당보다 혼인을 통해 긴밀하고 겹겹으로 인척 관계를 맺고 있다. 『만가보』에 기록된 혼인 관계를 살펴보면 송질의 아들인 송제로(宋濟魯)는 엄경하(嚴慶遐)의 딸과 혼인하였고, 송질의 딸은 이정집(李庭輯, 1669~1724, 이정작의 형)의 아들인 이숭점(李崇漸)과 혼인했다. 또한 이정집, 이정작의 누이는 남근명(南近明)[41]과 혼인하였고, 이정작의 장녀는 송질의 조카인 송제우(宋濟愚)[42]와 혼인하였으며, 차녀는 남경로(南敬老)[43]와 혼인하였다. 또 이정집은 엄경수(嚴慶遂), 엄경하 형제의 누이와 혼인했다. 엄경하의 장인은 임순원(任舜元, 1653~1723)이고, 「치암집서」를 작성하였으며 '오군자'이후 소북 문단의 중심으로 '안산15학사' 중 한 사람인 이수봉은 엄경수(嚴慶遂)의 사위이다. 또 홍린(洪潾, 1650~?) 같은 경우 매부가 남취명(南就明)이며 사돈은 이웅징(李熊徵, 1658~1713), 최수온(崔守溫), 임광(任珖, 遯窩 守幹의 아들)이다.

---

39 '오군자'는 소북 3세대에 해당하는 인물들로 문학 또는 행의(行誼)로 이름 높았던 5인으로 송질(宋瓆, 1676~1741), 윤휘정(尹彙貞, 1676~1754), 엄경수(嚴慶遂, 1672~1718), 이정작(李庭綽, 1678~1758), 엄경하(嚴慶遐, 1678~1739) 등이다.

40 「耻庵集序」 公之世, 與嚴孚齋, 稼隱, 尹厓西, 李悔軒爲友 世所稱五君子者也. 讀書則探討深奧, 上下評議, 不合不止, 臨事則曰是曰非, 竭其兩端, 合而後止. 一人讀一書, 四人如讀其書, 一人行一事, 四人如行己事. …

41 남근명의 아들로 남태보(南泰普), 남태기(南泰耆), 남태계(南泰堦), 남태회(南泰會), 남태저(南泰著)가 있다.(『만가보』2책, 86면(우측) 7단 2행.)

42 『만가보』2책, 86면(우측) 7단 2행.; 10책, 90 면 (우측) 7단 1행. 송질의 형인 송필(宋珌)의 양자.

43 남경로 아들로 남이인(南履仁), 남이하(南履夏)를 두었다.(『만가보』12책, 100면(좌측) 6단 1행.)

'오군자' 외에 가깝게 교유했던 인물로는 엄경수, 엄경하의 맏형인 엄경우(嚴慶遇, 1655~1731)를 비롯하여 엄경적(嚴慶迪), 엄경원(嚴慶遠), 엄경연(嚴慶延) 등은 당파를 같이 했던 소북계 문인들이다. 이 외 문집에 등장하는 인물로는 이의만(李宜晩, 1650~1737), 이병연(李秉淵, 1671~1751), 최성대(崔成大, 1691~1761) 등이 있다. 소북인들의 교유는 당파 내에서뿐만 아니라 당파를 넘어서 이루어졌다. 남인, 그중 청남(淸南) 인사들과 정치적 이해 및 방향을 함께 하였을 뿐만 아니라 교유 또한 깊고 때로는 소론 인사들과도 보조를 맞추며 우호적으로 지냈다.

'오군자'는 그들의 세거지였던 양근(楊根)과 이천(利川) 그리고 인근의 양주(楊州), 여주(驪州)를 오가며 사귀었다.[44] 특히 용문산은 '오군자'의 사귐에 있어서 매우 중요한 공간이었다. 송질은 1716년(숙종 42) 윤삼월 3일부터 16일까지 친구들과 함께 용문산에 모여 봄날의 경관을 감상했다.[45] 이때, 용문산에 올랐던 사람들은 '오군자'를 비롯하여 12사람이었다. 용문산에 함께 올랐던 사람들은 모두 낙척불우(落拓不遇)하고 궁핍하여 스스로 생활하기 어려운 형편이었다.[46] 이날 용문산 유람에 참석했던 사람들은 윤필암과 용문산을 제재로 많은 시를 남겼는데, 그중에서도 송질의 윤필암(潤筆庵)은 후배 문인들이 호평하기도 했다. 이들은 이후에도 용문산과 그들의 거주지를 왕래하며 교유했다.

소북계 문인의 문집 가운데 조선시대 간행된 것은 몇 종에 불과한데 그 가운데 하나가 송질의 『치암집』이다. 『치암집』은 1767년 경 이수봉이 최성대(崔成大, 1691~1762)의 『두기시집(杜機詩集)』과 함께 간행한 것으로 추정된다. 이 두 문집 간행 작업에는

44 소북가들은 대부분 근기(近畿) 및 충청 지역에 세거하였다. 이른바 '삼양(三楊), 삼성(三城), 칠주(七州)'가 그것이다. '3양'은 양주(楊州), 양지(楊智), 양근(楊根)이며, '3성'은 수성(水城, 수원), 연성(蓮城, 안산), 영성(寧城, 천안)이고, '7주'는 광주(廣州) 이주(利州, 이천), 파주(坡州), 충주(忠州), 청주(淸州), 공주(公州), 홍주(洪州, 홍성) 등이다. 이는 '8약조' 중 ⑦ 거불이안국방(居不移安國坊), ⑧ 향불하충청도(鄕不下忠淸道)는 거주지와 관련된 독특한 특성을 알려주는 것이자 이들의 정치적 성향을 보여준다.

45 이 때의 용문산 유람은 「孚齋日記」에 상세하게 기록되어 있다. 송질이 용문산을 유람하고 나서 지은 시는 閏月四日同仲成直卿季長 溯流作龍門行聯句 (권1. 128), 溯大灘 (권1. 129), 舟中遣興 (권1. 130), 斜川寺路中 (권1. 131), 斜川寺携碁酒坐溪上尹兄楚寶(僐)追到命韻各賦 (권1. 132), 潤筆庵 (권1. 133), 竹杖庵 (권1. 134), 龍湫洞 二 (권1. 135), 廢寺 (권1. 136), 龍門寺憶舊 (권1. 137), 龍湫(권1138)이다.

46 「孚齋日記」 卷二, 甲午(1714)十日月 初一日, 感交際 , 542쪽. "友宋仲潤李敬裕輩若而人 不惟以文字相會 其相信之篤 相托之重 有如弟如兄之義焉 但皆落拓不遇且窮餓 不自存."

여러 명의 소북계 후배 문인들이 동참한 것으로 확인된다.[47] 특히 '오군자' 뒤를 이은 소북 문단은 두기 최성대, 치재(巵齋) 임정(任珽, 1694~1750)이 이름 높았다.

3. 송질과 『황각필한』 제발자

『황각필한』의 정승 43인의 서신 중 한효순(韓孝純)과 박홍구(朴弘耉) 2인을 제외한 41인에 대해 제발이 작성되었다. 『황각필한』의 각 필자에 대한 가계와 과거급제, 관직 및 공훈, 문집 등을 기재하기 위해서는 족보, 행장, 묘비 등 해당 자료에 대한 수집과 정리가 되어야 가능하였을 것이다. 송질의 입장에서 제발의 내용이 짧고 간단하다고 할지라도 각 제발자들에게 발문 작성을 요청하는 것은 교유가 없던 인물에게는 불가한 일이라고 추정된다. 따라서 송질과 제발자들의 관계를 통해서 조선사회 관료 지식인 사회의 교유 형태를 살펴보는 의미가 있을 것이다.

제발 작성에 참여한 인물은 총 32명이며, 중복 작성을 포함한 전체 인원은 42인(오윤겸(吳允謙, 1559~1636) 서신에 2명이 제발)이다. 한 사람이 2명의 발신자에 대하여 작성한 제발자는 정우량(鄭羽良, 1692~1754), 김취로(金取魯, 1682~1740), 임집(任, 1696~?), 윤휘정(尹彙貞, 1676~?), 이진망(李眞望, 1672~1737), 정필녕(鄭必寧(1677~1753), 남태량(南泰良, 1695~1752), 민계(閔堦, 泰升, 1693~?), 남태제(南泰齊, 1699~1776), 남취명(南就明, 1661~1741) 등 10인이다. 제발을 작성하게 된 계기는 서신을 수집하고 『황각첩』의 편찬자인 송질의 요청에 의한 것이었다는 것은 이준경 서신의 이하원 제발과 오윤겸 서신의 오수원 제발[48]에서 확인된다.

47 두 종의 문집 앞에 모두 이수봉의 서문이 실려있다. 서문이 쓰인 연도는 「치암집서」가 1767년이고 「두기집서」는 명기되어 있지 않다. 다만 이수봉이 수찬 벼슬로 쓴 것으로 보아 1760년대는 분명한 것으로 보인다. 申宅權(1722~1801)의 시 貞陵藥師殿遇李承宣壽鳳儀叔, 以耻庵集繕寫事, 諸人大會, 帖耻庵集中靑蓮庵韻, 以次各賦(『樗庵漫稿』 第二册, 규장각소장)를 통해 이들의 문집 편차, 간행에 소북 후배 문인들이 많이 참가한 것을 알수 있다.

48 이하원, "이 편지의 발문을 써달라고 매우 간절히 요구하므로(此札 要我識其下 甚懇)"오수원, "선조(先祖)의 친필을 가리키면서, '그대가 아래쪽에 소지(小識 짧은 글)를 따로 쓸 수 있겠는가?'하였다. 이에 감히 간략하게 기록하여 이와 같이 칭하고(指先祖手蹟而曰 子可別書小識于下方 玆敢略記所著 稱若而語)"

16 · 17세기의 명종, 선조, 광해군, 인조 등 4대의 인물에 대해서 후대인 18세기에 제발 작성을 위해서는 서신 작성자에 대한 자료 수집과 정리에 상당한 노력이 요구되기 때문에 제발 작성의 요청을 쉽게 받을 수는 없었을 것이다. 송질과 32명의 제발자와의 교유 관계를 모두 명확하게 밝히기는 어렵지만 『만가보』, 『영조실록』, 『승정원일』 등을 통해 제발 작성을 요청한 관계를 살펴보고자 한다. 즉, 제발자들은 송질과 같은 소북계 인물이거나 혼인 관계로 연결된 인척이거나 당파가 다른 경우도 있지만 송질과 함께 영조조의 관료였던 인물들이다.(별첨 '황각첩 친필 내용과 제발자' 참조)

제일 먼저 살펴볼 수 있는 경우는 친인척 관계로 김취로와 김약로(金若魯, 1694~1753)[49] 형제는 송질과 고종사촌 사이였다. 이하원(李夏源, 1664~1747)은 송질을 "족제"라 칭하였으며, 이의만(李宜晩, 1650~1736)은 이하원의 숙부이고[50], 남태량[51]은 그의 사위이다.

송질이 정치적 입장을 같이하였던 '소북오군자'와 소북계 인물들에게 제발을 요청하는 것으로 다수가 여기에 해당한다. 엄경하, 윤휘정, 이정작(李庭綽, 1678~1758) 등 '소북오군자'들과 이택중(李擇仲, 萬選, 1654~1735)은 그들의 소북계 선배이자 엄경수 엄경하 형인 엄경우(嚴慶遇, 1655~1731)와 교유 관계였다. 소북계 후배인 최대

---

49 김약로가 송질과 인척이라는 것은 영조 12년 병진(1736) 4월 22일(병술) 대사간 김약로와 상피 관계로 체차를 청하는 송질의 계(正言宋瓆啓曰, ...而大司諫金若魯, 卽臣外弟也, 在法應避, ...)에 나타나 있고 또 가계도를 보면 송질의 고모가 김약로의 아버지 김유(金楺)에게 출가하였다고 기록되어 있다.("金揉妻" 『만가보』 「礪山宋氏」 10 책 90 면 우측 5 단 3 행) 그런데 『만가보』 「淸風金氏」를 보면 김유(金楺)의 처는 "李鳴震女"로 기록(5 책 39 면 우측 4 단 1 행)으나 김유의 부인은 이씨와 송씨 두명이었는데, 송씨와 사이에서 5남3녀를 낳았다.(公諱楺號儉齋。士直其字也。淸風金氏。......公元配完山李氏, 護軍鳴震女, ...早世無子。繼配礪山宋氏, 郡守搏女, 參判時吉之孫, 生五男三女 男曰正魯佐郎, 曰取魯判書, 曰省魯都事, 曰若魯校理, 曰尙魯, 女適縣監鄭錫祚, 士人黃在河, 佐郎兪尌。...... 李觀命, 「大提學金公神道碑銘」(『屛山集』 권14.) ; 金榦, 「嘉善大夫吏曹參判兼守弘文館大提學藝文館大提學, 知成均館事, 同知義禁府春秋館事, 世子右副賓客金公墓誌銘」(『厚齋集』 권42.) ; 朴弼周, 「吏曹參判大提學儉齋金公行狀」(『黎湖集』 권30.)

50 이하원은 이의만의 맏형 이시만의 차남(『만가보』「廣州李氏」3책, 79면(우측) 7단 1행. ; 3책 79면(좌측) 6단 2행.) 이들 형제는 '소북7학사' 중 이필형(李必亨)의 증손자로 송질과 함께 '소북오군자'인 엄경수, 엄경하(嚴慶遐, 1678~1740)의 형인 엄경우와 교분을 쌓고 있던 이이만(李頤晩)의 형이다.

51 『만가보』「廣州李氏」3책, 79면(좌측) 7단 5행.

성(崔成大, 1691~1762)과 임정(任珽, 1694~1750)[52] 및 임집[53] 형제 등이 있다. 또한 소북파 내 혼인으로 연결되어 있던 경우로 제발자인 남태기(南泰耆, 1699~1763)[54]는 '소북 오군자'이면서 송질의 절친이었던 이정작의 4촌이었다. 또한 남취명[55]은 남태기의 큰아버지였으며, 신택하(申宅夏, (1683~1742)[56]는 소북 후배인 임정(任珽)의 사돈이다.

그리고 제발에 서신 작성자의 후손임을 표기한 제발자는 이하원(이준경(李浚慶, 1499~1572)이 6대조), 홍현보(洪鉉輔, 1680~1740; 윤두수(尹斗壽, 1533~1601)가 선조), 엄경하(김응남(金應南, 1546~1598)이 외고조), 남태량(유영경(柳永慶, 1550~1608)이 외선조), 남취명(한응인(韓應寅, 1554~1614)이 외선조), 이정작(조정(趙挺, 1551~1629)의 외현손), 김취로(윤방(尹昉, 1563~1640)이 선조), 오수원(오윤겸(吳允謙, 1559~1636)이 증조부), 정필녕(심열(沈悅, 1569~1646)의 외5대손), 유준(이행원(李行遠, 1592~1648)이 외선조) 등 10인이다.

송질과 교유 관계를 명확하게 살펴보기에는 자료적 한계가 있지만 영조조 관직에

---

52 임정(任珽, 1694~1750)은 18세기 초반 소북의 주요 문인으로, 최성대(崔成大)와 함께 안산(安山)의 남인(南人), 소북(小北) 사단(詞壇)을 개창한 인물이다. 임정의 8형제 가운데 4명이 문과에 급제하고 4명이 진사로 수령을 역임하여, 당시에 '주계팔옥(鑄溪八玉)'이라 불릴 정도로 명성이 높았다. 임정의 장인 백각(白閣) 강현(姜鋧, 1650~1733)은 당시 소북의 영수로, 그의 아들이 표암(豹菴) 강세황(姜世晃, 1713~1723)이다.(최식, 「임백연(任百淵), 경오유연일록(鏡浯遊燕日錄) 해제」)

53 임집은 임정(任珽)의 아우로 임박(任璞)의 형으로 형제임 영조실록 56권, 영조 18년 8월 27일 癸丑" 필선(弼善) 권현(權賢)이 상소" 지난번 임박(任璞)이 재차 상소하여 신을 거짓 모함한 데는 까닭이 있었습니다. 임박의 형 임정(任珽)은 젊어서 헐뜯는 말과 비방이 있었습니다............임정의 아우 임집(任璞)이 고산 찰방(高山察訪)이 되었을 때...........(向來任璞之再疏搆臣, 蓋有由焉。璞之兄珽少有疵謗。...........珽之弟璞爲高山察訪.......)

54 이정작의 고종사촌이다. 이정작의 고모는 남근명(南近明)과 혼인하여 남태보(南泰普), 남태기(南泰耆), 남태계(南泰堦), 남태회(南泰會), 남태저(南泰著) 등 아들을 두었고(『만가보』「전의이씨(全義李氏)」2책, 86면(우측) 7단 2행.) 이정작의 차녀는 남경노(南敬老)와 혼인하여 남이인(南履仁), 남이하(南履夏)를 두었다.(12책, 100면(좌측) 6단 1행.) 남태보 형제들을 남경로의 아들로 국역한 것은 오류이다.

55 이정작의 고모부인 남근명의 형으로 즉 남태기의 큰아버지(『만가보』12책, 98면(좌측) 4단 1행.)

56 신택하(申宅夏)와 임정(任珽)은 사돈 관계이다. 임정의 딸이 신택하의 아들인 신성(申晠)과 혼인하였다. 「行承政院都承旨任公墓碣銘」(임희성任希聖), 『재간집(在澗集)』 5권 (墓碣銘)에 보면 임정의 아버지 임수적(任守迪, 1671~1774)의 부인은 유씨와 남씨 2인이다. 전주 유씨(全州柳氏) 소생으로 3남 1녀, 후처 의령 남씨(宜寧南氏)의 소생으로 5남 1녀를 두었다. 유씨 소생 장남인 임정의 아들 임희조(任希祖)는 요절하였으며, 딸은 신택하의 아들인 신성(申晠)에게 출가하였다.(公諱守迪。字吉甫。...... 全州柳氏贈貞夫人。海州牧使之女。...... 育三男一女。男曰珽。再登文科。吏曹參議。曰璞禮曹參判。曰瑢杆城郡守。女嫁敦寧府都正。再娶宜寧南氏封貞夫人。統制使五星之女。...... 育五男一女。男曰璞。弘文館修撰。曰璔齊陵參奉。曰瑗繕工監役。曰瑧。曰璲司諫院大司諫。女嫁進士吳泰讓。珽一子曰希祖。有文行。公在世時先歿。一女婿直長申晠。......)

임명된 인물들로 『영조실록』과 『승정원일기』의 관직 제수 명단에 보이는 제발자는 정우량, 이진망, 민계(태승), 유후중(柳厚仲, 萬重, 1677~?), 남태제(남태경과 4촌), 박종윤(朴宗潤, 1683~?), 이승원(李承源, 1661~?)[57], 송징계(宋徵啓, 1690~1772), 윤광의(尹光毅, 1695~?), 이최원(李最源, 1691~?), 남태경(南泰慶, 1682~?, 남태제와 4촌), 박형윤(朴亨潤, 1683~?)[58], 이동환(李東煥, 1682~1753)[59] 등이다.

4. 『황각필한』(乾 · 巛)의 구성과 가치

『황각필한』에 수록된 간찰 작성자 43인은 조선 명종조에 새롭게 임명된 정승 11인 중 이준경 1인, 선조조에 임명된 신임 정승 32인 중 16인[60]이고, 광해조에 임명된 신임 정승 7인 중 정인홍 민명룡을 제외한 5인이며, 인조조의 신임 정승은 23인인데 심기원, 김자점을 제외한 21인이다. 43인의 정승의 간찰을 수집한 선정 기준이 있었는지에 대한 근거는 기록이 없어 알 수 없다. 다만 송질이 옛 간찰들을 수집할 때로부터 가까운 인조조 정승들이 작성한 서신에 대한 수집 비율이 제일 높다는 것을 알 수 있다.

명종, 선조, 광해, 인조까지 4대에 걸쳐 정승 임명은 총127회(명종 18회, 선조 56회, 광해 14회, 인조 39회) 단행되었으며, 정승에 제수된 인원은 총 91인으로(명종 16인, 선조 35인, 광해 15인, 인조 25인) 즉위 초 정승 중 전대 제수되어 중복되는 인원을 제외하면 73인이다.(〈표 2〉 명종조~인조조 4대의 정승 임명 현황 참조)

57 이승원의 증조부 이필성(李必成: 이의만 조부 이필행의 형제)은 이사온(李士溫)에 입적되었다.(『만가보』 「廣州李氏」3책, 75면(우측) 7단 3행.)

58 1736년(영조 12) 보령현감에 제수되어 부임하였다. 송질은 1735년(영조 11) 보령현감에 제수되었다.

59 송질은 1728년(영조 4)년 급제하였으며, 이동환은 1년 뒤인 1729년(영조 5) 급제하고 노년에 양근에 거주하였는데, 송질 역시 이천과 함께 양근에 머물었다.

60 『황각필한』의 간찰의 순차는 정승에 제수된 순서와 거의 일치하는데, 『황각필한』(건)의 목차를 보면 선조 조 김응남과 정탁의 경우 순서가 바뀌어 있으며, 간찰 역시 그 순서에 따라 배치되어 있다.

〈표2〉 명종조~인조조 4대의 정승 임명 현황

구분(명)	이름		최고직	간찰 여부
명종(16)	尹仁鏡	1476~1548	영의정	
	柳灌	1484~1545	좌의정	
	成世昌	1481~1548	우의정	
	李芑	1476~1552	영의정	
	鄭順朋	1484~1548	우의정	
	洪彦弼	1476~1549	영의정	
	黃憲	1502~1574	좌의정	
	沈連源	1491~1558	영의정	
	尙震	1493~1564	영의정	
	尹元衡	1503~1565	영의정	
	尹漑	1494~1566	좌의정	
	安玹	1501~1560	좌의정	
	李浚慶	1499~1572	영의정	수집
	沈通源	1499~1572	좌의정	
	李蓂	1496~1572	좌의정	
	權轍	1503~1578	우의정	

구분(명)	이름		최고직	간찰 여부
선조(35)	李浚慶	1499~1572	영의정	
	李蓂	1496~1572	좌의정	
	權轍	1503~1578	영의정	
	閔箕	1504~1568	우의정	
	洪暹	1504~1585	영의정	
	朴淳	1523~1589	영의정	
	李鐸	1509~1576	영의정	
	盧守愼	1515~1590	영의정	
	姜士尙	1519~1581	우의정	
	鄭芝衍	1525~1583	우의정	
	金貴榮	1520~1593	좌의정	
	鄭惟吉	1515~1588	좌의정	
	柳坱	1531~1589	영의정	수집
	李山海	1539~1609	영의정	수집
	鄭彦信	1527~1591	우의정	
	鄭澈	1536~1593	좌의정	수집
	沈守慶	1516~1599	좌의정	
	柳成龍	1542~1607	영의정	수집
	李陽元	1526~1592	영의정	
	崔興源	1529~1603	영의정	
	尹斗壽	1533~1601	영의정	수집
	兪泓	1524~1594	좌의정	
	鄭琢	1526~1605	좌의정	수집
	金應南	1546~1598	좌의정	수집
	李元翼	1547~1634	영의정	수집
	李德馨	1561~1613	영의정	수집
	李恒福	1556~1618	영의정	수집
	李憲國	1525~1602	좌의정	
	金命元	1534~1602	좌의정	수집
	尹承勳	1549~1611	영의정	
	柳永慶	1550~1608	영의정	수집
	奇自獻	1567~1624	좌의정	수집
	沈喜壽	1548~1622	좌의정	수집
	許頊	1548~1618	좌의정	수집
	韓應寅	1554~1614	우의정	수집

구분(명)	이름		최고직	간찰 여부
광해(15)	柳永慶	1550~1608	영의정	
	許頊	1548~1618	좌의정	
	韓應寅	1554~1614	우의정	
	李元翼	1547~1634	영의정	
	奇自獻	1562~1624	좌의정	
	沈喜壽	1548~1622	우의정	
	李恒福	1556~1618	좌의정	
	李德馨	1561~1613	영의정	
	鄭仁弘	1535~1623	영의정	
	鄭昌衍	1552~1636	좌의정	수집
	韓孝純	1543~1621	좌의정	수집
	閔夢龍	1550~1618	좌의정	
	朴承宗	1562~1623	영의정	수집
	朴弘耉	1552~1624	영의정	수집
	趙挺	1551~1629	우의정	수집

구분(명)	이름		최고직	간찰 여부
인조(25)	李元翼	1547~1634	영의정	
	鄭昌衍	1552~1636	좌의정	
	尹昉	1563~1640	영의정	수집
	申欽	1566~1628	영의정	수집
	吳允謙	1559~1636	영의정	수집
	金瑬	1571~1648	영의정	수집
	李廷龜	1564~1635	좌의정	수집
	金尙容	1561~1637	우의정	수집
	洪瑞鳳	1572~1645	영의정	수집
	李弘胄	1562~1638	영의정	수집
	李聖求	1584~1644	영의정	수집
	崔鳴吉	1586~1647	영의정	수집
	張維	1587~1638	우의정	수집
	申景禛	1575~1643	영의정	수집
	沈悅	1569~1646	영의정	수집
	姜碩期	1580~1643	우의정	수집
	沈器遠	1587~1644	좌의정	
	金自點	1588~1651	영의정	
	李敬輿	1585~1657	영의정	수집
	徐景雨	1573~1645	우의정	수집
	李景奭	1595~1671	영의정	수집
	金尙憲	1570~1652	좌의정	수집
	南以雄	1575~1648	좌의정	수집
	李行遠	1592~1648	우의정	수집
	鄭太和	1602~1673	영의정	수집

『황각필한』에서 '황각(黃閣)'이란 조선 의정부의 다른 이름으로 거기에 근무하는 영의정、좌의정、우의정 등 삼정승의 집무처를 가리키는 의미이다. 따라서 '황각필한(黃閣筆翰)'은 삼정승을 역임했던 역대 인물들의 친필 글(筆翰)을 모은 책을 의미한다.

'황각'이라는 용어를 처음 사용한 용례는 중국의 한(漢)에서 유래하였는데, 이후 지속적으로 사용하고 있다.[61] '황각'은 한의 승상(丞相), 태위(太尉)와 한 이후 삼공(三公)의 관청에서 '주문(朱門)'의 사용을 피하려고 관청의 출입문에 황색을 칠함으로써 천자와 구별한 것에서 유래한 명칭이다. 당(唐)의 문하성도 황각이라 하여 재상을 일컬었다.

우리의 역사 기록에서 사용된 '황각'은 고려 시대에 사용되고[62]있었으며, 『세종실록』[63]에 보여 이미 사용되었음을 알 수 있다. 기록물이나 도서명에 사용된 용례 기록은 18세기 이후다. 정조 때인 1783년 기사에『황각록(黃閣錄)』[64]이 보이고, 19세기 삼정승의 정무 시행 기록집인 『황각장주(黃閣章奏)』[65]와 고종 연간에 간행되어 태조부

61 중국에서 '황각(黃閣)'이나 '황합(黃閤)' 용례로 한(漢) 위굉(衛宏)의 『한구의(漢舊儀)』에 "(승상)의 집무실은 '황각(黃閣)'이라고 한다(『漢舊儀』卷上 : (丞相)聽事閣曰黃閣.)"라 하였으며, 『송서(宋書) · 예지(禮志)』에 "삼공은 황합(黃閤)이라 하나 역사 기록에 그 사례가 없다. ……삼공이 황제에게 나아갈 때 예의 질서가 재상이 다음이기 때문에 그 문을 황색으로 하여 감히 천자를 거스릴수 없는 겸손함을 보여주는 것으로 대개 이것은 한에서 제도화 되었다(『宋書 · 禮志二』 : 三公黃閤, 前史無其義……三公之與天子, 禮秩相亞, 故黃其閤, 以示謙不敢斥天子, 蓋是 漢 來制也.)"고 하였다. 기타 기록으로는唐 杜甫「奉贈嚴八閣老」: "扈圣登黃閣, 明公獨妙年." ; 錢起「送張員外出牧岳州」: "自憐黃閣知音在, 不厭彤幨出守頻." ; 韓翃「奉送王相公赴幽州巡邊」 : "黃閣開帷幄, 丹墀侍冕旒" 宋 王應麟「困學紀聞 · 評詩」: "舊史「嚴武傳」遷給事中, 時年三十二. 給事中屬門下省, 開元 曰黃門省, 故云'黃閣'." ; 司馬光「和始平公郡齋偶書」: " 赤松 雅意思輕舉, 黃閣群心望復還." 元 耶律楚材「為子鑄作詩三十韻」 : "我祖建四節, 功烈光黃閣." 明 張四維「雙烈記 · 辨冤」 : "説甚么黃閣經綸肅萬方" 清 阮葵生「茶馀客話」補遺 : " 陳桂林 文恭 宏謀, 黃閣雍容." 등이다.

62 『고려사(高麗史)』,『고려사절요(高麗史節要)』, 『보한집(補閑集)』, 『파한집(破閑集)』 및 고려 시대의 묘지명 등에 보인다.

63 『세종실록』 82권, 세종 20년 9월 8일. 도절제사 하경복(河敬復)에게 제사를 내리는 글 "내 그 공적을 아름답게 여기고 그대로 하여금 황각(黃閣)에 오르게 하여, 국가의 안위(安危)를 한몸에 지고 그 능숙한 셈을 하여 책략을 세우기도 하였다.(予嘉乃績, 俾登黃閣. 身佩安危, 借筯畫策.)"

64 『일성록』 정조 7년 계묘(1783) 2월 28일. 내가 이르기를 "국조(國朝)의 고사(故事)를 보면 일찍이 훈장을 지낸 사람의 수가 대신(大臣)이나 문형(文衡)보다 적었으니, 훈국을 설치한 이후의 『황각록(黃閣錄)』, 『문형록(文衡錄)』, 『등단록(登壇錄)』 등을 보면 알 수 있다.(予曰. 國朝故事. 曾經訓將者. 數不及於大臣文衡. 按設局以爲[後] 黃閣 文衡 登壇 等錄可驗矣.)"

65 『황각장주(黃閣章奏)』는 국립중앙도서관 소장으로 1803년 3월 15일부터 1851년 3월 15일까지 48년간의 삼정승(三政丞)의 정무 시행 기록집.(『한국민족문화대백과사전』)

터 고종 때까지 삼정승을 역임한 역대 인물들을 정리한 『황각십세보(黃閣十世譜)』[66]가 있다. 또한 임금의 물음에 신하의 답을 추려서 기록한 『황각주대(黃閣奏對)』[67]와 조선의 삼정승을 역임한 인물들을 간략하게 망라하고 있는 『황각고실(黃閣故實)』[68]이 있다.

간찰들을 수집하여 소장하고 첩으로 꾸민 인물이 송질이라는 것과 그 서첩의 이름이 『황각첩(黃閣帖)』이라는 사실은 제발 내용에서 확인된다. 『황각필한』(건)의 이준경(李浚慶, 1499~1572)이 성수침(成守琛)에게 보낸 서신에 대한 이하원(李夏源, 1664~1747)의 제발에서

"족제 송질 중윤은 옛 간찰 모으기를 좋아하였는데, 내게 이 편지의 발문을 써달라고 매우 간절히 요구하므로, 보잘것없는 필체와 어두운 눈으로 사양하지 못하고 삼가 이렇게 쓴다.

임자(1732)년 2월 이하원 원례가 쓰다."[69]

라고 기록하였다. 또한 『황각필한』(곤)의 오윤겸(吳允謙, 1559~1636)이 청(淸) 국상(國

66 『황각십세보(黃閣十世譜)』는 고종 연간(1863~1907)에 간행되었으며, 현재 규장각에 소장(청구기호 : 古 929.3-H992.)되어 있다. 조선 태조 조 배극렴(裵克廉, 1325~1392)부터 고종 조 정범조(鄭範朝, 1833~1898)까지 왕대별로 의정부 삼의정을 역임한 인물의 부친부터 10대조까지 기록한 자료이다. 기재 양식은 세로로 11칸을 나누어 첫째 칸에 의정 본인의 본관, 이름, 자(字), 호(號), 출신 구분, 의정부에서의 최고직, 시호(諡號) 등을 기록하고 다음 칸부터 한 칸씩 부친에서부터 10대조까지 거슬러 직계의 이름과 출신, 관직을 싣고 있는데 문과 출신자의 경우는 이름 오른쪽에 주점(朱點)을 찍어 쉽게 구분할 수 있도록 하였다.

67 『황각주대(黃閣奏對)』(일본 교토대학 가와이문고 : コ-34 199840)는 필사본으로 의정부에서 편하였으나, 발행 시기, 지역, 발행처 등은 불명확하다. 수록 내용은 임인년(1842)부터 갑인년(1854)까지 기록으로 면학류(勉學類), 재이류(災異類), 각도회계류(各道回啓類) 등 주대(奏對)한 내용을 뽑아서 기록한 것이다.

68 『황각고실(黃閣故實)』(장서각, 청구기호 K2-619, MF번호 MF35-1492)은 필사본으로 시기는 고종 연간(1869~1895)으로 추정된다. 의정부의 내력 및 인사와 관련된 특이 사항 등을 초록하여 정리한 책이다. 「政堂故事」, 「官制沿革」에서는 의정부와 관련된 국정 운영 방식이나 소속 관직의 치폐 연혁을 소개하고 있다. 그리고 「削卜還拜」, 「璿派內外孫」, 「登科未二十年入閣」, 「少年入閣」등은 정승과 관련해서 특이한 사례들을 모아 주제별로 나누어 정리하였다.(작성자 이근호)

69 『황각필한』(乾) 「仲玉 侍史 拜問(李浚慶)」의 이하원(李夏源) 제발 "……族弟 宋瑱 仲潤 好聚古簡首貼 此札 要我識其下 甚懇 不可以筆拙眼暗辭 謹書如右 時壬子 仲春 李夏源元禮書"

喪) 조문을 위한 진위(陳慰) 비용 관련 서신에 대한 오수원(吳遂元, 1682~?)의 제발에서

"중윤(仲潤)이 옛 간찰을 좋아하여 많이 모아서 첩으로 만들었다. 그중에 황각첩(黃閣帖)이 있었다. 선조(先祖)의 친필을 가리키면서, '그대가 아래쪽에 소지(小識 짧은 글)를 따로 쓸 수 있겠는가?'하였다. 이에 감히 간략하게 기록하여 이와 같이 칭하고, 앞서 발문을 쓰면서 빠뜨렸다고 한 부분을 보완하려고 글을 쓴다.

기미(1739)년 늦은 봄 오수원이 삼가 쓰다."[70]

라고 기록하고 있다.

『황각필한』 간찰 작성 인물이나 제발 작성자들이 모두 당대의 유명 인사들이라는 사실이 주목되는데, 제발자들의 활동 기간은 대체로 17세기 후반에서 18세기이다. 『황각필한』에 수록된 친필자 43인의 정승 중 한효순(韓孝純)과 박홍구(朴弘耉)의 간찰 2편에는 제발이 없다. 41인의 서신에 대한 제발 중 이준경(李浚慶) 친필에 이하원(李夏源)은 '임오년(1732)' 작성, 정탁(鄭琢) 친필에 이의만(李宜晩)은 '83세(1733)' 작성, 오윤겸(吳允謙)의 친필에 오수원(吳遂元)은 '기미년(1739)' 작성하였다는 것을 적고 있다. 또한 제발자의 생몰연대(〈표 1〉 참조.)로 살펴봤을 때 제발에 기록된 연대인 1732년과 1739년 사이 사망한 이는 이의만(李宜晩, 1650~1736)과 이진망(李眞望, 1672~1737) 및 이택중(李擇仲, 萬選, 1654~1735)이고, 그리고 1740년에 사망한 김취로(金取魯), 엄경하(嚴慶遐), 홍현보(洪鉉輔) 등과 황각첩(黃閣貼)의 간찰들을 수집하고 소장하여 서첩으로 꾸린 송질(宋瓆, 1676~1741)의 생존 시기를 고려해 볼 때 제발 작성 기간은 1732년(영조 8)부터 1741년(영조 17) 사이라고 추정된다. 그리고 오수원이 제발 작성한 1739년 이전에 이미 『황각첩(黃閣帖)』이 존재하고 있음을 기록하고 있다.

따라서 경희대학교 중앙박물관 소장 『황각필한』은 '黃閣' 명칭을 사용한 현존 도서들이 19세기 말에 간행되었을 것으로 추정되는 『황각장주(黃閣章奏)』(국립중앙도서

70 『황각필한』(《《〈) 「台監 狀上 戸判 座前(吳允謙)」의 오수원(吳遂元) 제발 "……而仲潤如好古柬 多稡爲帖出 其中黃閣帖指先祖手蹟而曰 子可別書小識于下方 玆敢略記所著 稱若而語以補前題之遺闕云 時 己未 暯春 吳遂元 謹書"

관), 『황각주대(黃閣奏對)』(일본 교토대학 가와이문고), 『황각고실(黃閣故實)』(장서각) 등과 비교해 가장 이른 시기 편찬된 서첩으로서 그 가치와 의의가 있다. 아울러 서신에 대한 수집과 해당 작성자에 대한 제발이 같은 조선시대에 작성되었다는 점에서 정승 43인의 간찰을 담고 있는 『황각필한』(건, 곤)의 친필들 중 타기관에 소장된 간찰[71] 목록과 비교했을 때 『황각필한』에만 수집되어있는 10인[72]의 친필은 기준작으로서 그 가치가 충분하다고 할 수 있다.

『황각필한』의 간찰들을 살펴보면 수신인이 누구인지 알 수 있는 경우는 6편[73]이며, 수신인은 있으나 불명확한 경우는 13편이다.[74] 또한 서신의 작성 연도가 정확히

---

71 『근묵』(성균관대학교 박물관), 『간찰』(一, 二 국립중앙박물관), 『데라우치문고』(경남대학교 박물관) 등의 친필자 목록과 『황각필한』의 간찰 작성자들을 비교하였다.

72 선조조의 유전(柳㙉, 1531~1589), 유영경(柳永慶, 1550~1608), 허욱(許頊, 1548~1618), 한응인(韓應寅, 1554~1614), 광해조의 정창연(鄭昌衍, 1552~1636), 한효순(韓孝純, 1543~1621), 박승종(朴承宗, 1562~1623), 조정(趙挺, 1551~1629), 인조조의 서 경우(徐景雨, 1573~1645), 이행원(李行遠, 1592~1648) 등이다.

73 수신자가 명확한 경우는 다음과 같다.
①"중옥(仲玉) 시사(侍史)": 증옥은 성수침(成守琛, 1493~1564)의 자로 본관은 창녕(昌寧)이고, 호는 청송(聽松)·죽우당(竹雨堂)·파산청은(坡山淸隱)·우계한민(牛溪閒民)이다. 1519년(중종 14)에 현량과(賢良科)에 천거되었으나 기묘사화로 조광조와 그 추종자들이 처형 또는 유배당하자 벼슬을 단념하고 청송이라는 편액을 내걸고 두문불출하였다.
②"구이상댁(具二相宅)": 구사맹(具思孟, 1531~1604)이다. 이상(二相)은 의정부 찬성(議政府贊成)의 별칭으로, 이공(二公)·이상(貳相)이라고도 한다. 윤두수의 아우 윤근수(尹根壽)의 『월정집(月汀集)』에 "구 이상 사맹에 대한 만사(挽具二相 思孟)"가 있는 것으로 보아 두 집안 사이의 교분을 짐작할 수 있다.
③"돈서배상(惇叙拜上, 동복댁(同福宅)": 돈서(惇叙)는 김부륜(金富倫 1531~1598)이다. 본관은 광산(光山), 자는 돈서(惇叙), 호는 설월당(雪月堂)이다. 퇴계 이황(李滉)의 문인으로 1555년(명종10) 사마시에 합격하여 김부륜이 1585년에 전라도 동복현감(同福縣監)을 지냈다.
④"수원 아내(水原 牙內)": 조정(趙挺)이 아들 조유도(趙有道 1585~?)에게 보낸 편지로 이다. 조유도는 1623년을 전후하여 수원 부사(水原府使)를 지냈다.
⑤"통천아사(通川衙史)": 서신에 실려있는 시를 보면 이 편지는 당시 통천 군수(通川郡守)를 지낸 안경용(安景容 1552년~?)에게 보낸 것이라는 것을 알 수 있다. '桂花未落吾亦去 爲吾先謝浮丘公'은 송별시 "送通川郡守安景容"의 일부이다.(『월사집(月沙集)』 제17권 「권응록(倦應錄)」)
⑥최명길(崔鳴吉, 1586~1647)의 편지는 수신인은 없지만 "父"라고 되어 있어 의주에 있는 아들에게 보내는 것이다. 최명길의 아들은 최후량(崔後亮, 1616~1693년)과 최후상(崔後尙, 1631~1680) 둘인데, 이 서신의 수신인이 누구인지는 불명확하다.

74 김참봉댁(金 參奉), 춘송댁(春松 宅), 윤생원(尹生員) 강진 한천(康津 寒川), 안정댁(安正宅), 영헌(鈴軒-동헌), 도승지 영사(都承旨 令史), 곽생원댁(郭生員宅), 단천 사군행차(端川 使君行次), 남양아사(南陽衙史), 참판댁(參判宅), 호판 좌전(戶判 座前), 최참의댁(崔參議宅), 흥양아사(興陽衙史) 등이다.

기재된 경우는 14인의 서신이며,[75] 서신의 작성 연도는 있어도 명확하게 알기 어려운 경우[76]와 월일만 쓰거나 작성하지 않는 경우 등이다.

43편의 서신 내용을 보면 수신자의 문안 편지는 2편이며, 대개는 발신자에 보내온 문안 편지에 대한 감사와 선물 및 답례에 감사를 전하는 경우가 20편이 된다. 그리고 송별의 아쉬움이나 위로, 또는 충고 등의 글을 보내는 경우는 9편이고, 아들에게 보내는 경우는 조정과 최명길 2편이다. 또한 시와 도서를 요청하는 경우와 멀리 떠나는 친구의 편의를 부탁하거나 인사청탁과 추천하는 경우, 어려움을 당한 지인의 문제 해결을 요청하는 경우, 자신의 퇴임 후 집자리 요청, 선산의 성묘 준비를 요청하는 경우 등 다양한 청탁이 10편 등이다.

이상 43편의 간찰들은 조선 사회 관료 지식인들의 끈끈한 정을 나누거나 문학적인 교유 등 긍정적인 관계에서부터 부조리한 청탁을 통한 전근대사회의 단면을 가감없이 보여줌으로써 그들의 인간적 면모와 일상을 살필 수 있는 자료로 의미가 있다.

75 이원익(李元翼– 무진(1628)년 5월 보름날), 기자헌(奇自獻– 정사(1617)년 정월 3일), 한응인(韓應寅– 갑진(1604)년 8월 3일), 정창연(鄭昌衍– 갑진(1604)년 12월 6일), 한효순(韓孝純– 병진(1616)년 5월 14일), 김류(金瑬– 임오(1642)년 5월 9일), 홍서봉(洪瑞鳳– 신사(1641)년 3월 그믐), 이성구(李聖求– 계유(1633)년 정월 초하룻날), 심열(沈悅– 경신(1640)년 삼삼일(三三日)), 이경여(李敬輿– 병인(1626)년 2월 6일), 이경석(李景奭– 임인(1662)년 7월 15일), 김상헌(金尙憲– 을해(1635)년 2월 23일), 남이웅(南以雄– 기묘(1639) 12월 초하루), 정태화(鄭太和– 을유(1645) 2월 22일) 등이다.

76 "신 지념칠(辛 至念七)", "경 양기망일(庚 陽旣望日)", "계 팔순일(癸 八旬一)" 등이다.

황각첩黃閣帖 친필 내용과 제발자題跋者

수집 및 제책 : 송질(宋瓆, 1676~1741)

『황각필한』 건

구분(편)	발신자(출생 사망)	본관	최고 관직	서신 내용	착명(着名)/수결 · 시전지	제발(題跋) 작성자 송질과 관계	제발(題跋) 발신자와 관계/작성년도
명종(1)	李浚慶(1499~1572)	廣州	영의정	중옥(仲玉) 성수침(成守琛)에게 보내는 문안 편지	원길돈(原吉頓) 	李夏源(1664~1747) 족제(族弟)	6대조 1732
선조(16)	柳㙉(1531~1589)	文化	영의정	김참봉댁에 감사 편지, 상중 부조(무명베)에 답례	전(㙉) 	李擇仲(萬選)(1654~1735) 소북인 엄경우와 교유	–
	李山海(1539~1609)	韓山	영의정	원리(院吏)에 안응수(安應壽) 임명 청탁	아성병인(鵝城病人) 	鄭羽良(1692~1754) 영조조 관료	–
	鄭澈(1536~1593)	延日	좌의정	퇴임 후 음죽(이천)에 집자리 제공 요청	–	金取魯(1682~1740) 송질 4촌	–
	柳成龍(1542~1607)	豊山	영의정	춘송(春松) 댁에 보내는 편지 유응삼(柳應參)의 아들과 손자가 동시 공역 · 군역 차출의 부당함을 청탁.	고애성룡(孤哀成龍) 	任璞(1696~?) 소북 후배 임정 동생	–
	尹斗壽(1533~1601)	海平	영의정	구이상(具二相, 구사맹) 댁에 최립(崔岦)의 한강 차운시와 자신의 시를 보내고, 유참판 차운시를 요청.	두수 배(斗壽 拜) 	洪鉉輔(1680~1740) 영조조 관료	선조

구분(편)	발신자(출생 사망)	본관	최고 관직	서신 내용	착명(着名)/ 수결 · 시전지	제발(題跋)	
						작성자 송질과 관계	발신자와 관계/ 작성년도
선조(16)	鄭琢 (1526~1605)	淸州	좌의정	동복(同福)댁 돈서(惇敍)김부륜(金富倫)에게 주변 배려 충고와 해산물에 감사.	탁(琢) 	李宜晩 (1650~1736) 이하원숙부	1733
	金應南 (1546~1598)	原州	좌의정	강진 윤생원에게 내년 봄 상경 계획 편지에 대한 답신	응남(應南) 	嚴慶遐 (1678~1740) '소북오군자'	외고조
	李元翼 (1547~1634)	全州	영의정	문안 편지에 답신 중병으로 서울 객지생활의 어려운 수신자 아들을 돌봐줄 수 없음에 안타까움 표현	원익(元翼) 	尹彙貞 (1676~?) '소북오군자'	-
	李德馨 (1561~1613)	廣州	영의정	안정(安正)댁 관직임면 직언 저지됨 위로, 오성에 대여할 남화경(장자)을 반납 요청.	교옹(郊翁) 	李眞望 (1672~1737) 영조조 관료	-
	李恒福 (1556~1618)	慶州	영의정	영헌(鈴軒, 동헌)에 책무를 방기하는 사위의 종에게 관청의 위엄을 보여달라는 청탁.	백사(白沙) 	鄭必寧 (1677~1753) 영조조 관료	-
	金命元 (1534~1602)	慶州	좌의정	편지에 감사 답신 현풍(玄風)을 만난 기쁨, 과분한 새 관직에 부담감. 만날수 없는 수신자 형님의 건강을 기원.	명원(命元) 	柳厚仲(萬重) (1677~?) 영조조 관료	-
	柳永慶 (1550~1608)	全州	영의정	도승지께 약첩에 감사 및 동봉 속지(?)의 부탁 간청과 대면 부탁.	병물(病物) 	南泰良 (1695~1752) 이의만 사위	외선조
	奇自獻 (1567~1624)	幸州	좌의정	곽(郭) 생원 댁 편지에 답신 차녀 사망 위로와 조문할 수없어 슬픔. 온수(온양)행 계획과 풍기 방문 희망. 집건축 고충 토로. 새해 축복 인사.	자헌(自獻) 	閔泰升 (1693~?) 영조조 관료	-
	沈喜壽 (1548~1622)	靑松	좌의정	단천(端川) 사또 행차에 보냄 행차전 왕림에 감사, 이별 후 재회 기약못해 안타까움. 변방에서 건강하길 축원, 공무에 부인에 상의하며 참관함에 삼갈 것을 충고.	희수(喜壽) 	南泰齊 (1699~1776) 영조조 관료 남태경 4촌	-

구분 (편)	발신자 (출생 사망)	본관	최고 관직	서신 내용	착명(着名)/ 수결 · 시전지	제발(題跋)	
						작성자 송질과 관계	발신자와 관계/ 작성년도
선조 (16)	許頊 (1548~1618)	陽川	좌의정	남양(南陽) 아사(衙史) 편지에 감사 답신. 과분한 직책의 힘듬 토로, 선물한 음식은 부모님 봉양,	욱(頊) 	朴宗潤 (1683~?) 영조조 관료	–
	韓應寅 (1554~1614)	清州	우의정	상경 때 병중으로 못 만나 미안함, 광주(廣州) 선산 추석 성묘에 제사 준비 요구.	응인 돈 (應寅 頓) 	南就明 (1661~1741) 남근명 형, 남태기 백부	외선조
광해 (5)	鄭昌衍 (1552~1636)	東萊	좌의정	문안 편지 감사 답신 납일(臘日) 제사용 사슴 앞다리 선물에 감사 인사.	창연(昌衍) 	李承源 (1661~?) 영조조 관료	–
	韓孝純 (1543~1621)	清州	좌의정	잔치 물건 · 비용 제공에 감사. 해미 아전 명덕룡이 농간으로 여종 애환을 잡아갔으니 영을 내려 덕룡이 직접 서울로 데려올 것과 덕룡을 가둘 것을 청탁.	효순(孝純) 	–	–
	朴承宗 (1562~1623)	密陽	영의정	명주(溟州)로 내려간 남자안(南子安, 남이공)을 보살펴주길 희망.	퇴우 돈(退憂 頓) 	崔成大 (1691~1762) 소북 후배	–
	朴弘耈 (1552~1624)	竹山	좌의정	송화현(松禾縣)에서 혼인하는 친척 박서룡(朴瑞龍)을 챙겨주기 위해 체직(遞職)을 부탁	경기 홍로 (庚記弘老) 	–	–
	趙挺 (1551~1629)	楊州	우의정	수원 관아(아들 趙有道)에게 손주들 병 차도에 안심. 박엽과 온천행의 설렘과 제공받은 술이 지속될 수 없어 안타까움. 모장군 병에 의관이 약을 가지고 갔음을 통보.	부(父) 	李庭綽 (1678~1758) '소북오군자'	외현손

『황각필한』 곤

구분 (편)	발신자 (출생 사망)	본관	최고 관직	서신 내용	착명(着名)/ 수결 · 시전지	제발(題跋) 작성자 송질과 관계	제발(題跋) 발신자와 관계/ 작성년도
인조 (21)	尹昉 (1563~1640)	海平	영의정	참판 댁 기제사가 임박해 제때 도착이 어려우니 본인 집에 머물 것을 권유. 부용향 다섯 매 보내며, 제사용 횃불과 촛불은 미리 보낼 것 권유.	치천(稚川) 	金取魯 (1682~1740) 송질 4촌	선조
	申欽 (1566~1628)	平山	영의정	이미 관아 곡식을 먹는데, 또 보내준 음식에 감사	흠(欽) 	尹言吉(彙貞) (1676~1754) '소북오군자'	–
	吳允謙 (1559~1636)	海州	영의정	대감께(편지에 대한 회신) 청 조문 진위 비용은 재가받았고, 대감의 생각을 문의.	윤겸(允謙) 	李眞望 (1672~1737) 영조조 관료	–
						吳遂元 (1682~?) 오윤겸 증손	증왕고 (증조부) 1739
	金瑬 (1571~1648)	順天	영의정	편지와 음식에 감사 회신 늙고 병약한 단상을 시를 지어 보냄	류돈(瑬頓) 	宋徵啓 (1690~1772) 영조조 관료	–
	李廷龜 (1564~1635)	延安	좌의정	통천군수 안경용 편지에 회신. 금화에 도착, 흡주를 거쳐 수신인에게 갈 계획 전달. 한석봉이 동행하다 먼저 돌아가니 서신을 보냄.	월사 병부 (月沙病夫) 	南泰良 (1695~1752) 이의만 사위	–
	金尙容 (1561~1637)	安東	우의정	방문과 편지, 시편에 감사 심한 눈병의 고통을 표현.	상용(尙容) 	任璞 (1696~?) 소북 후배 임정 동생	–
	洪瑞鳳 (1572~1645)	南陽	영의정	기력이 없어 사신의 임무길의 험난함을 대감께 토로. 13회 사직서에도 사신의 임무길을 가게 됨. 목우경도 병으로 죽어가는 중. 벗들의 별세의 안타까움. 전복 한 첩 얻어 객관 부엌에 보탬.	경제 서봉 (庚弟瑞鳳) 	金若魯 (1694~1753) 송질 4촌	–

구분 (편)	발신자 (출생 사망)	본관	최고 관직	서신 내용	착명(着名)/ 수결 · 시전지	제발(題跋)	
						작성자 송질과 관계	발신자와 관계/ 작성년도
인조 (21)	李弘冑 (1562~1638)	全州	영의정	최참의 댁 영감께 최집이 십고십상(十考十上)의 경력이며, 개성 도사(都事) 자리가 났으니, 최집을 추천하는 간곡한 청탁.	홍주 돈 (弘冑頓) 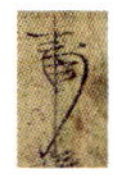	尹光毅 (1695~?) 영조조 관료	–
	李聖求 (1584~1644)	全州	영의정	안부 편지와 세의(歲儀)에 감사	성구(聖求) 	李最源 (1691~?) 영조조 관료	–
	崔鳴吉 (1586~1647)	全州	영의정	아들에 보낸 편지 편지와 조복(朝服)은 새 부윤 행차 편에 의주로 보냄, 의금부 서리가 전 부윤을 잡으러 가며, 나머지(?)는 그 서리 편에 보냄.	부(父) 	鄭羽良 (1692~1754) 영조조 관료	–
	張維 (1587~1638)	德水	우의정	전해 들은 수신자 집안의 병환에 걱정과 염려, 본인의 병과 모친 사정으로 만날 수 없음을 안내, 20여필의 말은 본인과 가족 행차에 부족하여 협조 곤란, 대장(臺章)의 정계(停啓) 안내.	유(維) 	南泰齊 (1699~1776) 영조조 관료 남태경 4촌	–
	申景禛 (1575~1643)	平山	영의정	대감 편지에 회신 요청 내용은 당상관이 혐의를 피할 수 있어 어떻게 될지는 모름, 능천의 매부도 허락받지 못함.	경진 돈 (景禛 頓) 	任珽 (1694~1750) 소북 후배 임집 형	–
	沈悅 (1569~1646)	靑松	영의정	의정(議政)에서 물러남을 안내, (소현)세자 일시 돌아옴 안내, 수신자 아들 편에 편지 보냄, 부인의 학질(瘧疾, 말리리아)을 걱정, '의성의 일'에 대해서는 정확히 모름 안내, 옛 간찰의 인쇄, 송달을 요청.	파생(坡生) 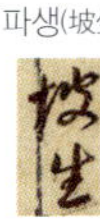	鄭必寧 (1677~1753) 영조조 관료	외5대손
	姜碩期 (1580~1643)	衿川	우의정	소식 끊긴 영감 편지에 회신 수신자의 병에 걱정과 염려, 치료를 위해 서울 오길 권유, 우황은 못 구하고, 내의원에도 구하기 어려움, 진□(陳□) 한 꾸러미 보냄.	강석기 돈 (姜碩期頓) 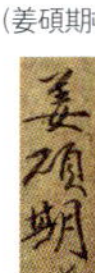	申宅夏 (1683~1742) 임정 사돈	–

구분(편)	발신자(출생 사망)	본관	최고 관직	서신 내용	착명(着名)/수결 · 시전지	제발(題跋)	
						작성자 송질과 관계	발신자와 관계/작성년도
인조(21)	李敬輿 (1585~1657)	全州	영의정	흥양(興陽) 아사(衙史)에 안부편지에 회신 선물과 실서(實書)에 감사, 새해 인사.	세기 경여 (世記敬輿) 	南泰慶 (1682~?) 영조조 관료 남태제 4촌	–
	徐景雨 (1573~1645)	達城	우의정	객지의 지인에 안부 편지 서울의 모임 약속 고대함, 조문수의 영흥부사 임명과 온성부사 이영감의 3년만의 무사 귀가 안내.	경우(景雨) 	南泰耆 (1699~1763) 이정작 4촌	–
	李景奭 (1595~1671)	全州	영의정	편지에 대한 회신 수신자 모친 병환에 염려, 연잎 가루 인편으로 보냄, 수신자 아우님 행차 염려, 보내준 10개(?) 감사	복인 경석 (服人景奭) 	李東煥 (1682~1753) 영조조 관료 양근 거주	–
	金尙憲 (1570~1652)	安東	좌의정	영감 편지에 회신 순찰사 행차의 고난에 염려, 봉여(封餘)로 보내 준 음식에 감사.	상헌 돈 (尙憲 頓) 	閔堦(泰升) (1693~?) 영조조 관료	–
	南以雄 (1575~1648)	宜寧	좌의정	편지에 대한 회신 강(姜)공 부모산소 지관 선정 어려움. 달력 부탁에 수용 불가 회신	제 이웅 돈 (弟以雄頓) 	南就明 (1661~1741) 남근명 형, 남태기 백부	–
	李行遠 (1592~1648)	全義	우의정	영감 편지에 대한 회신 부채 묶음 선물에 감사	행원 돈 (行遠 頓) 	柳遵 (1672~1742) 영조조 관료	외선조

구분 (편)	발신자 (출생 사망)	본관	최고 관직	서신 내용	착명(着名)/ 수결 · 시전지	제발(題跋)	
						작성자 송질과 관계	발신자와 관계/ 작성년도
인조 (21)	鄭太和 (1602~1673)	東萊	영의정	대감 편지에 대한 회신 새 관직 수행 인사 및 요청	정태화 (鄭太和) 	朴亨潤 (1683~?) 영조조 관료 송질 후임 보령현감	–

황각필한

초판1쇄 인쇄 2022년 9월 14일
초판1쇄 발행 2022년 9월 21일

경희대학교 중앙박물관 편

총괄 김희찬
기획 김용은, 김동건
탈초 번역 석한남
원고 김용은, 김동건
편집 김동건, 이슬기, 임소연, 홍빛나, 이수현, 우효빈

펴낸이 한균태
촬영 이춘한
디자인 정서영
펴낸곳 경희대학교 출판문화원
주소 서울시 동대문구 경희대로 26
전화 02-961-0106~8, 팩스 02-961-0291
설립 1960년 9월 16일 제5-8호
등록 1977년 11월 8일 제6-5호
홈페이지 www.khupress.com
전자우편 press@khu.ac.kr

ISBN 978-89-8222-733-2 (93910)